震災と市民
1
連帯経済とコミュニティ再生

似田貝香門・吉原直樹——［編］

東京大学出版会

CIVIC ACTIVITY IN THE EAST JAPAN
GREAT EARTHQUAKE DISASTER 1
The "Solidarity Economy" and Community Regeneration
Kamon NITAGAI and Naoki YOSHIHARA, Editors
University of Tokyo Press, 2015
ISBN 978-4-13-053022-4

はじめに

吉原　直樹

　本書は，東日本大震災の復興過程に何らかの形でかかわってきた，そして現にかかわっている社会科学者たちが，対象世界と往き来することによって得た知見を「震災と市民」というテーマの下に集約したものである．このテーマへの接近には，対象とする世界に関する包括的な社会認識と批判的分析が欠かせないゆえに，ある種の困難をともなわざるを得ない．したがってここでは，テーマについて編者の1人が考えていることを各章の内容を損なわない程度にごく簡単に記すことにする．

　もともと連帯経済という言葉が用いられるようになったのは19世紀中葉のことである．資本主義の草創期に立ちあらわれた諸矛盾（貧困，失業等）に対して，社会としてどう対応するかという関心に根ざすものであったといわれている．この言葉がグローバル資本主義経済の拡大にともなって表出した「市場のゆがみ」＝市場主義の弊害（格差問題等）に対する市民社会の側からの「対応」（リアクション）として，再び蘇ったのである．最初のうちは「市場のゆがみ」を是正するキープレイヤーとして国家の役割が期待された．しかし国家のそうした役割は，グローバル化の進展とともに広がった新自由主義に導かれた民営化と（国家自体の）「小さな政府」への志向のなかで大幅に限定されることになった．他方，当事者主権をめざす市民を中心とする市民社会がグローバル経済に対応するアクターとして登場するようになったのである．

　連帯経済は，そうした市民社会が「市場のゆがみ」の是正を通して，ゆきすぎた市場経済化に対して自立的な生活への道を示し，人間中心の共生的な，顔の見える経済を確立する運動として立ちあらわれている．連帯経済促進の担い手としての市民社会は，権力セクターにも営利セクターにも簡単には組み込まれない．むしろそうしたセクターと交差しながら，多様な人間が共に生きる世界，「差異のあるなかでの平等」（ル・ブラ・ショパール）にもとづく世界の確

立をめざしている．こうして連帯経済は，資本主義にとって外部的なものとしてある「共生と平等」を確立することによって，ゆきすぎた市場経済化に歯止めをかけようとする．そしてもっぱら利潤追求を目的とする営利活動から，平等，公正，連帯にもとづく社会的規範・倫理を守る経済活動への転換をうながすインキュベーターの役割を担おうとしている．いずれにせよ，今日，連帯経済がめざすものは，せまい経済学のカテゴリーには収まらない．それは人間の尊厳や社会的公正の確立といった高度に倫理的なもの，さらに他者のために行動するといった対他的関係のなかではぐくまれる構想力や創発性を含み込んでいる．つまり，人と人との関係性の次元において見出され，文字通り他者との連帯によって成り立つものを組み入れているのである．たとえば，アマルティア・センのいうケイパビリティなどがそれにあたる．

　ただ，今日，連帯経済促進のアクターでありプロモーターである市民社会の側に裂け目やずれが生じており，それらが連帯経済の展開に対して大きな妨げとなっている．ちなみに，市民社会が社会的排除に対する対抗戦略として打ち出している一連の社会的包摂の試みにおいて，そうした裂け目やずれが見られる．そのため，市民社会の「内」と「外」への自由な展開にもとづいて生じるはずの多元的で複数的な連帯経済システムの構築が困難になっている．

　そうした市民社会の脆弱性が表出しているいま，3.11以降の災害資本主義のありようを見据えながら，連帯経済の果たすべき役割を問うことは，社会科学にとって避けて通れない課題となっている．この間，わたしたちが被災地において目にしてきたのは，被災者の生活再建において途方もない格差が生じているということである．こうした格差は「創造的復興」の名の下に巨額の復興交付金が投じられるにつれて，ますます大きなものになっている．「創造的復興」はまぎれもなく，被災地を拠点にして「日本経済の再生」「地方の創生」を推し進める成長戦略としてある．そこに見え隠れしているのは，中央に利益が還元されていく従来型の開発体制であり，そうした開発体制のなかで被災者の生活再建は後回しにされている．ちなみに，民間企業の参入を何よりも重視する特区制度，そして原発なきあとの新産業の育成を旗印にするイノベーション・コースト（福島・国際研究産業都市）構想は，3.11以前から連綿と続く新自由主義的な構造改革路線を継承している．

ところで，こうした成長戦略としての復興は，1人ひとりの被災者の生活復興を妨げているだけでなく，被災者間に深い亀裂をもたらしている．フクシマに限定していうなら，生活復興という名目で行われている賠償・補償，除染，そして強いられた帰還（いずれも被害実態を無視している）が被災者を分断し，それが被災地間の対立へと発展している．「経済」復興が先に触れた人間の尊厳や社会的公正を著しく損なっていることは，もはや誰の目にも明らかである．災害資本主義の野放図な展開の下で生じているこうした格差や分断を目の当たりにして，あらためて，そうしたものに向き合う連帯経済のありようとそうした連帯経済を支え推進する市民社会の力量が問われている．

　ところで，市民社会における「もうひとつの道」としてある連帯経済は，さまざまなレベルで考えてみることができる．マクロ・レベルの構造的な文脈に立てば，「グローバル市民」が真っ先に浮かび上がってこよう．しかしその「グローバル市民」のありようをメゾ・レベル，さらにミクロ・レベルに立ち戻って検討しようとするなら，何よりも，具体的な日常的生活世界における異なった人と人との「出会い」，外に拡がる，信頼と共助にもとづく人間関係，そして複数的な生／いのちのつながりを支えるネットワークの諸相に入り込むことが必要となってこよう．本書は，こうした諸相の底にあるものを，主にボランティア・ネットワークやコミュニティのありようをさぐるなかで明らかにし，多元的な連帯経済の内実に迫ることをめざしている．その際，わたしたちは，1人の専門的研究者として対象世界を外から切り取る認識論的立場には立たない．むしろ，観察する者も観察される者も，同じ日常的生活者として「向き合う」存在論的地平に立って議論を展開する．以下，本書の構成をごく簡単に観ておこう．

　4章構成からなるIでは，「市民社会と『連帯経済』」というサブテーマを貫く構造的枠組みと，そこに伏在する問題構制が示される．まず1章では，サブテーマの鍵概念を構成するモラル・エコノミーとボランティア経済が説明され，次いで筆者自身のフィールドとの〈交感〉およびフィールドへの自己投企によって得られた実践知を介して，現代的コモンズへの理論的転回／再審がおこなわれる．そしてその布置構成と再配分の過程が明らかにされる．2章では，市

場選択の自由がリスクへと反転する市場経済のパラドクスのうちに原発災害が位置づけられる．そして原発災害と向き合わざるを得ない市民社会が，自らの宿す破局をめぐって「ヘゲモニー闘争の主戦場」になり，そこに新自由主義に誘われた経済から連帯経済への転換の契機が埋め込まれる，と主張される．3章では，災害の空間・時間構造が災害リスク認識の変化を通して，さらに市民的政治体の理論，とりわけコモンウィール→市民的公正の理論の解読を通して明らかにされる．そしてそれが筆者の主張するポリティカル・エコノミーの三層構造と交錯することが確認される．こうして連帯経済の理論地平が模索される．最後の4章では，近代化・グローバル化のスケールのなかで災害リスク増大の要因と諸相が論じられる．そしてそうしたリスクを緩和するための対応として，社会資源配分にもとづく「市場メカニズム」，「公的メカニズム」，「コミュニティメカニズム」の枠組みと3者の相互依存関係が示される．

　さてIIでは，Iでの議論を受けて，連帯経済の応用的地平の模索がコミュニティを軸にしておこなわれる．まず5章では，関東大震災の予見と防災対策をめぐる大森―今村論争を再審し，そのことを通してコミュニティを1つの有力な主体とする大震火災への防災対策のありようが検討される．そこでは，東日本大震災における事前・事後復興に対する再帰的なまなざしが起点となっている．次いで6章では，阪神・淡路大震災以降の防災都市計画・まちづくりが実効性と体系性，科学性と戦略性を欠如／欠落するものであった，と指摘される．そしてビジョン，人材，連携・協働のしくみ，財源が有機的にむすびついた減災と復興のまちづくりをおこなうべきだとされる．これに接続する形で7章では，持続という復興理念にもとづく地区防災計画の実際のかたちが，筆者が現実にかかわっている大槌町の事例を通して示される．そして「技術と経済の文化」から「安全の文化」への転換の可能性が追及される．また8章では，「連携協働復興」のコミュニティ・デザインをめぐる特質（祖型を含む），方法上の課題および主要な争点（たとえば，コミュニティの継承―非継承）が示される．そして筆者がかかわった複数の実践例がその到達点を示すものとして取り上げられる．

　続く9章と10章では，社会学をベースとする事例研究の成果が示される．まず9章では，筆者が「仮設市街地」と呼ぶもの，すなわち「日常の反復」が

遮断され「社会的弱者」が滞留している「避難所」においてある種の「勁さ」がみられることが，長洞集落を事例にして示される．そしてそこに「結(ゆい)」という互酬システムに裏打ちされたコミュニティが存在することが確認される．他方，10章では，大熊町の仮設住宅から立ちあらわれたサロンを事例にして，さまざまな「異種の存在」が出会う，「外に開かれた」コミュニティの存在形態に目が向けられる．そして原発被災コミュニティの1つのかたちとして成り立たせている「帰属としてのコミュニティ」の可能性が検討される．最後の11章では，文字通り建築家からみた東日本大震災の姿＝相が，建築家が加わるアーキエイド，展覧会の実践を通して浮き彫りにされる．そして「被災者に対するアート的な介入」が場所，コミュニティへのまなざしをいっそう強めていることが指摘される．

　なお，本書では随所にコラムが置かれている．それぞれに各章と深いつながりをもつものであるが，内容としては単なるコラムにとどまらない．それらは「震災と市民」という全体のテーマの考察にとって欠かせないものばかりである．

震災と市民 1　連帯経済とコミュニティ再生　／　目　次

はじめに　i

I　市民社会と「連帯経済」

1章　モラル・エコノミーとボランティア経済——————似田貝　香門　3
〈災害時経済〉のもうひとつの経済秩序

　　1　はじめに　3
　　2　災害時経済にかかわる諸概念　4
　　3　モラル・エコノミーの出現——モラル・エコノミーとボランティア経済圏　5
　　4　モラル・エコノミーのボランティア経済圏の展開——東日本大震災の場合　11
　　5　市民社会の自発的経済秩序としての「連帯経済」　15

2章　グローバル・リスク社会から連帯社会へ——————斉藤　日出治　25
原発災害と市民社会

　　1　グローバル・リスクと市場経済のパラドクス　25
　　2　市場経済が内包する全体主義的性格　29
　　3　市場経済全体主義と市民社会の自由主義的統治　31
　　4　破局をめぐるグローバル・ヘゲモニー闘争　36
　　5　グローバル・リスク社会から連帯社会へ　41

3章　災害の空間・時間構造と市民的公正——————八木　紀一郎　49

　　1　はじめに　49
　　2　災害の空間・時間構造　50
　　3　2012年福島シンポジウム　54
　　4　災害リスク認識の再形成　56

5　市民的政治体形成の理論　59
　　6　コモンウィールの再形成　63

4章　巨大災害と市場・政府・コミュニティ──────澤田　康幸　71

　　1　はじめに　71
　　2　近代化・グローバル化と巨大災害の増大　74
　　3　巨大災害と市場・政府・コミュニティ　77
　　4　結び──巨大災害への備え　81

コラム1　東北の復興に思う──────────────岸田　省吾　87

II　災害復興とコミュニティ

5章　関東大震災の予見と防災対策──────────鈴木　淳　93

　　1　予期されていた震火災　93
　　2　何ができたはずなのか　94
　　3　震災予防調査会と帝大地震学教室　96
　　4　今村の「予言」　97
　　5　大森の「浮説」批判　99
　　6　大森はなぜ批判したのか　100
　　7　大森の奮闘　104
　　8　消防と水道　106
　　9　首都防災の担い手　109
　　10　予見と防災対策　110

コラム2　防災と「建築基本法」思想——————————神田　順　115

6章　減災・復興と都市計画・まちづくり——————————室﨑　益輝　119

1　大震災が問いかけた都市の脆弱性　119
2　都市防災における実効性と体系性の欠如　120
3　都市防災における科学性と戦略性の欠落　122
4　減災の考え方と新しい「まちづくり」　125
5　復興の性格・目標・プロセスについて　127
6　被災地の復興とまちづくりの課題　131
7　復興における計画制度の課題　134
8　これから復興の展望について　136

7章　大槌から見える"安全の文化"への新たな道——岩崎　敬　139

1　そもそも，大槌は自然に沿って生きてきた　139
2　3.11震災の意味　140
3　復興計画の現状　142
4　現状の復興プログラムがもたらす重大なリスク　143
5　持続という復興理念　145
6　持続に向けた実行プログラム　147
7　実行プログラムの適用にむけて　150

8章　復興とコミュニティ論再考——————————小泉　秀樹　159
連携協働復興のコミュニティ・デザインにむけて

1　はじめに　159
2　震災復興概念とコミュニティ　159
3　東日本大震災からの復旧・復興とコミュニティ論の視点　164
4　復興事業の枠組み　164

- 5 復興とコミュニティの継承・再生　166
- 6 コミュニティ形成指向の復興まちづくりの試み——筆者の関わった事例より　172
- 7 協働連携復興のコミュニティ・デザインにむけて　178

9章　「仮設市街地」による協働復興————————森反　章夫　183
陸前高田市長洞集落の住民組織活動の考察

- 1 仮設住宅と災害救助法　183
- 2 仮設市街地の不可避性——退避と復興　186
- 3 仮設市街地計画と復興・復旧の概念的な位置付けの関係　189
- 4 「仮設市街地」による協働復興の住民組織活動について　191
  ——岩手県陸前高田市長洞集落を事例として
- 5 小　括　197

コラム3　東日本大震災における〈贈与のパラドックス〉の諸相——仁平　典宏　199

10章　帰属としてのコミュニティ————————————吉原　直樹　207
原発被災コミュニティのひとつのかたち

- 1 はじめに　207
- 2 「あるけど，なかった」コミュニティと「国策自治会」　209
- 3 集団としてのコミュニティから帰属としてのコミュニティへ　211
- 4 場所の変容と帰属の複層化　213
- 5 さまざまな「異種の存在」との出会い——Fサロンを通して見えてくるもの　214
- 6 場所から過程へ，「固定的なもの」から「流動的なもの」へ　217
- 7 コミュニティにおけるジレンマ　218
- 8 むすびにかえて　220

11章　コミュニティの問題にとりくみだした建築界──五十嵐　太郎　227
　　1　建築家にとっての東日本大震災　　227
　　2　みんなの家とアーキエイド　　229
　　3　3つの展覧会を通じて，場所，コミュニティを考える　　231
　　4　『建築雑誌』における災害記事の変遷　　235

あとがき　　239

I

市民社会と「連帯経済」

1章
モラル・エコノミーとボランティア経済
〈災害時経済〉のもうひとつの経済秩序

似田貝 香門

1 はじめに

　人文知や社会科学知の共鳴盤としての「市民社会」のもつ，基本的な人間性の尊厳と〈多様性〉への関心に配慮しつつ，被災現場の持つ現場性，現実性とそこから生成されてくる次の社会形成の仕組みづくりやその可能性への思想について，問題提起したい．

　「3.11」以降，わが国は，被災者の暮らしの立て直しという喫緊の課題に直面している．地域の人々が主役となって，長い歴史と伝統のなかで培われてきた多様で豊かな地域固有の生活価値と文化，生活圏を基盤とした地域の力が本当に生かされる復興と再生の在り方が，強く求められている．

　被災地が新たに自立した地域社会を再生・復興していくためには，財政出動を被災地の地域再生のプログラムに沿って行う自由な公的資金や，広い意味での市民社会による資金提供やボランティア活動等の社会的資源が必要である．また，復旧過程の全体を捉えるには，災害時の公的資金支援分析の他，災害時の経済的支援活動，民間の支援金，非貨幣的なボランティア活動など，災害時の復旧・復興の資金・活動等の社会経済的諸活動の複数性・重層性を社会全体として捉える必要がある．かつ復興過程という時間のながれにそって，これらの資金・活動の量と内容を分析することが必要である（図1参照）．

　そこで私たちは，〈災害時経済（disasters-time economy）〉と〈モラル・エコノミー（morals economy）〉，〈ボランティア経済圏〉概念を準備し，それらの概念のもとに被災地での支援実践と調査研究を行った．市民等の供出・寄付・

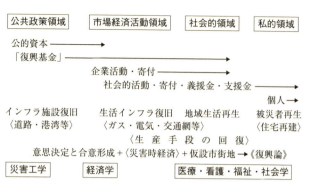

図1 災害時の各領域の復旧・復興資金のカバーする内容
出所:似田貝(2012a, 18ページ).

活動による〈市民的共通財(ニュー・コモンズ)〉とも呼ぶべき「連帯経済」という社会的仕組みを明らかにしたい.

そこから,復旧・復興過程の全体的仕組みの実態と各経済領域の果たす役割の実態を明らかにし,災害時に形成される「市民社会」による「連帯経済」の社会的意義とその可能性について論じたい.

2 災害時経済にかかわる諸概念

私たちが設定した災害時経済概念は,発災から復旧・復興のプロセスに焦点を据え,公的資金や市場以外に存在する生活経済や支援活動を支える,諸財源・社会的資源の流れ全体を俯瞰する,社会経済の複数性の様相を捉えようとするものである(図2参照).

そこから,震災等の災害時に自立しようとする人々を,「いのち」・「くらし」・「ちいき」から基礎的に支える,根源的な社会経済のあり方を発見することを目指す.すなわち,非国家的,非市場的な,現代版「社会のなかの経済秩序」を見いだしたい.その意味でこの概念は,索出的概念の役割,同時に,社会的困難時に,地域社会の自立を支え合う社会的仕組みを必然的に構成していく,複数経済の存在意義を詳らかにしようとする方法概念である.

被災者が基本的な「人間としての自立・自存」(玉野井, 1998, 245-246ページ),あるいは実存生活基盤(self-subsistence over the life)が可能になるまで

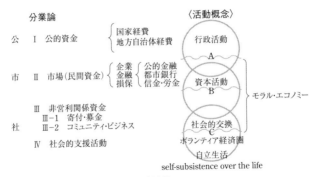

図2 〈災害時経済〉の複数の経済活動
出所：似田貝（2012a, 18 ページ）.

の期間に，日常の市場経済や公的財再分配とは別様の社会経済秩序が現出する．それが〈災害時経済〉の特徴である．このような特異的な事象を理解し検証するため，〈モラル・エコノミー〉概念の現代的な転釈，およびその具体的な展開として〈ボランティア経済（圏）〉なる概念を措定した．

〈モラル・エコノミー〉という概念は，これまで前資本主義的経済における道徳的規範として理解されてきた．この概念を，「災害時のように自立困難な場合，人々の受難，苦しみ（pathos）からの解放，自立への支援を，〈そのつど〉，『人として当たり前』，社会の構成員としては『当然の義務』という，規範・原理に動機づけられる経済活動や実践」と，現代的に再定義した．この定義によって，モラル・エコノミーは，資本主義的経済に対抗し，かつ共存し得る概念となり得る（似田貝，2012a；2012b）．この概念は，災害時のみならず，経済のグローバリゼーションのもとで，「いのち」・「くらし」・「ちいき」を相互に根源において繋ぐ，基盤づくりの1つの主導的概念となり得るであろう．

したがって厳密には〈ニュー・モラル・エコノミー〉といった方がよいかもしれない．

3 モラル・エコノミーの出現
——モラル・エコノミーとボランティア経済圏

阪神・淡路大震災，東日本大震災の被災地では，被災者の自立への「生きがい仕事づくり」を支援する市民社会の動きが，少しずつ現れた．私も関わって

いる（代表幹事）「東京大学被災地支援ネットワーク」でも，その後方支援活動の1つとして，ネットワークの若手研究者に呼びかけ，復興グッズの推進・研究グループを組織した．これをきっかけに，被災者のつくる復興グッズ・被災地グッズ活動が復旧・復興過程にどのような役割を果たすのか，またこの活動が，平時の人々の（とりわけ被災者や高齢者や障害者等の生活自立困難者の）「生きがい仕事づくり」として持続的な支えとなる事業組織として将来的に展開していく可能性があるのか，それらの活動を支援する他地域の支援団体とどのような相互的関係ができるのか，またこうした活動は，非公共政策，非市場的経済活動として，今後どの程度展開していけるのか，もし展開できるとしたら，被災地の身近なところでの「いのち」・「くらし」・「ちいき」という人々の自立を，根源的に支える経済的秩序の1つとなり得るのか，このような社会経済の動きを，社会経済思想および実践理論としてはどのように捉えていったらよいのか，といった問いが出てきた．

　この被災者の自立への「生きがい仕事づくり」を支援する市民社会の動きを阪神・淡路大震災からみてみよう．

　阪神・淡路大震災では，震災から2年後の1997年に，被災者の生活の自立や，その自立までの期間の空白を埋めるための，復興グッズ・被災地グッズの支援団体が生まれた．具体的には，「生きがい仕事づくり」協働事業として，被災者による壁掛けのタオル「まけないぞう」（被災地NGO協働センター）[1] 作製・販売や，多様な手作りのグッズを支援する「伊川谷工房あじさいの家[2]」（阪神高齢者・障害者支援ネットワーク）などの，新しい支援活動である（似田貝，2012a，18-20ページ）．

　表1に示したように，「まけないぞう」事業を後方支援する団体・個人も多く誕生した．こうした被災者の生きがいと，経済的自立を支える幅広い活動は，全国的に広がり，かつ今日に至るまで持続している．このような作り手・販売・支援者・購入者との恒常的な関係を有する空間的な広がりを，本章ではボランティア経済圏と呼んでおく（図3，図4，図5参照）．

　「まけないぞう」というグッズは，貨幣と交換されるが，いわゆる市場における「商品」ではない．その理由は，以下の通りである．

　当初は，被災者の作り手支援のため，チャリティー的意味合いの価格設定で

表1　ボランティア経済（圏）（「まけないぞう」の支援団体）

1. 被災地NGO恊働センターまけないぞう事業部（神戸市長田区）
   「生きがい仕事づくり」事業プロジェクトの運営
   （「まけないぞう」指導インストラクター派遣，「まけないぞう」の講習会，作り手拠点づくり，生産販売の事業：注文〜発送作業，「一本のタオル運動」実施）
   生産拠点：岩手県大槌町（赤浜），遠野市（絆仮設），釜石市（上中島仮設，甲子仮設），栃木県鹿沼市，山形県米沢市，岩手県陸前高田市，大船渡市（烏沢仮設，上平仮設），千葉県旭市（飯岡仮設），東京都江東区（国家公務員東雲住宅）
2. 兵庫県神戸，西播磨（兵庫県西部），佐用町，新潟県の被災者・協力者（「つくり手応援団」）
   事業をサポート（全国からの注文が多く，在庫が少ないので「まけないぞう」生産支援〔被災地から被災地へ〕）
3. 「CMI TPO　ジャパンディスオウレイズ」「タオル仕分け隊」（神戸市西区）
   全国からのタオルの仕分け作業及び倉庫在庫管理（荷物の受け入れ，仕分けの区分，完成品在庫，出荷）
   地方支援（企業＋従業員の就業時間外のボランティア活動，タオル寄付者と作り手さんをつなぎ，荷物の受け入れ，仕分けの区分，完成品在庫，出荷）
4. まけないぞうの応援団「makenaizone」（東京都中央区）
   被災地NGO恊働センター活動及び「生きがい仕事づくり」事業プロジェクト支援の「情報共有と発信のサイト運営」
   タオル在庫，タオル仕分け（集計・梱包・発送）＋購入支援＋「まけないぞう」後方支援
5. 有限会社「シサム工房」（京都市左京区）
   寄付（フリーマーケットの売り上げに寄付），販売支援
6. 特定非営利活動法人「ドネーションシップわかちあい」（京都市伏見区）
   寄付，販売活動
7. 特定非営利活動法人アーユス仏教国際協力ネットワーク関西（大阪市淀川区）
   販売，後方支援（裁縫道具等），寄付（東北支援バザー売り上げ，物品）
8. 「ジョイの会」（伊勢市）
   「一本のタオル運動」参加，定期的に手芸や料理などの教室を開き，寄付金を集め支援
9. NECグループ
   NECグループ被災地支援プロジェクト「NEC "TOMONI" プロジェクト」の一環として「生きがい仕事づくり」プロジェクト事業に協働（剰余タオル収集活動，販売活動：（4215枚のタオル）321箱（2012.2.17現在）
   NECグループボランティア（国内300名，海外100名）
   NECソフト株式会社（社員向けの被災地支援販売会，グループ全国各社の社員個別に注文，タオル収集活動）
   NECフレンドリースタッフ㈱（障害者が働くこの企業のボランティアが，上記本社社員の収集したタオルの集計・梱包・発送）
10. 福岡県仏教寺院（伯東寺・正善寺・専立寺・明福寺・正覚寺・栄法寺・円徳寺）
    「一本のタオル運動」参加（タオル収集活動）
11. その他数多くの支援団体（単発的バザー等の支援）
    千葉県生活協同組合「ちばコープ」，積水ハウスなど，関西の多数の協賛企業や協力団体の提供した無償ブースで出店など，販売
12. 宮崎新燃岳被災者
    東日本大震災支援として，「宮崎から東北へ，たすけあいの輪〜野菜サポーター」にて，被災地から被災地への応援活動

注：各団体へのヒアリングによって作成．

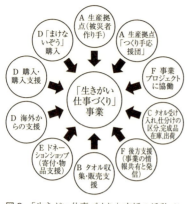

図3 「生きがい仕事づくり」支援の活動（わかちあい）

あった．しかし，より長期的に被災者支援を行うには，グッズの価格設定の実践的意味付けを行う必要がある．素材提供者，作り手，素材・グッズの保管スペース提供者および整理・仕分け作業者，販売協力者，購買者等いろいろな支援者が，全国の市民，職場，企業，かつての被災地からボランティアとして参加している．

こうしたコスト計算をしない活動領域があるなかで，価格決定が行われている．この事業に参加する人々は，市場的な合理的経済行為として関わっているのではない．「ひとの役に立ちたい」，「希望が持てる」，「勇気づけをもらえる」などという，被災者支援の規範・モラルによる動機からの支援である．

作り手たる被災者の働きや，材料費等の必要経費以外に，上記の多くのボランティア活動（無償）の複合体として，グッズ（作品）がある．したがって，市場として普通行われるコスト計算をせずに価格が設定されている．「まけないぞう」は400円で売られ，作り手（被災者）で多くつくる人の場合，月7-8万円の収入となる．

購買者の購入動機（「被災地の製品」）は，「被災地には行けないが，これを買うことで少しでも被災者が助かるならば」，「少しでも役に立てるのなら」というものである．そして購入者は作り手（被災者）に，「一生懸命生きようと頑張っている姿に，かえって自分が勇気づけをもらった」と返している．

復興グッズの作り手と購入者は，双方向的な勇気づけを与えている．つまり，双方の顔の見える関係が形成されている．双方向的なコミュニケーションが介在している．後にこのような関係を私たちは，〈顔の見える市場〉と呼ぶようになった．

結論的には，復興グッズ・被災地グッズにおいて，多くの人々が様々な活動で「支えあい」ながら，被災者の自立を支援するという，いわば「わかちあい」「支えあい」という気持ちと，作り手・購入者・支援団体のネットワーク

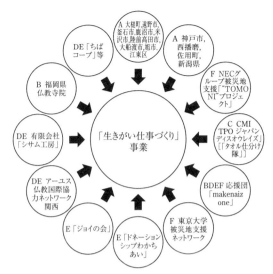

図4 「生きがい仕事づくり」支援の協働団体

図5 「"まけないぞう"づくり」の活動・支援支えあいの広がり（ボランティア経済圏）
出所：被災地NGO協働センター まけないぞう事業部資料．

1章 モラル・エコノミーとボランティア経済——9

によって，「連帯経済」が成り立とうとしている．

　復興グッズ・被災地グッズを購入する人々は，「いのち」・「くらし」・「ちいき」崩壊の危機のなかにある被災地，被災者の自立の支援活動に対し，以下のようにふるまう．すなわち，購入動機は，自己の利益追求という市場経済的合理性ではなく，被災者に対し，「何をなすべきか」，「どのような責任を誰に対して果たすべきか」，という規範的動機に引き寄せられたものである．購入する人々は，「少しでも役に立ちたい」とう規範に触発され，同時に，購入と勇気づけのメッセージという，自立支援の経済的行為と相互支援的行為を生み出している．

　この意味では，「まけないぞう」事業は，こうした規範によって成り立つ，相互自立を志向する〈実践プログラム〉といえる．危機において，「自立とは支えである」という〈実践規範〉を動機とする広義の社会的経済活動を，本章では〈現代版モラル・エコノミー〉と呼ぶことにする[3]．

　モラル・エコノミーとは，人々や団体が，経済的な行為の際，それらを行う主体が，そのつど大切に思う規範や倫理等を根拠として行われる社会経済の仕組み，と定義しておこう．

　モラル・エコノミーは，災害時等の人々の受難，苦しみからの解放，自立への支援を，必要に応じてそのつど，「人として当たり前」，社会を成す構成員としては「当然の義務」というような規範・原理に動機づけられる社会経済活動や実践を意味する．人々と被災者との自立をめぐる相互の「支えあい」，「わかちあい」などの連帯規範が主導する社会経済的行為といえよう．

　これらの概念の具体性について，「まけないぞう」事業の支援団体の1つ，NPO法人「ドネーションシップわかちあい」（京都市）の事例から論じよう．

　このボランティア団体では，「貧困，戦争，災害などによって困難な状況にある人たち，またその人たちを支える団体や活動が寄付の対象」である．また「できるだけ直接当事者に，あるいは規模は小さくても直接当事者とつながって当事者の立場にたって，わかちあいと支えあいを実行しているグループや活動に寄付」という活動の実践規範を持っている．「わかちあい」，「支えあい」がこの団体の活動の中核的な実践規範である．寄付行為や活動は，この規範を基にし，実践プログラムとして実行される．このような行為，実践こそが，私

たちが展開してきたモラル・エコノミーという考え方，思想に合致する．

　さらに，「少額でも役に立ちたい」，「自分が誰かから必要とされている．そのことによって，生きること，生きる喜びを感ずる．支援とは，そのような気持ちを『わかちあう』ことだ」，という．そして，「人々が提供できるものは異なる（お金，物品，活動）．その人が被災地に託す『気持ち』を『ささえあう』．このことによって人と人とがつながっていく」．「一人一人のなかにある『わかちあう』という気持ち」を「本当に生きるように」つかう．「後方支援とは，（このような）気持ちを集めることだ」，「関わったら，被災者の状況を知り，それから『繋がって』いく」と社会関係を広げていく（（　）は引用者加筆）[4]．たとえ少額でも，ひとの役に立ち，そのことによって自分もまた必要とされる．いったん関わったら，当事者を知り，そことのつながりや関係性を築こうとする．「わかちあい」や「ささえあい」とは，ひとは「けっして一人でな」いことであり，つながりこそが大切だと，言明する．

　「わかちあい」によって，他者関係と自己への関係の，双方向的な関係の形成が目指されている．すなわち，寄付（donation）という経済行為は，donation-ship という規範を伴っているのだ，と示唆している．このような考え方は，阪神・淡路大震災に生まれた被災者—支援者の「顔の見える関係」が大切という実践規範が，社会的経済的な支援思想として広がったといえる．まさにこうした実践規範を伴う支援活動は，モラル・エコノミー，「連帯経済」といえるだろう[5]．

4　モラル・エコノミーのボランティア経済圏の展開
　　　——東日本大震災の場合

　阪神・淡路大震災で生起した，復興グッズ・被災地グッズの活動を主宰する支援団体は，現在では先に紹介した2団体（被災地 NGO 協働センター，伊川谷工房あじさいの家）が残っているにすぎない．一過性でその役割は終わったかに見えた．しかし東日本大震災では，2012年までに，岩手県だけで57団体以上もの支援団体群が現れた（2012年6月「いわて生協」・「東京大学被災地支援ネットワーク」調査）．

　このように阪神・淡路大震災以降，災害被災地では，発災直後の「生きが

い」というケアと,少なからず明日への希望をつなぐ経済的な自立を支える活動が,急速に出現した.それらは,「いのち」・「くらし」・「ちいき」に連接させようとする,新しい社会経済的支援活動である.一時的雇用によって被災者の自立を誘導していこうとする公的資金による政策手段(緊急雇用創出事業)や,「中間的労働市場」とは別様な活動である[6].

具体的には,国内外から送られてくる救援物資の配分が一段落した頃(発災後4-6カ月),避難所等の被災者の「こころ」の問題が緊要な課題として浮上してくる.日々の生活を営んできた地域は,一面がれきの山と泥と海水に覆われた地へと一変し,地震津波による,家屋,財産,生産現場の流失,多くの肉親や親しい方々を喪うという,とてつもなく大きな喪失感が,被災者に苦しみや精神的ダメージを与えた.そして,癒やされることなく被災生活を送っていた.このような事実に直面した支援者は,生きがいを持ってもらうことが,何より必要な支援活動と考えるようになる.その支援が,「生きがい仕事づくり」という新しい社会経済活動である.

> 連日の物資支援から日がたち,それらの物資をお届けするなかで,被災された方たちが必要とされる物が日々変わってくるのに気がつきました.食が届き,衣が届き,暖が確保されてくる内に,次には心の癒やしが大切だと感じ始めました.終日,避難所の体育館で「すること」「しなければならないこと」それがないのはどれほど苦痛なことか,という思いから編み物をするための毛糸をお届けしようと思い立ち,メール・ブログを通じて呼びかけた所,友人・知人・地域を超え全国から海外から,思いの外大きな反響があり驚きました.この企画に賛同してくださり,お届けくださる毛糸とともに添えられた手紙には,「この支援活動に関わることによって,心痛めていた私が慰められました.感謝します.」と.この活動によって,被災者,非被災者ともに救われるのだと感じました(「ハートニット・プロジェクト」事務局ヒアリング,2012年7月14日).

表2は,岩手県の復興グッズ・被災地グッズ主宰団体のうち,共同で販路を開発,維持するため参集した,手作り品を扱う団体である.執筆者である私

たちが呼びかけ人になったので，これらの団体が結集した経緯を簡単に説明しよう[7]．

《レスキュー段階》から《復旧・復興段階》への移行期は，被災者共同の手しごと支援を行うことによって少しでも苦しみを忘れさせる「生きがい」づくりの段階であった．呼びかけをした頃は，経済的自立のステップとしての「仕事づくり」へと，重心をより移しつつある時期であった（癒やしから経済活動への段階）．しかし既にこの時期（2012年4月以降）は，売り上げが落ち，また販売経路を広げられない，という壁にぶつかってもいた[8]．

しかし多くの団体が，「この活動を可能な限り持続させたい」，「臨時の仕事でなく，被災者の事業体として，あるいはコミュニティ・ビジネスとして立ち上げたい」，「この活動をきっかけとして，水産業領域において，新たな産業を起業したい」など，将来への不安とともに希望に繋げたいと願っていた（2012年5-7月調査）．そこで「東京大学被災地支援ネットワーク」が呼びかけ人となり，この苦しい時期，販路拡大と事業の安定化を求めるための連携組織「復興グッズ被災地グッズ主宰者連携会議」（2012年8月結成［参加団体15，支援団体5］：以下，単に「連携会議」とよぶ）が誕生した[9]．

「連携会議」への後方支援活動として，私たちは，ヤフー等のIT産業に協力依頼を試みた．これらIT産業は，「復興市場」というWEB市場を創設し，それを介して被災企業への支援を行っている．しかし元来企業でなかった「連携会議」構成団体は，運転資金を持っていない．したがって，WEB市場参加資格条件の，ロイヤリティ，カード決済，ポイント制という仕組みは，壁が高く，とても採用できなかった．そこでやむなく，作り手・購買者等との持続的・安定的関係を形成していくという，顔の見える市場の自己組織化の途を選択した．

顔の見える市場というのは，作り手（被災者）・販売者（支援団体）・購買者（他の活動をする市民団体・市民），販路のためイベントの会場やそれを支援する団体・企業（復興グッズ・被災地グッズのパートナー）という諸主体が，相互に対話をつうじて自立の関係を形成する横断的交流網である．この組織化は，販路の安定性と活動の持続性を構築しようとするネットワークといえる．これが私のいうボランティア経済圏である．そのため，地元の経済団体や百貨店，

表2 岩手県復興グッズ被災地グッズ主宰者連携会議の主要参加組織（2013年9月現在作成）

団体名称	組織形態	主たる活動内容	復興グッズ・被災地グッズ	作り手（支援地域）	関係の深い団体（支援したり支援されたり）
SAVE IWATE	一般社団法人	盛岡市と連携した被災者支援および被災地の後方支援活動	和ぐるみ、復興ぞうきん、（羅針盤）洋服や着物の再利用	盛岡市に避難した被災者	東京大学、いわて生協、ふんばろう岩手
遠野山里くらしネットワーク	特定非営利活動法人	遠野市と連携した後方支援活動等	ハートブローチほか（レース編み物）	高田、大船渡、釜石、大槌、宮古、気仙沼	㈱福市、東京市民協
和リング・プロジェクト	一般社団法人	被災者の仕事創出、地域経済の自立	キーホルダー（被災家屋）、木工品	釜石、大槌、大船渡の被災者	大槌町ライオンズクラブ、トランスパシフィックキャンペーン
大槌復興刺し子プロジェクト	特定非営利活動法人	大槌町、岩手、三陸地方の雇用機会創出	刺し子	大槌の被災者	運営テラルネッサンス、本舗飛騨さしこ、パイプドビッツ
サンガ岩手	特定非営利活動法人	生活自立支援活動、地域の特産品開発	刺し子、鮭の旅（ぬいぐるみ）など手編み商品等	大槌の被災者	いわて生協、岩手県立大学、大阪大学
ハートニット・プロジェクト	任意団体	寄付された毛糸でのニット作品の制作、販売、売上の還元	手編みのニット作品	山田、大槌、釜石、大船渡、陸前高田、内陸に移住した被災者	インターアルペンスキースクール、雫石・安比スキー場、東北ヘルプ、神戸市役所、NPO青年協議会、いわて・みやぎ生協、川徳、銀座教会、東京ユニオンチャーチ、全国手芸講師協会、名古屋YWCA、ゴルフダイジェスト社
生活温故知新	特定非営利活動法人	被災地域の手仕事支援・コミュニティ活動支援	靴下で作ったぬいぐるみ（SOCK ZOO）、ぞうり	宮古の被災者	あねさんショップ、てってのわ
ループラス	株式会社	布ナプキンの製造・販売	布ナプキン	NPO法人紫波さぶりの復興部門の独立（2013年2月）、紫波町に移転した被災者	NPO法人紫波さぶり、ボランティアグループ「てんとうむし」
宮古あねさんショップ（輝きの和）	特定非営利活動法人	被災者の手作り手芸品の販売	着物のリメイク品、エコクラフト、小物	宮古を含む沿岸地域の被災者	
てってのわ	個人事業主	宮古から避難してきた方の手仕事支援	着物リメイク品（バッグ、帽子、小物類）、パッチワーク作品	宮古から内陸に移住した方、その方たちを支える地域住民	BODY DESIGN～根子式～、あねさんショップ、生活温故知新
まちづくり・ぐるっとおおつち	特定非営利活動法人	大槌町伝統民芸品製造販売、野菜産直販売	人形（おおちゃん）、ひょうたん島キーホルダー	大槌の被災者	
被災地NGO協働センター	任意団体	まけないぞう事業、災害救援活動（国内海外）	まけないぞう（壁掛けの手拭きのタオル）	大槌、栃木県鹿沼市、山形県米沢市、陸前高田、釜石、大船渡、遠野の仮設、千葉県旭市、宮城県、福島県南相馬市の被災者	ドネーションシップわかちあい、とちぎボランティアネット、シサム工房、アーユス関西、make-naizone、全日本仏教婦人連盟
かだっぺし（三陸復興団）	特定非営利活動法人	釜石地域情報発信、ものづくり・農園活動	木工品、ストラップ、缶バッヂ等制作（かまりン使用）	釜石、大槌の被災者	全国心理業連合会、こころの架け橋いわて、耕絲館べっこずつ

県当局，全国の市民団体，報道関係機関への支援の呼びかけが，繰り返し行われた．その結果，現在のところ，定期的なイベントによる売り上げ維持と，作り手の安定的な仕事の発注が続けられている[10]．

こうして，被災者の自立を「支えあう」，実践規範を伴ったモラル・エコノミーという，市場経済とは別様な組織体が次第に姿を現しつつある．それは，相互の多様な価値を尊敬し，小さな，緩やかながらもネットワークとして繋がる，ボランティア経済圏＝「連帯」経済圏（支援組織連合体）の新たな起点といえる（似田貝，2012a; 2012b; 2014）．

5 　市民社会の自発的経済秩序としての「連帯経済」

(1) 　多様な支援活動と支援・寄付を生み出した社会経済的活動

阪神・淡路大震災〜東日本大震災の災害時経済の時期，市民社会からは，次のような多様な支援活動が生まれた．

それは，被災者が避難生活を余儀なくされるなか，世界や全国からの市民（企業を含む）による救援支援物資（私的生活財や薬品・多様な商品）の被災地域への提供，義援金・支援金等の寄付及びボランティアによる救命活動，生活支援活動，被災者自立の「生きがい仕事づくり」支援活動等の社会経済活動である．このような支援行為によって，被災者の基盤的な「いのち」と「くらし」が支えられてきた．いくつか例示しよう．まず，市民社会からの支援資金の流れを見よう．

1995年の阪神・淡路大震災に比して2011年の東日本大震災では，被災地支援活動への驚くべき巨額の寄付があった．寄付による義援金は，3.11以降1カ月で，阪神・淡路大震災の総金額を凌駕した．その後，3333億4359万5914円（2014年10月3日現在）と，阪神・淡路大震災（1793億円：2010年3月末日現在）に比して，約2倍に達している．

表3は，市民や企業等からの寄付や助成の受け皿となり，市民活動助成プログラムやコンサルテーションを主たる業務とする団体・組織への資金を整理したものである．これらの団体は，「中間的支援組織」と呼ばれる．もっぱら現場支援活動を行うNGO，NPO，災害ボランティア組織へ資金配分を「仲介

表3 中間的支援組織のファンドレイジング（2012年4月段階，各団体の報告書から作成）

1. ジャパン・プラットフォーム（JPF）
   寄付金 68億 963万円（2012年3月12日現在）
   → JPF 参加団体に助成 54億 963万円（全体の 79%）
   参加 NGO 団体一覧
   AAR, ADRA, BHN, CARE, CCP, CF, EWBJ, CNJP, HFHJ, HIDA, HUMA, ICA, JADE, JAFS, JAR, JCCP, JCF, JEN, JRA, JRCS, KNK, MPJ, NICCO, PARCIC, PB, PEN, PLAN, PWJ, RJP, SCJ, SEEDS, SNS, SVA, WVJ
2. 日本財団
   寄付金 50億（4,978,294,771円実績額）（2012年4月27日）
3. ピースウィンズ・ジャパン（PWJ）
   寄付金 57億円→約 28億円の助成
   JPF 加盟 NGO
   日本のNGO，企業，行政がパートナーを組む災害支援のネットワーク組織．国内の33団体が加盟．
4. 市民社会創造ファンド
   コンサルテーションおよび資金仲介組織
   寄付金 11億 1566万円（「東日本大震災現地 NPO 応援基金」）
5. 三菱商事
   「三菱商事東日本大震災復興支援基金」（4年間拠出 100億円）
   総額 4.5億円（2011年度：185団体へ）
6. 公益財団法人日本国際交流センター（JCIE）
   寄付金約 2億 8300万（支援国際基金）
7. 国際協力 NGO センター（JANIC：ジャニック）
   寄付金 83,196,581円（約 8千万円）2012年2月29日現在
8. Think the Earth
   寄付金 8350万円「忘れない基金」（2011年9月末）
9. Yahoo! 東日本大震災チャリティーオークション等
   →日本赤十字社，中央共同募金会への寄付金 13億 7145万 3800円
   935,213人（2012年3月30日現在）
10. 赤い羽根共同募金の 3% を災害などの準備金に
    →被害 3県災害ボランティアセンターへ 7億 3000万円

する組織」（intermediary）である．阪神・淡路大震災では数団体しか存在しなかったが，東日本大震災では，急激に増加した．この「中間的支援組織」への寄付総額は，ほぼ1年後の2012年4月段階で，私たちの試算でも250億円をはるかにこえる．

また寄付を行った企業（国内・国外）の寄付金額の方からみても130億円（2012年3月現在）であり，現在は500億円を超えていると推定される．このように，阪神・淡路大震災以降，市民社会における市民活動や寄付行為が急速

に増加してきた．ちなみに2010年，わが国で初めて調査された『寄付白書2010』では，日本の寄付市場は1兆円規模（個人寄付5455億円，法人寄付4940億円）と報告されている．市民社会の多様な市民活動へのドネーションという行為が，飛躍的に増加し，後に述べる現代版モラル・エコノミーそしてその社会的仕組みとしての現代的コモンズの地盤が形成されつつある，と考えられる．

次に被災地，被災者支援活動の特徴を見よう．阪神・淡路大震災ではボランティア数は，延べ約167万人（1997年5月31日現在）で，発災から3カ月で136万人ものボランティアが支援に駆けつけている．東日本大震災は，災害ボランティアセンターにとどけられた数では138万人（2014年7月現在）であるが，ここに登録しなかったボランティア数を勘案するとほぼ阪神・淡路大震災のそれに匹敵する．この意味では，〈ボランティア元年〉と言われた16年前から格段に民間の災害救援活動組織は成熟してきたといえよう．

(2) 「連帯経済」の物的基盤としての現代的コモンズ（ニュー・コモンズ）の形成

復旧・復興のための国家財政・地方財政という公的資金や，市場経済による復興支出と異なる形態の市民的諸支援活動が大きく現れるのは，既に述べたように，災害時経済の特異的現象である．この現象は，1995年の阪神・淡路大震災以降，鮮明な形をとって現れてきた．市民社会論的視点でこのテーマを敷衍しよう．

これら寄付・活動の市民的諸活動は，災害の際の被災者や被災地の生活再生や自立を支える，こころの連帯（つながり，「支えあい」，「わかちあい」）を伴った，人としての実践的規範に導かれる経済行為＝実践プログラムといえる．それは，支援者の活動，生活資源や金銭的寄付，支援者・団体での支援を目的とした，非国家的・非市場的な「市民社会」領域の社会経済的市民的行為といえよう．

これに類似した運動や活動が別様な形でかつて存在した．阪神・淡路大震災以降の社会経済的市民的行為との違いを明らかにするため，簡単に論点のみ概観しよう．

1960年代の「地域開発」政策と公害問題の多発の時代，市民的な共有財の必要性とその形成に関する以下のような議論や実践的テーマがあった．宮本憲

一は,都市の経済政治学的な領域から,商品消費と共同消費の不可欠性を論じ,「共同消費手段」の政治経済的＝財政的必要性を論じた（宮本,1967).私はこれを受けて,全国の住民運動調査から次の点を論じた.公害問題のような「市場の失敗」に対して,住民運動・社会運動のインパクトを社会的力として結集し,主として地方自治体財政政策に反映させるという,批判的政治経済学（Radical Political Economy）という視点の必要性を論じ,この社会的力を表現した概念を,公権力に批判的な「市民的公共性」とした.そこから「労働力再生産」の「社会化」としての「共同消費手段」の必要性を主張した（松原・似田貝編,1972).

2000年には,宇沢弘文が「社会的共通資本」（Social Common Capital）の概念を包括的概念として用い,以下のように実践的に定義した.「国ないし特定の地域に住むすべての人々が豊かな経済生活を営み,すぐれた文化を展開し,魅力ある社会を持続的,安定的に維持することを可能にするような"社会的装置"を指す.それは教育をはじめとする社会制度,自然環境,道路などの社会基盤の3つによって構成される」（宇沢,2000).

しかしこれらの議論や実践的テーマは,いずれもその物質的基盤は,基本的には公共財政の支出であった[11].「共同消費手段」も「社会的共通資本」も,市民的共同生活に不可欠な公共財として展開されてきた.それに対し,阪神・淡路大震災のように災害時経済時に立ち現れる「連帯経済」は,いわば非公的財（公財政）,非市場経済財の市民の自発的財形成としての「市民的共通財」である.

支援活動を支える「連帯経済」は,経験的には以下のような特色ある社会経済的な物質的基盤を形成する.市民の私的財産の一部である個人的生活手段の,支援活動への提供・寄付（譲渡）あるいは直接的被災者への提供・寄付（譲渡）という行為そのものが,その財の形を災害支援用の社会的性格を持った財へと変化させる.

他方,災害時に積極的に関わる企業はどうだろうか.企業による,金銭・物品寄付,被災地における直接的企業活動やボランティア活動等の支援活動は,平時であれば「社会的責任」（Corporate Social Responsibility CSR）,「社会的貢献」としておおむね捉えられる.しかし災害時におけるより積極的な企業の寄

付行為等は，支援活動を行う市民社会の基盤を強化するために，積極的にマルチ・ステークホルダーと協働する，「企業市民活動」としての「社会への投資」と考えられつつある．

東日本大震災においては，こうした意味合いにおいて，「非営利的」な「社会への投資」という考え方が浸透している．したがって営利手段的な商品提供，商品売上額の寄付，資金の寄付という行為は，ここにおいても災害支援用の社会的財へ転化している．いわば市場経済外の経済行為としての「市民的連帯」という規範に主導された，モラル・エコノミーへの積極的参加といえよう（図2参照）．

このような私的財の被災者支援を目的として転化，転形した社会的財を市民的共通財として捉えるとするなら，それは災害時に，公財政，営利的市場経済とも異なる，特異な経済である．災害時経済ではこうして経済行為の複数性によって，復旧・復興が行われている．この特異な市民的共通財（ニュー・コモンズ）を，本章では災害や危機のそのつど，具体的，一時的，局所的に現出するものとして捉えたい．

(3) 現代的コモンズ（ニュー・コモンズ）としての市民的共通財

かつては共有地のことを意味したコモンズの概念は，K. ポランニーの経済思想を批判的に継受したI. イリイチによって，「みんなが共有するもの」，「人びとの生活のための活動（subsistence activities）がそのなかに根づいている」と再定義された（イリイチ，1999）．イリイチの使用法以降，コモンズの概念は，市民社会環境，コミュニティ環境や，コンピュータ・ネットワークを含んだ共用環境まで広げられた．本章では，市民的共通財（ニュー・コモンズ）概念を，「人として当たり前」という市民社会的活動の基本思想にまで広げて使用したい．

災害時の私的財産（生活手段）の自発的な供出（譲渡）という集合的行為は，被災者の独占的，排他的な使用，所有を共同目的とする，災害時固有の非公的，非市場的な社会的共有財，すなわち市民的共通財（ニュー・コモンズ）へと転成を促す．本章で非公的，非市場的な社会的共有財を市民的共通財と置き換えるのは，先に触れた，事実上公的な性格をもった「共同消費手段」，「社会的共

通財」と弁別するためである．

　市民的共通財に転化し得る具体的内容は，生活用品，義援金，支援金，ボランティア活動，企業拠出の商品，企業提供の事業及びその資金，私的土地，建物等である．時に公共施設（土地・建物）がその状況に応じて，具体的，一時的，局所的に事実上コモンズ化することもある．

　このように市民的共通財は，緊急時における被災地の状況，支援環境状況によって，「人として当たり前」という人間的＝市民的な規範を根拠に形成される．人間的＝市民的な規範を根拠とする作用は，必要に応じて，そのつど，具体的，一時的，局所的に公益性・公共性判断，すなわち状況への応答責任と意思決定を伴って作用し，転化する（似田貝，2012b）．

　災害時固有に形成される，こうした非公的，非市場的な市民的共通財は，公共復興事業や私企業が果たせない，被災地や被災者の自立再生の隙間を本格的にカバーしようとする，いわば〈市民社会内の私的財産の再配分と活動の相互性〉と表現できる．そのような特色を持った「連帯経済」である．

　そしてこの市民的共通財の再配分の在り方は，行政の公共性基準や市場の効率性，経済合理性基準とは異なる，新しい規則・規範と配分仕組みを生み出す．共通財の占有・利用・使用そして運用方法は，以下のように形成されよう．

　第1に，財に新たに加えられた市民的共通財は，最も必要なひと，場所，活動へという配分規則＝実践的規範による実践プログラムを創り出す．

　第2に，配分の社会的仕組みとして，支援諸主体の横断的，多様的関係のネットワークの形成を生み出している．

　これが災害時経済時の「市民社会」の支援を根拠づける実践的規範とその社会的仕組みの内実である．被災地や被災者の直接的な自立・再生という視点では，以下のことがいえよう．

　災害時経済という概念を用いることによって，公的資金や市場によっては十分に果たせなかった領域を，非公的，非市場的な市民的共通財（ニュー・コモンズ）が埋めていく社会的な動きに，今後注視しなければならない．

　危機，災害時の人々の自立・再生には，「人として当たり前」という市民社会的活動の基本思想に立脚した実践規範，すなわち「再び，われわれは何を成すべきか」という妥当性問題，経済的責任や公共善の観念と平等を問う，正当

性問題や,「いのち」・「くらし」・「ちいき」のあり方,支えあいの実践が,再び大きな意味を持つ.

「連帯経済」を支える内的根拠として,モラル・エコノミー,その具体的関係性として顔のみえる関係,コミュニケーションの可能空間としてボランティア経済圏がいまや形成途上にある.それは,経済のグローバリゼーションが,地域社会,家庭経済の各領域の固有な「生活世界」を一価的な経済システムへ従属させ,それに見合う構造へと編成替えさせていくなかでの,別様な「社会の中での経済の位置づけ」(ポランニー,1980)の新しい方向性を私たちに与えている.そしてそれは,ウェーバーの『経済と社会』(1960)の問題圏ともいえる,市場経済の思考とは異なる,全体的な社会と経済の見方を,改めて究明しなければならない,緊要な研究課題である.

■──注

1)「まけないぞう」は,象をかたどった形に縫い合わせた壁掛けのタオルである.阪神・淡路大震災で失業した主に女性を対象にした支援活動として,「被災地NGO協働センター」(神戸市)が被災者の「生きがい・仕事づくり」協働事業として,1997年からはじまり,東日本大震災の被災地でも行われている.材料は「一本のタオル運動」として,新品のタオルを全国から集めている.

2)「被災者の最後のひとりが救済されるまで支援を」の掛け声のもとに,阪神・淡路大震災を契機に,中辻直行(逝去),黒田裕子(逝去),梁勝則各氏による「阪神高齢者・障害者支援ネットワーク」(1995年)が,99年9月の西神第7仮設住宅の解消まで,ここを拠点に,自立支援24時間体制を行ってきた.その後,この活動の経験を活かし,「あじさいの家」を創立.デイサービス,仕事場,寄り合いの場など,地域の交流拠点の中心となった.黒田氏の逝去(2014年9月)の後,2015年3月まで活動がつづけられた.

3) この概念は,既存の経済システムに対し批判的である.と同時に,やがてそれが社会的力を得られるなら,経済システムや政治等の全体社会に少なからず構造変化のインパクトを与える,と考えている.この概念によって,危機における特異な経済的行為として了解するだけでなく,批判的社会学(Radical Sociology)としての視点や役割を期待したい.1960年代から70年代の住民運動研究では,「市場の失敗」に対しては,住民運動・社会運動のインパクトを政治力に結集し,それを財政政策に反映させるという,批判的政治経済学(Radical Political Economy)という視点が,私の立場であった.その時代は,実践や行動の規範・原理根拠としての「公共性」概念の妥当性,正当性の再審が運動論の実践理論上の問題提起であった(松原・似田貝編,1972).

4) 「ドネーションシップわかちあい」代表立川さき氏からの聞き取り（2012年4月15日）.
5) 「ドネーションシップわかちあい」の寄付の総額は計814万3713円（2012年4月現在）.
6) 阪神・淡路大震災を契機に，労働経済学的視点からの復興支援の可能性と，その成果を求める政策科学的立場が現れた．それは，公的支援に対する経済学の視点を，単にハード領域の復旧への公的財分に留めることなく，被災地の本格的「復興」までの「つなぎ」（移行期）を対象とするものであった．一時保護的，緊急避難的な「生活の場」のなかで「時限的」ではあるが，被災者個人の自立へ向けた，広義の経済活動（雇用政策を含め）支援にまで，復興政策を拡大しようとするものである．例えば，阪神・淡路大震災では，生計手段と仕事を失った被災者の雇用問題解決の方法として，以下の2点が展開された．その1つは，弱体化した都市労働市場を「正常」な労働市場へ回帰させる中間的役割の創設をめざす「中間労働市場」とそれにリンクした「コミュニティ・ビジネス」論（加藤，2002）．2つめには，途上国などで行われている事業の「キャッシュ・フォー・ワーク（CFW）」という手法が，東日本大震災で初めて適用された．それは被災地の経済復興のため，災害復興事業に被災者を雇用し，それによって経済活動を復興させ，新たな仕事を創出し，持続可能な地域経済を構築する，という政策課題を担うもので，リーマンショック後の失業対策事業（雇用創出基金）を，東日本大震災の失業者雇用確保施策（緊急雇用創出事業）としても転用したものである（似田貝，2014）.
7) 活動の詳細は，「東京大学被災地支援ネットワーク『通信』」および東京大学被災地支援ネットのHP（http://www.l.u-tokyo.ac.jp/~utshien/Project.html）参照.
8) 復興グッズ・被災地グッズの販売数は，1997年から始めた「まけないぞう」の実績から推論すると，おおむね2-3年という短い期間である［出荷数：97年1万8826頭，98年5万9304頭，99年2万8294頭，2000年1万5195頭，01年1万5195頭，02年7604頭（被災地NGO協働センター「まけないぞう」事業部）］.
9) 構成団体の協働関係の内容は，情報共有，共同出店・販売，共同出店・販売のための協力企業確保，販売情報網（ネット市場）形成，手仕事共同作業，共同出店販売の協力関係，事業化，外部支援団体確保，報道機関，共同カタログの作成，販売促進の動画作成である．暫定事務局は「東京大学被災地支援ネットワーク」に置いた．これまで16回の会議，2012年8月から2013年11月まで13回のイベントを主催ないし参加している（2015年4月現在）.
10) 現在これらの参加団体は，将来の活動の方向について，以下のようにおおむね3つの方向に分岐する傾向がみえる．第1のグループは，〈生きがい仕事づくり〉として今後，復興後の高齢社会の「いのち」・「くらし」・「ちいき」の基本的関係性の安定と維持支援・自立活動団体へ志向する．その意味で〈災害時経済〉から，復興後の高齢社会の市民組織として定着しようとするタイプである．第2のグループは，「移行調整経済」としての，キャッシュ・フォー・ワーク

(CFW) の役割を今暫く持続する団体と，役割を終えたと考える団体へ分岐する．第3のグループは，雇用等を確実にするため，事業化の方向への選択を試みようとしている．このグループは多様な形態を辿りつつある．いずれ稿を改めて論じたい．
11)　1970年代には，市民社会内部に，ボランタリックな団体組織の活動基盤として，市民生協等の「市民資本」と呼ばれたものが，また90年代以降，NPO，社会的企業の出資金，地域通貨等の非国家的，非市場的な資本，出資金，ローカルマネー等が現れた．これらと現代的コモンズとの関係や相違点については別稿を準備している．

■──参考文献

イリイチ，I., 1999,『生きる思想』[新版]（桜井直文監訳）藤原書店．
ウェーバー，M., 1960,『支配の社会学1（経済と社会）』（世良晃志郎訳）創文社．
宇沢弘文，2000,『社会的共通資本』岩波新書．
加藤恵正，2002,「都市ガバナンスとコミュニティ・ビジネス」『都市政策』108号：12-27．
玉野井芳郎，1998,「解説」I. イリイチ『シャドウ・ワーク』[特装版]岩波現代選書．
似田貝香門編，2008,『自立支援の実践知』東信堂．
似田貝香門，2012a,「〈災害時経済〉とモラル・エコノミー試論」『福祉社会学研究9　特集　東日本大震災と福祉社会の課題──〈交響〉と〈公共〉の臨界』東信堂：11-25．
似田貝香門，2012b,「〈実践知〉としての公共性」盛山和夫・上野千鶴子・武川正吾編『公共社会学1　リスク・市民社会・公共性』東京大学出版会．
似田貝香門，2014,「災害からの復旧・復興の『経済』複合体──新たなるモラル・エコノミーを求めて」『地域社会学会年報』第26集．
ポランニー，K., 1980,『人間の経済1』（玉野井芳郎・栗本慎一郎訳）岩波現代選書．
松原治郎・似田貝香門編，1972,『住民運動の論理』学陽書房．
宮本憲一，1967,『社会資本論』有斐閣．

2章
グローバル・リスク社会から連帯社会へ
原発災害と市民社会

斉藤　日出治

1　グローバル・リスクと市場経済のパラドクス

　経済のグローバル化は，リスクのグローバル化と破局のグローバル化を同時に深化させている．諸種の社会制度や科学技術が生み出すさまざまなリスクが，国境を越えたひとびとの相互依存の深まりとともに，地球的な規模で広がっている．地球の温暖化，酸性雨，原発事故による放射能汚染，国際紛争と戦争の脅威，世界金融危機と通貨危機，貧困と飢餓，鳥インフルエンザ・狂牛病などの感染症，異常気象にともなう災害，食糧不足，資源枯渇，これらのリスクはすべて，近代社会が社会諸関係や自然を制御し富を増進するために生み出された科学技術や社会的・経済的・政治的諸制度が，その意図とは反対の，人の手に負えない制御不能な事態を招き，グローバル・リスクとして発現したものにほかならない．

　U. ベック（1998，原著1986）は，このような性格のリスクが大量発生することのうちに近代社会のパラドクスを読み取る．近代社会は諸個人の意思決定や選択の自由にもとづき，この自由を拡大するためにさまざまな科学技術や制度を創出してきた．だがほかならぬこの人間の自由を拡大する営みがひとびとの自由を奪い，安全を脅かし，リスクを増幅させている．

　かつて近代社会の矛盾は，増大する富の分配をめぐる社会諸集団や諸階級の利害対立や紛争を通して進展し，その解決の場も社会闘争や階級闘争に求められた．だが，リスクのグローバル化は，その被害を社会集団や階級の区別を越えてすべての諸個人にストレートに及ぼす．こうして，近代社会はみずからの

社会諸関係が生み出す富をいかに分配するかをめぐる階級闘争の社会から，すべての諸個人が社会諸関係の生み出すリスクに，制度の保護を失ったままでさらされる「リスクの個人化」の社会へと転換する．

　このリスクの個人化の根底にあるのは，社会生活のあらゆる領域が市場経済に全面的に依存するようになった，という事態である．U. ベック（1998）はリスクの個人化と市場経済の全面的な支配との関係について，つぎのように語る．

　「個人化は，人間が人生を営む上で，あらゆる次元において市場に依存するということを意味する」．わたしたちの生活は「規格化された住居・住宅設備・日用品や，マスメディアを通じて送り出され採用される意見・習慣・態度・ライフスタイル等のための大量市場と大量消費」（ベック，1998，261ページ）によって支配され，そのために個々人はばらばらに分断され，外部から標準化を押し付けられるようになる，と．

　この日常生活における市場の全面的な支配は，ひとびとの自由の拡大がもたらした帰結である．社会の諸領域に市場が浸透すればするほど，ひとびとの商品選択の自由度は広がり，私的利益を追求する機会は増大する．だがこの自由が拡大すればするほど，諸個人は市場が押しつける標準化と市場の拘束の中に閉じ込められるようになる．そして，市場が生み出すおびただしいリスクが分断された諸個人に直接のしかかる．わたしたちは市場選択の自由を享受することによって自由であるかのようにして生きているが，その選択がいかなる結果を招くかについて本当のところは何もわかっていない．そして，選択の自由がもたらすそのような帰結を個人的に回避することはできないし，そのような帰結を集団で回避する道もますます狭められている．

　化石燃料の大量浪費による温室効果ガスの濃度の高まりが地球の温暖化を促し，異常気象による干ばつや水害，農林漁業の被害，居住地帯の水没となって現れる．その結果，生命と生活が危険にさらされ，おびただしい環境難民が出現する．金融取引の規制緩和がもたらした金融のグローバル化は，証券化商品取引によってリスクの転売を推進し，そのために米国の住宅ローン危機が世界金融危機となって暴発する．M. & R. フリードマン（1980）が賛美した，市場における個人の選択の自由の拡大が例外なくすべての個人の安全を脅かす．

市場経済における自由とリスクとのこのような逆説的な関係が露呈したのが，2011年の福島第一原子力発電所の炉心溶融事故であった．政府が軍事用に開発する核兵器とは異なり，原子力を用いて電力を生産する原子力発電は商業用であり，市場で取引される商品である．この商品を市場に取り入れたのは市場選択の自由がもたらした帰結である[1]．

　だが，この商品の市場取引は，おびただしい負の外部効果を生み出す．原子力発電の運転によって放出される高熱の排水がもたらす温暖化への影響，放射性廃棄物の貯蔵と処理の予測困難な費用，危機管理のための安全対策費，原発作業員の体内被曝のリスクと調査および健康管理の費用，耐用年数が過ぎた原子炉の廃炉作業の費用，そしてひとたび炉心溶融事故が起きたときの住民の避難，汚染水処理，原子炉の冷却作業などに要する費用，放射能汚染が将来世代の生活と生命に及ぼす被害の費用，これらの外部費用は，市場に内部化して電力会社が負担すべきものであるが，現実にはそのかなりの部分を政府および消費者が負担し，電力会社のほうがそのコストを外部化している．しかも，この負の外部効果は費用計算によって処理できる範囲を超え出ている．いったん放出された放射能は，消去することも廃棄することもできないし，その汚染の被害が将来世代にどのような影響を及ぼすかもわからない．現代人は，そのリスクを1万年後の世代に伝えるコミュニケーション手段すら持ち合わせていないのである（ベック，2003）．

　このような巨大な負の外部効果は，商業用原子力発電の市場取引が人間生活の基本的な欲求とまったく相いれないものであり，それと敵対するものだ，ということを語り出す．

　したがって，原発の事故は，市場における個人の選択の自由がいかなる個人も選択の余地なく強制的に被るリスクへと反転するという市場経済のパラドクスをもっとも端的に語り出している．この市場経済システムが発揮する強制力のうちに，市場選択の自由，私的所有権にもとづく自由の理念の限界がたち現れる．市場取引の自由は，消費者，生産者の私的利益を追求する自由を無制限に保障しても，その自由の行為がもたらす帰結に対して責任を負わない！．なんぴともその帰結から自由でいることはできない．それはわれわれが個人の自由と引き換えに，社会集団としての自由を失うことを意味している．

われわれの個人的な自由が明らかに爆発的な仕方で増大するのに伴って，われわれの集団的自由は相関的に失われている（西谷編，2011，231 ページ）．

　カール・マルクスは，すでに 19 世紀の時点で，物象化の概念装置を通して，市場競争の自由が自然法則のごとく貫徹する強制力へと反転するこのメカニズムを究明していた．私的諸個人の市場選択は，その行為の結果が価格・利潤・利子といった数値となって現れ，市場の自立した運動法則として帰結する．私的諸個人の社会的諸関係は個人の制御能力を越えて物象の自立的運動となり，その運動が恐慌，失業，貧困となって発現する．私的諸個人は市場選択の自由を拡大すればするほど，その帰結がもたらす自立した運動法則の強制の罠に封じこめられていく．今日のグローバル・リスクは，マルクスの洞見したこの帰結が経済危機の域を越えて社会の破局をもたらすまでに至っているのだ．
　それゆえ，アラン・カイエはこう問う．われわれは「自らの個人的自由を守るために経済の非人格的な強制力に服従していることの代償を払う準備が本当にできているのか」（西谷編，2011，232 ページ），と．
　現代世界はリスクの個人化を契機として，自由の概念をもはや市場選択の自由という私的個人の次元で考察するのではなく，集団的な自由の次元で検討することが求められている[2]．
　私的個人による市場選択の自由が制御不能な巨大なリスクへと反転する媒介をなすのが，科学技術である．近代の資本主義において，科学技術は固定資本として，労働者の集合労働力を資本の生産力に転換する媒体として発展を遂げてきた．それは労働者諸個人を資本のくびきにつなぎとめる強制力をはらんだ装置であった．だが，科学技術は工場の中でそのような強制力を発揮するだけでなく，情報の統制や操作を通じて社会全体に対する強制力を発揮する．原子力発電のような科学技術は，その社会への導入に際して情報の画一化や操作を必要とする．ひとびとの生活と生命を一瞬のうちに破壊する巨大なリスクを秘めた原子力発電を稼働させるためには，安全の確保に向けて情報の画一的な統制をおこない，ひとびとのコミュニケーションを同調化し一元化することが求められる．公衆の判断を停止させ，専門家の判断にすべてを委ねる仕組みを社

会全体にはりめぐらせる必要がある．映画，テレビ，新聞，インターネットなどのメディアがひとびとの視覚や聴覚を同調させ，そこから逸脱することを許さないような情報の一元的な管理を通して，はじめて原子力の産業的利用が実現可能となる．

カール・ポランニーは，第2次大戦後まもなく「原子力の平和利用」という鳴り物入りの宣伝を通して導入された原子力発電のうちに，技術文明がはらむこの全体主義的傾向をかぎとった．技術文明は多様なメディアによってひとびとに順応主義を押しつけ，同調主義的な傾向を強める．技術文明は中央集権的な権力が行使するのとは異なるかたちで，自由の抑圧を進める．そして，このような大衆の自由の抑圧によって原子力の産業的利用がはじめて可能となったことを，ポランニーはつぎのように述べる．

> 無声映画，発声映画，テレビと続く大衆向けの電子伝達手段の普及を通じて，新しい技術が何千万人もの視覚と聴覚を同調させたまさにそのとき，この国［米国―引用者］では原子力エネルギーを解放しうる高度なレベルにまで産業が達した（ポランニー，2012，289ページ）．

2 市場経済が内包する全体主義的性格

市場選択の自由は，市場取引を通して導入される科学技術が発揮する強制力を通して，自由の正反対物へと反転する．だが，この反転は見せかけにすぎない．市場選択の自由には，それ自身のなかにすでに強制的，かつ全体主義的な性格がはらまれているのである．みずからの生活を市場に全面的に委ねる行為は，それ自体がすでにみずからの生活を制御する能力の全面的な喪失を意味するからである．戦後日本の高度成長のうちにこのような市場経済がはらむ全体主義的性格を洞察した藤田省三（1982；1994）を手がかりにして，この問題を考えてみよう．

藤田は，1945年の敗戦によって日本人のひとりひとりがみずからの経験にもとづいて社会を築き上げる可能性を手にした，と言い，そこに戦後思想の原点を見出す．藤田が注目するのは闇市の体験である．闇市の世界では，国家が

つくりあげた社会秩序が全面的に崩壊し，ひとびとは自然状態に投げ出されることによって，ただみずからの経験と感覚だけを頼りに社会をつくりあげるチャンスを手にした．それゆえに，闇市の世界には悲惨と絶望が渦巻いていたにもかかわらず，そこには「不思議にも明るさ」（藤田，1982=2003，224 ページ）がはらまれていた．この自然状態のなかで，ひとびとは外からのルールに縛られて群れるのではなく，そのようなルールの媒介なしにひとりひとりが生身の感覚で物事とふれあい交渉する過程を通して社会をつくりあげる可能性を手にする．藤田によれば，この社会形成の営みは，歴史の再認識の試みと手を携えている．それは戦前の日本の歴史における反戦運動，社会主義運動，農民運動・労働運動を再発見し，戦後の旧植民地のひとびとや戦災孤児や戦争の死者とつながる歴史を発見する道でもあった．

　だが，日本はその後，そのような戦後経験の原点を封じ込める道を選択し，高度成長へと突き進んでいった．高度成長とは，ひとびとが物事とふれあい，不快や苦痛や苦難と向き合いながら物事と交渉しつつ生きることを放棄する道であり，そのような物事とのふれあいそれ自体を避ける道にほかならなかった．科学技術が開発するさまざまな製品・装置・設備を「快適である」という理由でつぎつぎと受け入れ，みずからの判断において物事と交渉することをやめる．このような高度成長のなかで定着した心的態度は，自己の経験や感覚を捨て去り，安楽に身を委ねる態度であり，藤田はそのような心的態度によって，われわれは「一切の不快の素を機械的に一掃しようとする粗雑なブルドーザー」（14 ページ）になり果てた，と断じ，このような心的態度を「恐るべき身勝手な野蛮」（藤田，1994，5 ページ）だ，と論ずる．

　ひとびとの心的態度を安楽へと一元化し，不快な感覚や他者とのやっかいな交渉を拒絶するこの態度を藤田は「『安楽』への全体主義」（藤田，1994）と呼ぶ．農村から都市への大量移動，都市型生活様式の普及，都市の過密化，モータリゼーションの急進展というかたちで日本人のライフスタイルと心的態度を激変させた高度成長は，藤田にとって，「不快をもたらす物全てに対して無差別な一掃殲滅」をおこなおうとするこころみであり，それは戦前の日本がアジアの「異なった文化社会の人々を一掃殲滅しようとすることに何の躊躇も示さなかった」（藤田，1994，5 ページ）態度と相通じている，と言うのだ．藤田の

眼を通すと，戦後の高度成長はアジアを侵略し植民地支配した戦前の「恐るべき身勝手な野蛮」を戦後に継承させる体制にほかならなかった[3]．

経験を回避し快適さと安全をひたすら追い求めるこの自由は，市場選択の結果がもたらすリスクに直面してみずからの判断でこのリスクに対処しようとする能力を衰弱させ，集団の力でこのリスクに取り組もうとする意思を奪いさる．その結果，自由の拡張が安全を脅かすというパラドクスがますます増長することになる．

事物と交渉しつつ事態を制御する能力を育てていくという経験の過程を欠落させたまま安楽に身を任せ，市場経済の物象化された自己運動に生活の総体を委ねる《市場経済全体主義》は，したがって，そのはじめから市場システムにはらまれる巨大なリスクに対する制御能力を喪失している．それどころか，市場システムが膨張すればするほど，市場が誘発するリスクは巨大化し，それと比例するかたちでひとびとのリスクの対処能力は衰えていく．

3　市場経済全体主義と市民社会の自由主義的統治

市場経済による社会生活の全面的な支配は，市場の自生的発展がもたらしたものではない．それは歴史的・政治的に構築されたものである．

〈市場〉とは〈自然〉の嫡出子なのではなく，《政治的なもの》の私生児なのである（西谷編，2011，262 ページ）．

グローバル・リスクを発動する市場経済の暴走を生み出す源泉は何か．ミシェル・フーコーは，市場の暴走を政治的に組織する場として市民社会に着目し，近代の市民社会にはらまれる新しい統治の技法（政治的主権の行使において統治を合理化する方法）のうちに市場経済全体主義の発生源を探ろうとする．

フーコーは 18 世紀半ばのヨーロッパで，それまで支配的であった国家理性にもとづく統治が転機を迎える，と言う．それまでヨーロッパにおいて統治の合理性を根拠づけていたのは，国家理性であった．そこでは，国家があらゆるものに先立つ至高の存在とみなされ，すべての統治実践が国家の維持と強化の

ために行使された．そのような統治実践を代表するのが重商主義の経済政策である．国家は重商主義政策を通して，通商による貨幣の蓄積と人口の増大と諸列強との競争を追求し，国力と国富の増進をめざした．

　だが，18世紀半ばになると，このような無際限な権力を有する国家理性の統治に対する自己制限が求められるようになる．国家理性による統治に歯止めをかけたのは市場経済の発展であり，そのような国家の自己制限を提唱した言説が政治経済学であった．政治経済学は市場の自然法則を尊重することによって，市場こそが真理形成の場であり，正義の場であるとして，国家理性による統治に歯止めをかけ，国家は無際限の統治から「つましい統治」へと反転し，国家理性は「最小統治理性」（フーコー，2008，36ページ）へと変ずる．市場はもはや国家によって統治される対象であることをやめて，市場それ自身が統治を生み出す場となる．

　したがって，自由放任の経済は「小さな政府」をもたらすだけではなく，国家理性に代わる統治実践の新しいタイプの合理性を出現させる．フーコーはそれを「自由主義的統治術」と呼ぶ．そこでは，国家が市場の外から市場を統治するのではなく，市場の内部で市場の真理を構成するように介入する．

　フーコーはこのような新しい統治術の出現を公法の問題設定の転換のうちに読み取る．公法は西欧市民社会において，人権，あるいは法権利の問題としてとらえられていた．ところが，アダム・スミスをはじめとする政治経済学は，公法を法権利の問題よりもむしろ統治の技術の問題として，統治者に対して被統治者の自由を保障するという功利主義的な視点からとらえようとする．この公法の問題設定の転換によって，統治はもはや国富の増進，あるいは国力の増強をめざすのではなく，市場の真理を構成する法的秩序をめざすものとなり，私的諸個人および社会諸集団のあいだの調整，市場と公権力のあいだの調整，公権力と被統治者とのあいだの調整といった利害関心を課題とするようになる．こうして，国家理性による統治に代わって，市場の真理を構成する統治，被統治者の有用性を昂進する統治の実践がたちあらわれる．

　この統治実践が国際空間に対しても行使されるようになる．かつての重商主義国家は，国内の統治において絶対的権力を行使する一方で，国際関係においてはたがいの国家主権の均衡を維持するために自己の主権を限定した．これに

対して，自由主義的統治は，諸国家の力の均衡ではなく，ヨーロッパの主権諸国家全体の相互的富裕化のメカニズムを作動させることをめざす．そのため，ヨーロッパ諸国が相互的富裕化をめざす集団的経済主体としてたちあらわれる．そしてこの集団的経済主体としてのヨーロッパが，非ヨーロッパ地帯をヨーロッパのための市場としてみずからに招き寄せる．このようにして，グローバル市場の空間が合理的な計算によって編みあげられ，「地球的規模を持つ合理性の新たな形態」（フーコー，2008, 69 ページ）が出現する．公法は合理的な計算によって地球規模の市場空間を編みあげるための重要な媒介となる．フーコーは，18 世紀に現れる海洋法という国際公法が，世界市場を自由競争と海上交通の空間として編み上げる自由主義的統治実践の形式であることを指摘する．

このような自由主義的統治実践は，国家のありかたの転換をもたらす．フーコーにとって，国家とは，統治の実践に先立つ所与の実体ではなく，統治の実践が生み出す効果にほかならない．国家とは，統治理性にもとづく実践を通して不断に自己を国家として形成していくプロセスにほかならない．自由主義的統治実践の課題は，ひとびとを自由に行動するままに任せることではなく，市場メカニズムの本性を深く認識し，この認識に基づいてさまざまな自由を運営し組織することにある．国家は，したがってひとびとの自由な行動によって市場が効率的に機能するための環境を整備しなければならず，ひとびとの自由な行動が引き起こす危険を回避するための安全の戦略を講じなければならない．この戦略は，自由とは正反対の，管理・制約・強制といった手続きを課することになる．

こうして，自由主義的統治術の効果とともに生まれる国家は，「つましい統治」から出発しながら，自由を運営し組織するために社会への積極的で，かぎりない介入を試みるようになる．フーコーは，1980 年代以降の資本主義の支配的形態である新自由主義の起源をこのような自由主義的統治術の効果に求め，新自由主義の国家をこのような自由主義的統治術の効果の産物としてとらえる．

だが，新自由主義の国家が行使する統治の実践は，市場競争の自由がもたらす社会への破壊的効果に対処するために行使される実践ではない．たとえば，市場競争がもたらす大量失業，貧困，金融危機，環境破壊といったリスクに対処して，不平等を是正するために所得の再分配や社会的弱者の救済を図るとい

った実践ではない．そうではなく，新自由主義国家の統治実践は，市場競争のメカニズムがうまく機能するように市場の競争環境を整備することを主要な任務とする．

そのために，この統治実践がとくに力を入れるのが，あらゆる社会の諸領域を企業のモデルによって編みあげることであり，法規範を市場競争に適合するように整備することである．教育，医療，介護，交通，文化，研究，スポーツなどの領域が企業経営の論理によって組織されるようになる．また，さまざまな法律が市場の十全な機能を保障するようにして整備される．そこから，国有企業の民営化，金融や労働市場の規制緩和，法人税の引き下げ，福祉財源の削減といった政策がうちだされてくる．市場競争を活性化するための，法によって規則づけられた市場がこのようにしてたち現れる．そこでは，法治国家の主要な任務が，市場を秩序づける形式の整備に置かれる．

法治国家が経済の機能を円滑に推進するための形式を整えることを任務とするようになると，国家は，もはや経済に対する超越的で普遍的な主権者であることをやめ，社会に市場取引のゲームの規則を授けるたんなる調整者となる．経済ゲームの主体は企業であり，この企業ができるだけ自由に行動できるように規則を配備することが国家の政策の主要な課題となる．このようにして，新自由主義の社会は，ますます企業社会として組織され，司法が企業社会を仲裁する機能を果たし，司法による社会介入主義が強化される社会へと向かっていく．

フーコーが18世紀の海洋法において公法の機能変化を読み取った動きが，21世紀初頭の今日，社会のあらゆる領域において進展し，企業の形式に従って組織される社会が司法との強固な結びつきによって再編強化されつつある．

このような企業と司法との結びつきによって運営される社会は「新しいコーポラティズム」と呼ばれる．堤未果（2013）がルポルタージュで描き出した米国の貧困大国化は，ほかならぬこの新しいコーポラティズムがもたらした帰結であった．

堤は，このルポルタージュで，以下のような事例を紹介している．

アメリカ政府は，2008年に低所得者層や失業者や高齢者や障害者を救済するために食糧支援プログラム（SNAP）を導入し，これらのひとびとに対して

2011年度で750億ドルという巨額の給付金を支給した．そのねらいは貧者の救済にあるのではなく，その巨額の給付金をコカコーラ，ウォルマート，ヤム・ブランズなどの飲料水，ファーストフード，小売りチェーンの大企業にとっての巨大市場として提供することにあった．

また，学校を競争下に置き，生徒の成績いかんによって学校予算を格差づけることを目的として「落ちこぼれゼロ法」(2002年にブッシュ政権下で始まった教育改革法)が制定されたが，この法律は，低所得者層の地域の公立学校を成績不良校として破綻させ，チャータースクールという営利学校の新設と教育の市場化を急速に推し進めることになった．

さらに，米国では，労組の加入への強制を禁止し組合費の義務化を廃止する労働権法が州単位で制定されつつあるが，労働権法を導入した州では，労働組合の組織率と団体交渉能力が低下し，その結果，賃金の低下と雇用の柔軟化が進んで，それらの州への企業の進出が活発になる．これに対して，労働権法が制定されておらず，労働組合が強力な地域では，投資が減退し，地域経済が衰退する．

以上のようにして進められる法整備は，フーコーが指摘したように，法が市場の真理を構成する統治実践として機能しており，巨大資本と法との連携によって市場が組織される新しいコーポラティズム資本主義の出現を語り出している．

このような自由主義的統治術によって編みあげられた市場経済は，市場競争の環境整備を推進する一方で，市場競争が生み出すさまざまなリスクに対処する能力を著しく衰弱させる．コーポラティズム国家は，市場の競争条件を整備し企業の成長を促すための市場介入を行うが，企業の環境破壊，地球環境危機，原子力発電事故をはじめとする科学技術のもたらす災害に対処する能力を欠く．

それだけではない．自由主義的統治は，市場競争がもたらす社会的弊害に取り組む志向を欠落させるだけでなく，破局を人為的に創出し，その破局を契機として新しいビジネスチャンスをつぎつぎと創出し，それを新しい成長の引き金にしようとする．ナオミ・クライン (2011) は，拷問実験室で被験者の身体を電気ショック，薬物投与，強制睡眠などの方法で痛めつけ，その被験者から記憶を消去し，脳を白紙状態にする精神医療の実験を紹介しつつ，新自由主義

の経済政策が同じようにして災害やクーデタなどを契機に社会を白紙状態に還元し，社会の総体を新しいビジネスチャンスの場としてリセットしようとする動きを暴露している．1973年のチリで，ピノチェト将軍が軍事クーデタによってアジェンデ政権を倒した後，ミルトン・フリードマンがシカゴ学派の経済学者をチリ大学に派遣し，社会保障の削減，国営企業の民営化，輸入制限の撤廃，輸入関税の一律引き下げ，などの経済政策を打ち出し，外国の大企業によるチリへの投資機会を創出した事例を挙げ，「壊滅的な出来事が発生した直後，災害処理をまたとない市場チャンスととらえ，公共領域にいっせいに群がるこのような襲撃行為」を「災害便乗型資本主義」（クライン，2011，上，13ページ）と呼んだ．

このようにして，自由主義的統治によって編制される市場経済は，災害をはじめとするリスクに対処する能力を喪失するだけでなく，災害を意図的に作出し，新しい投資機会を創出することによって生き延びようとする企業と政府の連携によってリスクが増幅させられ，社会は破局への道を歩むことになる．

4　破局をめぐるグローバル・ヘゲモニー闘争

ベックによれば，グローバル・リスク社会はリスクのグローバル性を内省することによって，グローバル・リスクを主題化し，そのリスクに対処するための共同の枠組みをおのずと模索し，創設するようになる．

> グローバルな危険がグローバルな共通性をつくり出し，まさに（可能性としてありうる）世界公共性の輪郭を形づくっていきます（ベック，2003，70-71ページ）．

かれはその内省を「世界リスク社会における自己再帰性」（ベック，2003，35ページ）と呼ぶ．

だがこれまでの検討から明らかなように，このような世界公共性の枠組みはリスクのグローバル化とともに自動的に出現するわけではない．リスクを内省するためには，そのリスクが社会のどのような仕組みを通して生み出されるの

かをひとびとが認識する必要があり，さらには，その認識がリスクの発生源となる社会の仕組みを変革する取り組みへと結びつかなければならない．

だが現実に進行しているのは，このリスクの発生の仕組みが不透明にされ，リスクがまるで自然災害のように受け止められ，リスクを生み出す源泉への問いかけがむしろ封じこめられる動きである．

グローバル・リスクの源泉を市場経済全体主義のうちに探ってきたわれわれにとって，今日の市場経済のありかたがリスクの根源にあることがわかる．今日の市場経済体制においては，かつて伝統社会において宗教が占めていた聖域を経済が占拠している．経済が聖域を占めているために，市場の経済的要請に応えることがひとびとにとってまるで宿命であるかのように受け止められる．たとえこの経済的必要性が，生活の基本的な欲求と対立しそれを危うくするものであっても，それをまるで宿命であるかのようにして受け入れるのである．経済成長がすべてであり，成長さえすれば，雇用が確保され，生活が保証される，というように．

そのために，原子力発電のように，明らかに生活の基本的欲求とは対立する巨大なリスクを抱えた科学技術が，安全神話と「安価な電力供給」という言説を介して市場に受容されていく．そしてひとたび炉心溶融事故によってその破局的なリスクが現実化すると，今度はその破局的状況がまるで自然災害であるかのように受け止められる．原発災害は，そのほかの公害と同様に，私企業が企業倫理を逸脱して私的利益を追求する結果引き起こした社会的犯罪であるにもかかわらず，その犯罪の加害者と被害者がともにそれを悪として認知することなく，自然災害のように受け止めるのである．

ジャン・ピエール・デュピュイは，広島・長崎の被爆者が原爆の投下を津波や隕石の落下に遭遇したかのように語ることや，ユダヤ人がホロコーストの体験を津波という意味の「ショアー」として語ることに言及しながら，「巨大な悪が悪意のまったき不在をつうじて引き起こされる」（デュピュイ，2013，32ページ）ことに注目している．

「自分が犠牲者にして責任者であるものを思考することが人間にできなくなったとき，そこに悪を自然化するという誘惑」（デュピュイ，2013，32ページ）が生まれる，と．

経済学は環境破壊や原発災害の被害を外部不経済として費用計算することによって，被害の発生源への問いを封じ込め，悪の消去に加担している．それどころか，市場選択の自由を経済の動機として位置づける経済学は，ナオミ・クラインが洞察したように，経済成長のための投資機会を作り出そうとして，社会の破局を人為的に創出しようとさえする．社会はみずからを破局に追いやるようにして市場の論理を発動させるカニバリズムの世界を生み出すのである[4]．

　市場経済を全体主義化させ，破局を生み出す源泉として組織する場はどこか．それが市民社会である．フーコーは，市民社会を自律した個人の社会契約によって生まれる社会ではなく，自由主義的統治術の出現とともに生まれてくる社会としてとらえる．被統治者が自由に行動するなかで統治が貫かれる社会，それが市民社会であり，そこでは法が経済と功利主義的な関係を結び，市場の競争秩序を整備し誘導する．したがって，科学技術や社会的・経済的制度が制御不可能な破壊力へと反転する運動の源泉は市民社会にある．

　それゆえ，市民社会がリスクを創出する源泉となり，ひとびとがそのリスクを「悪意なき破局」として受け止めているかぎり，リスクに対処する公共的枠組が自然発生的に出現することはない．むしろ，市民社会を自由主義的統治術の展開に委ねていると，破局がつぎつぎと自己増殖し，市民社会の自己崩壊が不可避となる．

　では，どうすれば破局に向かう道を封じこめ，グローバル・リスク社会に対抗する社会形成への道を開くことができるのか．

　破局は，ナオミ・クラインが洞察したように自由主義的統治術が作動する契機であると同時に，日常の市民社会において見えないものを見えるようにする契機でもあり，不可能性を可能にする契機にもなりうる．レベッカ・ソルニットが『災害ユートピア』において見たものがそれである．彼女は災害について，ナオミ・クラインとは正反対の見方を提示する．大災害に直面すると，ひとはパニック状態に陥り，利己的になり，野蛮になると言われているが，むしろその逆に，災害は日常生活で前面に出ている利己主義的態度を「一時的に棚上げにし，わたしたち自身の中にある別の世界を垣間見させてくれる」（ソルニット，2010，12ページ），と．

　つまり，ひとびとは即席の救助隊や避難所やコミュニティをつくり，見知ら

ぬ人同士が友達になり，力を合わせて助け合い，物を分かち合う．「災害のあとには，人間も利他的で共同体主義で，臨機の才があり，想像力に富み，どうすればいいかを知っている何かにリセットされる」（ソルニット，2010, 34 ページ），と，ソルニットは，1906 年のサンフランシスコ地震，1985 年のメキシコシティ大地震，2001 年 9 月 11 日のニューヨーク貿易センタービルの惨事などを取り上げ，そこに命令も組織的な管理もなしに相互扶助と自律の精神が立ち上がる動きを描いて見せる[5]．

そして，災害便乗型資本主義の視点から災害を位置づけるナオミ・クラインに対して，クラインが災害を権力者の視点から見るだけで，災害が現存の権力構造を揺さぶり再審に付するチャンスでもあることを見ていない，と批判する．

クラインとソルニットが災害を見る視角は，一見すると対極的であるかのように見える．だが，両者はいずれも災害を自然現象ではなく，社会がもたらした破局の現象としてとらえる．ソルニットは「すべての災害が幾分かは社会災害である」（ソルニット，2010, 371 ページ）ことを強調する．そしてその災害が日常の現実の水面下にあって見えなかったものを現実化する．その意味で，災害は革命と相関関係にあり，そこに災害のユートピア性が現れ出る，と語る．

> 水面上に見えるのは競争好きな資本家たちの営みだが，水面下には，市場外での営業や，闇取引，……非商業取引とともに，家族や友人，隣人，教会，協同組合，ボランティア，ソフトボールリーグから労働組合にいたるまで無数の任意団体によるあらゆる種類の協力関係がある（ソルニット，2010, 136 ページ）．

ソルニットがここで想起するのは，日常の市場取引において市場の外部効果として位置付けられているきわめて古典的な市民社会の諸関係である．だが，市場経済全体主義が支配する今日の市場経済においては，その背後に古典的な市民諸団体を越えて，市場取引を圧倒するおびただしい正の外部効果の諸関係が潜んでいる．

ネグリ／ハート（2012）は，今日の市場取引の活動が市場の外の，正の外部効果に支えられてのみ存立している，と言う．それは，今日における資本によ

る剰余価値の生産活動が資本の外部で自律的に発展する活動（ネグリとハートが「生政治的労働」と呼ぶ）に支えられているからである．高度に発展した資本主義における剰余価値の生産活動は，かつてのように資本が工場で専制的な指揮系統によって組織する労働者の共同労働にもとづくよりも，工場の外部で資本の指揮系統から逃れて自律的に発展する無数の共同労働に支えられている．今日の生産的労働の中心は非物質的労働であり，労働が情動・感情・知的能力・コミュニケーション・スキル，ネットワークの組織活動という性格を帯びるようになっている．このような非物質的労働は，資本の支配を脱して，市場の外部性の効果となっていく．資本による剰余価値の生産は，不変資本（死んだ労働）による可変資本（生きた労働）の支配によって行われるが，労働が非物質的労働になると，労働力は資本との関係から身を引き離して，工場や企業におけるよりも，むしろ日常生活の総体的領域において組織されるようになる．資本はみずからの支配からのがれていくこの労働力を剰余価値の源泉として取り込み統治する必要に迫られる．資本は資本の支配を脱してひとびとの日常生活においてうろつきまわる「共（コモン）の亡霊たち」（ネグリ／ハート，2012，上，246ページ）をみずからのうちに取りこんで初めて剰余価値の生産が可能となる．

　ところが，資本がひとびとの共同的関係を剰余価値の源泉として取り込んだ途端に，その共同的性格の豊かさはたちまち失われてしまう．ネグリとハートはその事例を要塞都市のうちに読み取る．今日，不動産の商品価値を決定するのは，不動産に投下される労働や土地の生産性ではなく，市場を越えて広がる正と負の外部性である．マンションや戸建て住宅の不動産価値は，負の外部効果（大気汚染，騒音，交通渋滞など）と正の外部効果（住民の盛んな知的交流，地域の活発な文化活動，地域の平穏で刺激的な交流など）によって評価される．ところが，資本はその外部効果を剰余価値の源泉にしようとして，その地域を私的に囲い込み，要塞都市化して，商品として売り出そうとすると，剰余価値の源泉であるはずの豊かな共同の関係が分断され，正の外部効果であったはずのものが貧相なものへと変質する．

　豊かな共同的関係をはぐくみながら，その共同的関係を私的に領有することによってそれがはらむ可能性を封じこめてしまう市場経済の日常に対して，災

害はその可能性を解き放つ契機となる．ソルニットが災害のユートピアで見ようとしたのは，このような資本主義の現実において封じこめられているものを解き放つ道なのである．

　要するに，今日の市民社会は，ナオミ・クラインが見たように，破局を人為的に創出しその破局を利用して投資機会を創出し成長を維持しようとする災害便乗型資本主義を生み出す土壌となるのか，それとも災害を契機として日常生活にはらまれた「コモンの亡霊」を呼び出し，ひとびとが集団的な行動にたちあがり，ひとびとの共同の潜在的な富を現実化する道へと向かうのか，という破局をめぐるヘゲモニー闘争の主戦場となっている．グローバル・リスクがもたらす破局がこのような社会の根源的なヘゲモニー闘争に火をつけるのである．

5　グローバル・リスク社会から連帯社会へ

　グローバル・リスクが呼び起こす破局のヘゲモニー闘争において，後者の道筋を提示し，新自由主義への対抗理念となりうる可能性をはらんでいるのが連帯経済である．連帯経済は，伝統経済の相互扶助組織，職人組合，労働者共同組合，共済組合，消費者協同組合など，相互扶助と協働と友愛を原理にした経済の組織様式として長い歴史をもつ．今日では，同様の原理にもとづいて，さらに多彩な連帯経済の新しい組織形態が出現している．ワーカーズコレクティヴ，地域通貨，マイクロファイナンス，フェアトレード，フードバンク，NPOバンクなどがそれである．新自由主義が市場競争と市場選択の自由を理念に掲げ，市場で取引される財やサービスの価値を極大化することをめざすのに対して，連帯経済はひとびとの暮らしの基本的な欲求を満たし，相互扶助の社会生活を再生産することをめざす．市場競争がもたらすリスクの犠牲となって社会から排除されたひとびとが，みずから貧困，失業，排除といった窮状を脱するための方策を考案し，互恵・寛容・自律・多様性の理念にもとづいて社会を組織しようとする．連帯経済は，ラテンアメリカ，アジア，ヨーロッパ，アフリカの各地でローカル，かつ小規模な運動として自然発生的に出現し，やがてこれらの運動が地域間のグローバルなネットワーク（世界社会フォーラム，EU・カナダ・北米・アジア各地の連帯経済ネットワークなど）へと発展していく．

だが，グローバル・リスクという社会の破局に直面している現代世界において，連帯経済はもはや市場と国家という支配的領域のすきまに散在するニッチ空間の地位にとどまって自足しているわけにはいかない．新自由主義の市場原理に代わって連帯と相互扶助を原理とする社会を支配的なものとして構築しないかぎり，社会の破局は避けがたくなっているからである．その意味で，連帯経済は，市場空間と国家空間のはざまに位置するマイナーな領域から脱して，社会総体の再編をめざさなければならない．そのためには，連帯経済の理念を，狭義の経済領域を超えて，市場と国家，経済と社会との分節＝連節の関係を組織する総過程的媒介の理念へと発展させていく必要がある[6]．

それでは，連帯経済が社会の総過程的媒介の原理となるためには，いかなる条件が必要となるのか．

第1に，市民社会を組織する原理を市場競争の自由，あるいは私的所有権から，連帯と相互扶助へと転換する必要がある．すでに見たように，新自由主義的なグローバル経済を生み出す源泉は，市民社会における自由主義的な統治術にあり，私的利益の際限なき追求を保証するような社会諸関係の組織のありかたにある．社会のあらゆる領域を市場の諸関係によって編みあげることによって，いまや経済が宗教に代わって聖なる地位を獲得し，ひとびとの社会生活の基本的な欲求は市場の経済的必要性に従属するようになった．このように，社会から離床して暴走する経済を社会の中に埋めもどし，経済を社会のなかに再定位しなければならない．

そのためには，生活の基本的欲求の充足という課題を私的利益の追求によってではなく，連帯の原理に基づいて，集団的な方法で追求する道を開かなければならない．A. O. ハーシュマンは，ひとは《生活をもっとよくしたい》という基本的な欲求を生まれながらに持って生まれその欲求を死ぬまで持ち続けるというアダム・スミスの言を取り上げ，その欲求を満たすためにひとびとが貯蓄の行動を自明のものとするというスミスの結論に対して，「貯蓄する」代わりに，「集団で事を起こす」（ハーシュマン，2008，1ページ）という行動パターンを提起する．「貯蓄する」というスミスの提言は《暮らしをよくする》という基本的な欲求を市場経済によって充足する方法であるのに対して，ハーシュマンの提言は連帯経済によるその応答である．ラテンアメリカのひとびとは，

市場経済の破局的な危機——失業，貧困，国家の債務危機——に対して，個人的な備えではなく，協同組合を作り，地域通貨を発行し，相互扶助の組織を結成することによって対処しようとした．そこでは，もっとも身近な生活の基本的欲求にわたしたちがどのように対処するのか，が問われており，社会の総体を私的所有権の原理に基づいて組織するか，連帯の原理に基づいて組織するかの歴史的選択が迫られていることがわかる．

　《暮らしをよくする》ための方法を集団で考えるという日常生活の組織化態度は，市場のグローバル化が生み出すコスモポリタニズム（市場競争の自由と平等）とは異なるもうひとつのコスモポリタニズムを生み出す．この態度は，国境を越えた遠くのひとびとがどのような集団的取り組みによって暮らしをよくしているか，という問題についての関心を高め，その問題の多様な追求と相互交流を深めるからである（ヌスバウムほか，2000）．

　この生活の基本的欲求を充足する方法の転換によって，経済を市場と国家という二元的原理によって組織するのではなく，二元的原理の陰に隠れて埋没している連帯にもとづく多元的な経済を社会の前面に浮上させ，「経済に連帯を埋め込む」（ラヴィル，2012，46ページ）道が開かれる．市場と国家によって組織される経済においては，連帯の原理にもとづくひとびとの社会諸関係の多くが市場の外部効果として，あるいはシャドー・ワークとして社会の公式の領域から排除される．連帯経済は，このような市場の外部において育まれるひとびとの諸関係を連帯の原理にもとづく公認の経済として承認する方向をめざす．この方向の追求によって，グローバル・リスクがもたらす破局はグローバル・コモンの組織化の道を切り開く．

　第2に，市民社会における個人主義の理念を転換する社会闘争が必要となる．

　新自由主義の経済政策を支えたのは，個人の自由の概念であるが，この個人概念はかつてのような生産過程における自己決定や民主主義の自己決定に立脚するというよりはむしろ，消費文化，都市型生活様式，市場選択の自由にもとづいている．そこでは諸個人の平等や公正の感覚が後退し，たがいに分断された個人の孤立した権利がもっぱら尊重される．そしてこのような個人の自由の理念が哲学，政治学，経済学などのアカデミズムの世界で理論的に強固にうち固められる．市民社会において，私的・排他的個人の自由の理念を学術的・理

論的に裏づける知的・道徳的指導性の発揮を通して，新自由主義的な個人主義の理念が確固たるものとしてうちたてられる．

それゆえ，市場経済に代わって連帯経済を主導とする社会を築き上げるためには，孤立した個人の自由を理念に掲げる社会から，個人を社会諸関係と不可分の存在としてとらえ，相互扶助と連帯のなかではぐくまれる個人概念（社会的個人の概念）を社会形成の基盤とする思考を市民社会のなかに浸透させ定着させなければならない．そのような社会的個人の理念を育ててくれるのは，市場競争ではなく，協同組合，労働組合，共済組合，NGO，NPO などの連帯の諸組織の発展である．

諸個人を孤立させ分断させたうえで市場の物象化された諸関係を媒介にして諸個人を結びつける新自由主義のヘゲモニーに対して，連帯を軸とする新しいヘゲモニーを創出することが課題となる．ハーシュマンはこのような連帯行動の連鎖と波及効果を「シークエンス」という概念で語る（ハーシュマン，2008）．

たとえば，住宅問題に取り組む際には，土地の所有権を確定する行為よりも，まず住宅条件の改善に向けた集団的な取り組みを先行させる．住宅，農業，漁業等の活動に対する集団的な取り組みを進めようとすると，識字教育や農業・漁業の経営の知識が必要となり，そのニーズを満たすために，ソーシャルワーカー，経済学者，社会学者，NGO，NPO などの社会諸団体がそのような集団的な取り組みを支援する．協同組合の設立がさまざまなネットワークを呼び起こし，そのネットワークが近隣の相互扶助組織をさらに活性化させる．このシークエンスの強化・発展が友情や仲間意識の絆をはぐくみ強化する．

そして，このシークエンスが《社会活動の権利》，《連帯する権利》という新しい人権概念を醸成する．ひとびとをばらばらの孤立した個人とみなし，その個人の私的所有権と個人的行動の自由を尊重する人権概念に代わって，ひとびとの集団的な取り組みを社会的権利として承認する人権概念がつちかわれていく．相互の助け合いと連帯の精神をつちかうことが，科学技術や社会制度がもたらすグローバル・リスクに対する責任意識を醸成し，そのリスクに対処する能力をはぐくむ．このシークエンスを通して，個人は市場で受動的に商品を選択し享受する消費者から連帯社会の生産者へと転成を遂げる．

第3に，連帯を原理とする経済の組織化は，市場と国家，市場と法の相互関

係のありかたの転換を必要とする．今日の市民社会を組織している自由主義的統治術は，国家の正統性の根拠を自由な市場取引に置く．市場の自由競争を保証することが国家に課せられた任務となる．国家はしたがって，市場を監視するのではなく，その逆に市場によって監視され，社会諸集団や諸個人の利害対立を調整しつつ，市場の円滑な機能を運営する機関となる．連帯経済を社会の支配的な原理とするためには，そのような市場のしもべとなった「ラディカルに経済的な国家」(フーコー，2008)を転換し，国家を，連帯を原理とする経済の組織化の媒介装置として再定義しなければならない．

　法についても同じことが言える．新自由主義の経済において，法は市民権・人権にもとづくのではなく，フーコーが洞察したように，被統治者の自由を管理し，功利主義的な視点から市場の競争を整備するようにして制定される．連帯を原理とする社会を築くためには，法がひとびとの相互扶助を醸成するように機能しなければならない．投機目的の金融取引に課税する連帯税，途上国の債務を帳消しにする取りきめ，為替取引税，多国籍企業の行動規範など，これらの国際的な法規制を連帯経済と結びつけなければならない．

　要するに，新自由主義を原理とする経済を連帯経済に転換するためには，社会の支配的な観念形態，社会諸関係を組織する原理，科学技術やイノベーションの組織化の方向性，国家と法の機能，雇用と労働の制度，教育・研究の制度などの総体を連帯と相互扶助の原理によって再組織する必要があるが，この再組織化は市民社会における組織化のヘゲモニーを連帯と相互扶助に向けて誘導する社会闘争を必要とする．市民社会の日常を生きるわれわれは，グローバル・リスクがもたらす破局とどのように向かい合い，どのように行動するか，それが問われているのである．

■——注
1) ただし，この市場選択は，政府による原子力関連予算の支出，各種原子力機関の設置，「原子力平和利用博覧会」などのキャンペーン，《夢の原子力》の言説の普及，安全神話の定着といった情報操作や政治的操作によって支えられている．このような市場に作用する政治を組織する場は市民社会である．
2) 近代社会の自由の概念を，個人の行動の自由の次元においてではなく，その行

動がもたらす結果に対する責任をともなう自由として掘り下げた希有な思想家がカール・ポランニー（2012）である．そのために，ポランニーは社会科学の任務を，社会成員の自由な行動の結果が生み出す社会の法則を客観的に認識することにとどめることなく，その法則をのりこえて，人間の集団的自由を拡大していくことに求めた．ポランニーのこのような「責任を負うことを通しての自由」については，若森みどり（2011）を参照されたい．

3) スラヴォイ・ジジェク（2014）は，藤田が戦後の高度成長のうちに洞察した「『安楽』への全体主義」が今日の新自由主義的グローバル経済においてさらに深く進行していることを読みとっている．かれは恋愛を例に挙げてつぎのように説いている．われわれは「ナルシシズムが強すぎて」，本気で恋に落ちるという体験をすることに恐怖心を抱いている．われわれは「安全な繭の中にいることを望んでおり，自分を他者にゆだねる官能的なセックスさえも，愛のないセックスに変わりつつあります．……今日のナルシシズム的で，独我論的で，個人主義的な文化においては激しい愛着はどんな形であれ脅威とみなされるのです」（ジジェク，2014，132ページ）．

4) 経済学には「危機」あるいは「恐慌」の概念はあっても，「社会の破局」という概念は不在である．破局は経済と無縁なものと考えられているためである．だが，現代社会で聖域を占めるまでに上りつめた経済はまさしく破局の源泉となっており，破局と背中合わせで成り立っている．その意味で，経済学における破局の認識の欠落は重大である．

5) A. O. ハーシュマン（2008）も，ひとびとはみずからの生活が自然の猛威，国家の猛威にさらされるのを契機として協調行動に立ちあがるようになる，と指摘し，連帯経済の発生の契機をそこにみている．

6) 市場と国家，経済と社会の諸領域を分節＝連節する総過程的媒介の概念はA.グラムシのヘゲモニー概念によって提起され，今日ではポスト・マルクス主義において広義の政治の概念によって深化させられている（斉藤，2010a）．

■──参考文献

クライン，N., 2011，『ショック・ドクトリン』（上・下）（幾島幸子・村上由見子訳）岩波書店．

斉藤日出治，2010a，『グローバル化を超える市民社会』新泉社．

斉藤日出治，2010b，「制度経済学の言説と市民社会の統治テクノロジー」『千葉大学経済研究』第25巻第3号．

斉藤日出治，2013a，「原子力の産業的利用と『市場経済全体主義』」『大阪産業大学経済論集』第14巻第1号．

斉藤日出治，2013b，「自由主義の統治術と新しいコーポラティズム」『季刊唯物論研究』第125号．

ジジェク，S., 2014，『ジジェク，革命を語る』（中山徹訳，パク・ヨンジュン編）青土社．

ソルニット，R., 2010，『災害ユートピア』（高月園子訳）亜紀書房．
堤未果，2013，『㈱貧困大国アメリカ』岩波新書．
デュピュイ，J. P., 2011，『ツナミの小形而上学』（嶋崎正樹訳）岩波書店．
デュピュイ，J. P., 2013，『経済の未来』（森元庸介訳）以文社．
西谷修編，2011，『"経済"を審問する』せりか書房．
ヌスバウム，マーサ・C. ほか，2000，『国を愛するということ』（辰巳伸知・能川元一訳）人文書院．
ネグリ，A.／M. ハート，2012，『コモンウェルス』（上・下）（水嶋一憲監訳）NHK ブックス．
ハーシュマン，A. O., 2008，『連帯経済の可能性』（矢野修一ほか訳）法政大学出版局．
フーコー，M., 2008，『生政治の誕生――コレージュ・ド・フランス講義 1978-1979 年度』（慎改康之訳）筑摩書房．
藤田省三，1982，2003，『精神史的考察』平凡社．
藤田省三，1994，『全体主義の時代経験』みすず書房．
フリードマン，M. & R., 1980，『選択の自由――自立社会への挑戦』（西山千明訳）日本経済新聞社．
ベック，U., 1998，『危険社会』（東廉・伊藤美登里訳）法政大学出版局．
ベック，U., 2003，『世界リスク社会論』（島村賢一訳）平凡社．
ベック，U., 2014，『世界リスク社会』（山本啓訳）法政大学出版局．
ポランニー，K., 2012，『市場社会と人間の自由』（若森みどりほか編訳）大月書店．
ラヴィル，J. L., 2012，『連帯経済』（北島健一ほか訳）生活書院．
若森みどり，2011，『カール・ポランニー――市場社会・民主主義・人間の自由』NTT 出版．

3章
災害の空間・時間構造と市民的公正

八木 紀一郎

1 はじめに

2011年3月11日に起きた東北地方太平洋沖地震は，岩手，宮城，福島の東北3県から関東地方にまで及ぶ広域に被害を及ぼした．とくに太平洋岸沿岸部の港湾・集落・都市は，この地震が引き起こした巨大津波によって壊滅的な状態に陥った．この地震の震動および津波はさらに福島第一原子力発電所の事故を引き起こした．この原発事故は広島型原爆の168.5倍の放射性物質（セシウム137など）を外部に放出し，現在にいたるまで事故処理を終えられないまま，長期にわたって住民が帰還できない放射能汚染地域をつくりだした．この事故は，災害の後にすぐに復興が続くものではないことを如実に示している．

災害は被災区域と災害によって影響を受けるその外部の区域を有している．これを災害の空間構造と言おう．また，災害以前にどのように災害を予想し，それに備えていたかという事前の状態と，災害そのもの，さらに災害後の影響および復興の在り方という事後の状態からなる時間構造がある．この2つをむすびつけたものを災害の空間・時間構造ということができるだろう[1]．

この章では，東日本大震災という災害，収束していない原発事故，またさらに今後未来において起きるかもしれない災害に対して，民主主義をたてまえとしている日本という国家とそこで生きている人々の社会はどのように対応すべきか，という問題を，災害のもつ空間・時間構造をもとにして原理的に考えてみたい．

2　災害の空間・時間構造

　東日本大震災は，それが東京を中心とした首都圏に対して複雑な地方意識をもつ東北地方で起きたこともあって，その災害がもつ特異な地理的意味合いがしばしば指摘されてきた．震災前から「東北学」を唱えていた赤坂憲雄さんの思想・文化的な側面からの考察はその代表と言えるであろうが，政治経済学あるいは地域経済学の面からの考察も可能である．被災地となった東北地方は，明治以来日本経済，とくに首都圏に対する労働力・食糧・エネルギーの供給基地として開発が進められた地域であった．それは平成期においても変わっていなかった．津波が浦々の漁港を総なめにした三陸地域はその豊かな水産物によって，内陸深く浸入した海水が耕地に塩害をもたらした仙台平野は味の良さで知られる「ひとめぼれ」などの米作によって，またいまは放射能汚染およびその風評に悩む福島県はその果物・キノコ・畜産によって，首都圏のレベルの高い消費者の需要に応えていた．製造業においても，多くの大企業が首都圏では期待できない安定かつ信頼できる労働力を求めて被災地域に関連・協力工場群を展開していた．そして何よりも電力である．戦時期以来の奥只見の水力発電にとってかわるように出現した福島県浜通りの原子力および火力の発電所が首都の電力をまかなっていたのである．震災は，日本経済全体，とりわけ首都圏経済の東北地方へのこうした依存構造を明らかにした．

　1995年の阪神・淡路大震災と対比してみよう．この時の地震の震源地は淡路島北部沖であったが，主たる被災地は豊中・尼崎・西宮から神戸市・明石市におよぶ帯状の地域で，関西大都市圏のなかにあった．神戸市では東灘区，灘区，中央，兵庫区，長田区，須磨区，垂水区と倒壊被害の多い区が並んでいるが長田区・兵庫区では消防設備が寸断されたなかで火災が多発し，その延焼を止めることができなかった．被害状況は，耐震性のない家屋や零細工場の密集などの大都市の地域構造を反映していた．しかし，倒壊家屋が撤去され火災の跡が整理されるとすぐに都市インフラの再建がはじまり，被災の跡は速やかに消えていき，建物等の復興への大きな障害はなかった．それに対して，東日本大震災の場合には，津波被害地の市街部は高台移転か現地再建かの対立もあ

表1　災害の空間的構造

	阪神・淡路大震災	東日本大震災	福島原発事故
災　害	建物倒壊・火災 全壊 104,906 戸	建物倒壊（全壊 126,419 戸）・津波	原子炉事故・放射性物質排出
被災地	都市部 （被害は都市圏内地域経済構造を反映）	主として海岸地域（港湾，都市，漁村，農地）	避難指示区域（事故発電炉から半径 20 キロと北西方向に 40 キロ）と周囲の低汚染地域
被災自治体	阪神都市圏の 25 市区町	東北 3 県を中心に 241 市区町村	福島県 11 市町村
広域への影響	地場産業：ケミカルシューズ，清酒，神戸港をつうじた通運	農林水産業・製造業をつうじて首都圏経済に影響	首都圏への電力供給／放射能広域汚染の可能性／風評被害

注：各年度『防災白書』等より作成．

って復興が遅れ，漁港・水産設備の復旧にも，農地の塩害除去にも時間がかかった．さらに原発事故による放射能汚染は今後何世代をへても帰還できない地域や立ち入ることはできても居住困難な地域を生みだした．また事故により外部に放出される放射性物質は風向き次第では首都圏住民の総避難が必要になるほど広域化する可能性を有していた．これらの地理的あるいは空間的配置を対比的に示したのが**表1**である．

　次に，このような対比を災害の時間的な側面についておこなってみよう．それが**表2**である．阪神・淡路大震災を引き起こした南兵庫地震はまったく予想されていない直下型の地震であったが，東日本大震災の場合は地震多発が予想され，津波対策もそれなりにされているなかで想定外の規模で起きた地震とそれが引き起こした巨大津波による災害であった．時間面でみると何よりも重要なのは建物や農地の損失以上に，人命の取りかえしのつかない損失である．阪神・淡路大震災の際にはそれが第 2 次大戦終了後最大の規模でおこり，2011 年の震災ではそれをさらに数倍した規模の犠牲者が出た．

　現状および未来について考えると，東日本大震災は当初 47 万人もの避難者を生みだした．災害が起きて 3 年以上過ぎた 2014 年 5 月でも避難者の総数はいまなお 25 万 8219 人に及んでいる（『平成 26 年　防災白書』）．阪神・淡路大震災の避難者は当初は 30 万人を超え，約 5 万戸の仮設住宅が建設されたが，避難者数は次第に減少し，5 年後には最後の仮設住宅が閉鎖された．東日本大震

表2　災害の時間的構造

	阪神・淡路大震災	東日本大震災	福島原発事故
過去との関連	予想外の地震	予想外の巨大地震 津波の高さは想定外	「想定外」の事故
取りかえし不可能な損失	死者 6,434 名 行方不明者 3 名	死者 15,886 名 行方不明者 2,620 名	放射能高汚染地域
避　難	31 万人	47 万人 広域避難も	約 10 万人 自主避難も
経済的被害（資本ストック損失）	約 9 兆 6-9 千億円	約 16-25 兆円	
被災地復興	10 年（緊急復興計画 3 年）	10 年（集中復興期間 5 年） 復興の遅れ	事故未収束 除染による帰還準備
未来に残る影響	心理的影響 地場産業の苦難 神戸港の衰退	人口減 地域社会・産業の衰滅？	放射能被曝の晩発性発症？ 残る放射能汚染と事故の危険 被災町村の存続？

注：各年度『防災白書』等より作成.

災では，3 年を経ても仮設住宅の入居戸数 4 万 4000 戸，入居者 9 万 6000 人を数えていて，その数は直ぐに減少しそうにない．

　未来にもちこす災厄ということが誰の目にも明らかなのは，福島第一原子力発電所の事故である．主要な放射性物質であるセシウム 137 の半減期は約 30 年で，現在年間積算放射線量が 50 ミリシーベルトを超す地域は 5 年たっても，避難指示解除の基準とされている 20 ミリシーベルトまでも下がらない「帰還困難地域」となっている．事故原発が立地した双葉町・大熊町だけでなく，事故炉から半径 20 キロ域内の富岡町全域，浪江町・楢葉町の大半，さらに南相馬市の市街地を含む一部，田村市，葛尾村，川内村の山間部が避難指示区域になったが，放射能プルームが北西方向に流れたことが判明すると福島第一から 30 キロ以上離れた飯舘村の全域，川俣町の一部もそれに加えられた．避難指示区域からの避難者数は約 10 万 1000 人で，他区域からの避難者も加えると約 12 万 7000 人になる．うち避難指示の解除の準備区域からの避難者は約 3 万 2000 人であるが，残存する放射能不安，いまだ収束していない事故原発への不安，さらに生業維持の困難などからそれらの人も復帰に踏み切れないであろうことは容易に想像される．原発事故直後は，避難指示区域と要注意地域，そ

して平常区域の3ゾーンに分断されていた南相馬市はその市街地の大半が居住可能地域となったが福島県太平洋岸の通称「浜通り」の交通が遮断されているので，かつての賑わいを望むことは不可能である．

　この避難者解消の遅れは東日本大震災の被災地の復興・復旧の遅れを反映している．東日本大震災は，被災地の範囲が格段に広く財政力の弱い農村部を含んでいただけでなく，復興方針をめぐる対立（高台移転するかどうか，港湾施設を集約するかどうかなど）や基礎自治体の職員を含む地域リーダーの損失，そして災害によって加速した人口減などが重なり合って復興を遅らせた．主な被災地が大都市部にあって都市インフラが再建されれば人口を回復できた阪神・淡路大震災の場合と違って，東日本大震災は日本社会が人口減少に転じたなかで高齢化の傾向がとりわけ強い地域で起きた．災害による人口流出は地域社会の衰微・崩壊をも招きかねないのである．

　福島第一の原発事故は，阪神・淡路大震災になかったような長期にわたる時間軸上の問題を引き起こした．炉心の安定的冷却と放射能汚染水の流出防止という事故処理自体が完了しておらず，放射能汚染の拡大や再事故の可能性がまだ残っている．事故炉のコントロールに見通しが立ち，除染によって居住可能とされる線量水準にまでもってきても，子供を心配する子育て世代や外で仕事を得た人たちは汚染されたふるさとに帰還することには踏み切れないだろう．ふるさとに戻ろうとする人たちと戻らない人たちの対立が現在，避難指示の解除区域で起きている．被災町村は，域内帰還者と域外避難者に分裂し，衰微・消滅の可能性すら否定できない．

　すべての災害は取りかえしのつかない損失と未来への影響を有している．復興の過程では，前者は次第に忘れられ，後者は新しい発展を生みだす可能性として位置づけられる．損失や未来への影響が埋め合わせ可能な金銭的価値で測られる場合は特にそうであろう．しかし，東日本大震災の人命の損失はあまりに大きく，空間面でもなお残る放射能汚染・津波の危険によって生活空間の回復が妨げられている．経済的便利によってそれらの損失を埋め合わせることはできない．被災地はもともと人口流出と高齢化に悩んでいた地域であり，大都市圏内部のように居住者の回復を期待することはできない．そのため，すでに始まっている未来においても，地域社会自体の分散・衰微・解体が生まれかけ

ている．東日本大震災を特徴づけるのは，人命などの取りかえしのつかない損失の大きさと未来にもちこす災厄の影響の持続性であろう．

3　2012年福島シンポジウム

2011年3月に大震災が起きたとき，私はある学会の代表者をしていた．そのような立場になければ私は，おそらく，防災や原発問題を専門的に研究してこなかったものとして，震災・原発問題について何かを論じるような文章を公にすることはなかったであろう．この学会自体をとってみても，政治的要素を含む社会的歴史的視点をもって経済学を研究する総合学会であることを謳う学会ではあったが，震災や原発問題にすぐに対応できるような組織ではなかった．逆に，政治的な要素に敏感であるだけに，学術的性格を維持するために，対外的に意見を公表するようなことを意図的に避けてきていた．しかし，900人近い社会科学研究者の学会がこのような災害に対して何も発言・行動せずにすますことが許されるのであろうかと私は自問した．たしかに，自分についても，また私が代表する学会についても，いま言うべきことを持ち合わせているか，いや何かを言うことのできる権利を持っているのかという疑念は今も私のうちに残っている．しかし，学問研究が公的な活動である（と信じる）かぎりでは，研究者は準備が整っていなくても舞台にあがらなければならないというのが私を駆り立てた思いであった．

私は震災1カ月後に開かれたこの学会の幹事会で，震災・原発事故に対して学会として取り組む声明を発し年次大会で全員参加の特別セッションを設けることを提案し，賛同を得た．さらに秋の幹事会・会員総会では，福島在住の会員の協力を得て，経済学関連の他学会によびかけて震災の1年後に福島市で震災・原発問題についての市民公開シンポジウムを開催することを決定した．問題が起きている現地で，市民の目の前でそれぞれの学会の立場を踏まえて討議しあうことが重要であると考えたからである．

このシンポジウムは2012年の3月17-18日の2日間，共催4学会からなる実行委員会の主催で福島駅前の「こらっせフクシマ」を会場として催された．会場の定員いっぱいの参加者があり，主催学会に所属しない現地の市民も参加

してくれた．初日は福島現地の声を聴いて考えることを主眼として被災自治体の首長，農民運動の活動家，福島支援イベントの実行者の講演などがプログラムに盛り込まれた．2日目は，学術会議前会長の広渡清吾さんを含む各学会の代表がそれぞれの学問研究とこの震災・原発事故問題とのかかわりについて問題を提起する発表をおこない，さらにチェルノブイリ被害調査，ドイツなどの海外諸国の脱原発の動きの紹介によって視野を世界大に拡げた．

　実行委員会はこの集会を単なる学術会合としないために，フロア全体の討論によって集会宣言を採択することを目標にしていた．そのため，初日と2日目と集会宣言案をめぐってフロア全体での討議がおこなわれた．ありがたかったことはこの集会宣言をめぐる討議にも一般市民が参加してくれたことである．この集会宣言をまとめるなかで私が気づかされたことは，原発事故問題で生まれた科学者の信頼喪失は自然科学にとどまらず社会科学にも及んでいるということであった．しかし，それは科学に対する一般的拒否ではない．むしろ科学者に判断を丸投げせず，自分たちで調べ，科学者に尋ね，自分から問題提起をしていくという主体的な態度を意味するものであった．私たちはそれにこたえなければならない．科学者は民主主義社会のなかにいる存在だからである．私はそのことを知っただけでも，福島でシンポジウムを開いた意義があったと思った．

　このシンポジウムの討議を熱心に聴いていたベルリン自由大学のミランダ・シュラーズさん（ドイツ政府原発問題検討倫理委員会委員）は，2日目最後の彼女の講演の冒頭で「日本の民主主義がこうして始まっているのですね」と評してくれた．私も自分のレポートのなかで「原発事故を引き起こした体制の対極にあるものは，地域の住民の自治・主権にもとづく国土と経済，ネイションの形成である．福島はローカルではあるが，いまや中央政府が代表するネイションの下の一地方ではない．むしろ，グローバルな市民社会と連動しながら，ネイションを再形成していく場所である」と発言した（八木，2012，90ページ）．本書への執筆の誘いに私が応じたのは，シュラーズさんのいう「民主主義の開始」，私自身の発言の「ネイションの形成」について，このシンポジウムの時よりもさらに深めて論じてみたいと思ったからである．

　この年，私はさらに東日本大震災について公開の場で考えさせられる経験を

した．それは NHK（E テレ）の「日本人は何を考えてきたのか」シリーズ企画に出演して河上肇と福田徳三の思想について話すことになったことである．私は自利心にもとづく経済学からの脱却を願った河上肇と生存権にもとづく社会政策という思想を関東大震災の復興政策に活かした福田徳三という2人の先達経済学者について，この回の案内者である内橋克人さんと共感しながら語り合った．それは，この2人の先達経済学者の思想が東日本大震災後の日本にとって意義あるものだということを確認し合った対談になった[2]．

4　災害リスク認識の再形成

　震災・原発事故によってあらためて気づかされたことは多い．日本が地震国であるということはおそらくみなが知っていたが，マグニチュード9という巨大地震が日本近辺でおこり，波高20メートルという巨大津波を生み出すとは地震学者も含めて予想していなかった．2011年3月に起きたような巨大地震や巨大津波は，起こるとしても極めて低い確率でしか起こりえないとされ，原発や防波堤も含め大半の建造物は技術的・経済的に適当な範囲の線引きで定められた「想定」のもとで，耐震および津波対策が施されているにすぎなかった．しかし後になって調べてみると，平安時代の貞観津波とそれを引き起こした地震のように2011年地震に近い規模の地震や津波が過去に起きていたことが判明した．2011年地震の余震もまだ頻発している．また，日本列島周辺はプレート間の圧力が不安定になっていて，巨大地震が起こりやすい時期に入ったと言われている．そのため，原発にせよ，その他港湾や沿岸地域の設備・建造物にせよ，防災・耐震の「想定」基準が変更されている．それだけではない．防ぎえない災害があることを前提として被害を最小にする減災という考えが有力になった[3]．

　情報が隠されていた場合もそうでない場合も含めて，（少数の専門家以外は）多くの人が無知であるか無関心であった事柄も多く存在している．原発事故問題に関することは，この種のことばかりである．まず，原発で事故が起きた際の規模と被害の深刻さである．これについては，チェルノブイリの実例があるにもかかわらず，日本のようなハイテク国の原子炉ではそのようなことはあり

えないとされ真面目な検討がなされていなかった．ここでも低確率であることを理由に事故の危険は自動車事故やたばこの害よりもはるかに小さいといった言説が横行していた．深刻かつ重大な危険のある場合には低確率がそれを埋め合わせすることはできないというリスク論の基本が認識されていなかった．しかも，その事故確率の低さは，事故につながる多数の事象が独立した事象であるという乗法的な想定を前提に考えられていた[4]．しかし原発事故の過程をたどると，事象は独立的にではなく連鎖的に進行したのである．

　さらに，CO_2などの温室効果ガスを排出しない安価な準国産エネルギーとして政府が推進してきた原子力発電の費用の検討も，電力会社の提供する数字だけが用いられ，批判的な見解には十分な注意が払われなかった．首都圏の電力供給の基幹をなす原子力発電所が一般には東北地方とされる福島県太平洋岸や北陸柏崎のような遥かに離れた場所に立地していたことも，知らないわけではなかったにせよ，停電騒ぎになってあらためて気づかされた人が大多数であろう．危険施設は首都地域には置けないから距離が離れた辺鄙な地域に置かれているのだという程度の知識のあった人でも，原発立地自治体にはそれ相応の利益が行っているはずだから，原発立地地域のことについて心配する必要はないと思っていたのであろう．

　さらに使用済み核燃料の貯蔵や年限のきた原発の廃炉費用やその方法の問題がある．あげくの果てに，保守の論客から日本が原発を維持しなければならない理由として，核兵器を迅速に備えられるというオプションを持ち続けるためであるという，日本国憲法に明らかに背反する本音が飛び出した．そのようなことが原発維持の目的であるならば，使用済み核燃料もプルトニウムも溜まれば溜まるだけますます好都合なことになる．

　こうした原発関係の知識が普及せず，原発の危険への関心が低調であった理由の第1は，原発が核兵器と切り離された原子力の商業利用とみなされ，市場経済の領域に属するとされていたことだろう．言うまでもないことだが，市場経済では，価格が主要なシグナルであって，供給者，需要者双方の具体的な情報は捨象される．供給側に原発事故の危険があるにせよ，それに対する防止費用も，立地市町村を懐柔する費用も，すべてが電力価格に反映されているはずである．したがって，電力の需要者側は電力がどのように生産されるかについ

て関心を持つ必要はないというのが市場経済の論理である．価格に対するそのような理解を前提にして，原子力発電はコストの低い発電方法であるとされていた．しかしその際には重大事故の費用や廃棄核燃料や廃炉関連の費用は過小に見積もられていたのである．

第2は，通常の産業以上に公益性の強い電力事業には経済産業省の厳格な監督があるとともに，とくに原子力発電については文部科学省のもとにある原子力安全委員会が設置され，科学者の視点から審査をおこなっているとされていたことであろう．こうした公的制度は，本来は社会（国民）の側からの公益産業・危険施設に対する規制・監視を実施するためのものであるが，実際にはそれが存在すること自体によって当該の産業・施設に対する市民の関心を弱めることが多い．規制機関は市民のこれらの産業・施設に対する直接的な規制を排除するものであるから，それらの産業・施設と一体になって市民の監視をも忌避するようになりかねない．そもそも原子力発電に乗り出すよう電力会社に促したのは政府自身であったから，政府は基本的に原子力発電事業の保護者の立場にたっていた．規制者が実は保護者であった．これは「規制者の罠」と言われる病理現象の最たるものである．

これとかかわって第3に専門家および研究者をも含んだ原子力発電推進派の利害共同体（いわゆる原子力ムラ）が形成されたことがあるだろう．監督官庁は原発に批判的な研究者を排除してその専門家委員会に推進派を集めて，そのとる対策に対して信頼を要求する．それ以上に原子力発電について問題にしようとする人に対しては，無用な波風を立てるアウトサイダー扱いしてその影響を周辺化する意向が，政府・官僚・財界はもちろんのこと，科学技術界においても言論界においても働いていた．反対者の排除と孤立化，これが一般的な無関心の第3の理由であったであろう．

これらのすべてにかかわる認識が，現実に震災・原発事故が起きたことによって変化した．震災・事故が起こる確率やその規模についての認識や，各人がそれらを重視する度合いが変化した．原発問題について言えば，細川，小泉の両元首相の脱原発への転換や，地方政治における脱原発の浸透，さらに財界のなかでも脱原発の賛同者が現れてきたように，原子力発電を問題視することはもはや少数者ではなくなった．世論調査をみても，原発の再稼働に対しては常

に反対あるいは慎重論が多数になっている．しかし，市民の積極的な関心・監視を抑制する上記の3要因はいまなお存在して，保守政権の復帰とともにその力を回復しはじめている．

5　市民的政治体形成の理論

　それでは，災害および事故の発生によって起きた認識の変化は「民主主義」あるいは「ネイション形成」に対してどのような意味をもつのであろうか．
　市民的な政治体あるいはネイション形成の古典的理論としては人々が一致して政治体の設立に合意するという「社会契約」論が知られている．しかし，人々が一堂に会して一致して合意するということが現実としてありえないことは誰も認めるところであろう．またそのような「社会契約」を人々に強制するようなアナーキーな「戦争状態」が社会的動物としての人類の自然の常態であるとは考えられない．こうした主意的な「社会契約」論に対立するものとして，それぞれの地域の自然・文化環境のもとに暮らす諸民族が歴史的経緯のもとで形成する政治的なまとまりがネイションであるというモンテスキュー的な風土論や，利害構造によって区分されるグループ（階級）の関係のなかから国家が形成されるというマルクスの唯物史観が存在する．
　にもかかわらず「社会契約」論が魅力的なのは，社会秩序あるいは規範を市民各人の意識的な承認と結びつけているからである．20世紀に社会契約論を復活させたとされるジョン・ロールズは，その『正義論』で人々が不平等な世界のなかでどの人に自分がなるのかその確率さえわからないという「無知のベール」におおわれた原初状態を仮定すれば，最も不利な立場に立たされる人の利益が最も大きくなるような基本財の配分が望ましいという，いわゆるマックスミンの原理が承認されると論じた（ロールズ，2010，159ページ以下）．基本財というのは，衣食住など人間の人格を保つ生活に必須な物資で，趣味の品やぜいたく品などは含まない．もし国民のある割合の人がこの基本財の配分において最も不利な立場にあるならば，基本財の配分においてこれらの人々の不利を埋め合わせるような配分が望ましいという合意が成立しうるということである．この原理をたとえ事後的であっても直接に被災者に対して適用するという

合意が成立するならば，そこには新しい社会契約が生まれたことになるであろう．

ロールズは幸不幸の確率さえわからない「無知のベール」を想定している．それは純粋に独立した個人（魂）を選択者とした上でマックスミンの原理への賛同を導くための不自然な工夫に過ぎない．現実には，それぞれに異なる資産を有し異なる所得を得ている人々が自分に対して降りかかるかもしれない不幸に備え，また他者に対する何らかの連帯心にもとづいて社会的再分配を含む公共セクターに対する費用負担に合意しているのである．ロールズが想定するような「負荷のない個人」は成り立たないというマイケル・サンデルらコミュニタリアンのロールズ批判は至極もっともである．現実の世界では「負荷」をもった個人が集まって社会的な意思形成をおこなっている．「負荷」のなかには，共感と同時に偏見もあり，経済的利害にかかわる認識も存在している[5]．

しかし，大規模な災害が起きると，規範的な問題が人々の前に現れる．平常状態であれば，既存の約定（法律）にもとづく住民・企業からの徴税によって維持される公共セクター（中央および地方の政府）が提供する公共サービスがすべての人に利便を生む公共財となり，また不利な人々に対する公的扶助になっていたはずである．災害というのは，このような公共財が機能せず，予想以上の不利をこうむる人々が出現することを意味する．このような予想外の事態が起こったとき，不利をこうむらなかった人たちは過去に応分な負担をしたことだけで許されるのであろうか．

私はこの点では，ある経済学者[6]が提案している「過誤に対する支払いとしてのマックスミン原理」が成り立つと思う．自分が不利益をこうむらずにすんだのは自分の行為によるものではなく，他の誰か（津波の被災者，原発事故の避難者）が安全でなくなったのもその人の行為によるものではない．したがって，災害が発生しなければその限りでは平等であったはずで，安全不安全の差は自分の貢献によって生まれた積極的なプラスではない．しかも，もし私が公共セクターにより多く費用負担しておけば，公共財がよりよく機能してその差は生じないか，あるいはより小さくなっていたかもしれない．したがってロールズに従うなら，この格差は正当化できるものではない．

東日本大震災に対して寄せられた義援金・寄付金は震災後1年間で少なくと

も4400億円にのぼり，現地ボランティアに向かった人は100万人を超えた．あるアンケート調査によれば，震災直後に被災者・被災地域を支援したいという気持ちを抱いた人は回答者の83.6パーセントを占め，その数値は2年後になっても76.6パーセントを維持した．また2年間のあいだに寄付や募金を行った回答者は62.8パーセントでその平均額は1万9207円であった[7]．

これらの人の多くは，単に親切や同情以上の何らかの，起こってしまったこととりわけ取りかえしのつかない損失に対する「責任」意識によって行動にかりたてられたのではないかと思う．理由なしに被害を受けた人を直接・間接（報道を介して）知ったなかで，被害を受けなかった自分は何もしないでいいのかという衝動である．それは既に起きてしまったことに起因する「支払い」の行動であるが事前の約定にもとづくものではない．それに参加した人たちの間には，マックスミンの原理が「事前」の合意ではなく，「事後」の合意として生まれたのである．

しかし，被災者以外の人々の過去の態度に対して，「過誤」というようなきつい表現を用いることができるだろうか．被災しなかった人々の過去の行動は事前の「合意」に反したわけではないのだから，それは法学的に言えば実定的な意味での「過誤」ではない．あるとしたら，それは主観的な「過誤」であり，私はふたとおりの場合がありうると思う．

第1は，被災者は自分でもありえたと考える場合である．このような予想もつかない災害であれば，自分も被災者でありえた．被災者は津波の被害が及ぶところに，あるいは原発の付近に住んでいたかもしれないが，地震それ自体は東京でも大阪でも起こりうるのである．被災者が生命・財産を失い生存者も恐怖と危険にさらされているなかで私が安全でいられるという差は，被災者の過ちによるものでもなければ，私の活動によって生まれた利点でもない．災害を受ける可能性という点では私も被災者も平等であった．それは社会にプラスを付け加える積極的な差ではなく，その逆である．したがってこの差を当然とすることは私の側の「過誤」であり，それは正されなければならない．

第2には，それらの災害に対して，自分が何らかの意味で加害者の立場にいたとか，あるいは不作為の罪をおかしていたと感じる場合である．被災者は津波の危険のある海岸地域や原発事故が被害を及ぼしうる地域に住んでいたかも

しれないが，そこでとれた海産物，原発で生み出された電力を消費していたのは私たちである．被災者たちを危険のあるところに住まわせていたのは私たちではないのか．災害を直接生みだしたのは私たちではないにせよ，私たちは津波の危険のある海岸地方，原発付近の住民の生活のリスクや，原発事業者のリスク対処の不備についてまったく無知であるか，せいぜい不十分な理解をもっていたにすぎなかったのではないか．被災地と自分の状況との間のコントラストを感じる人々のなかには，そうした認識不足あるいは無関心であったことを自らの「過誤」と感じて，贖罪のような意識をもって行動する人があらわれるかもしれない．

再度確認しておけば，これらの「過誤」は事前の合意に違反したものではないから人為の約定（法）にかかわるものではない．また「支払い」といってもすでになくなっている人の損失をうめあわせられる「支払い」ができるはずはない．それは形而上的あるいは宗教的な意味での「過誤に対する支払い」といってもよいかもしれないが，私はそれを人間自然の共感にかかわるものであると解したい．それは，被災を免れた人と被災者の災害に対する可能的な平等性，あるいは前者の後者に対する責任性が感じられるなかで事後的に生まれているものである．近年ではリアルな報道によって共感の可能性の幅は過去とは格段に拡がっている．もし，ここで被災しなかった人と被災者とのあいだに運命的な共属性が確認されるならば，それはネイションの再形成といえるだろう．この共属性の認識があれば，「過誤に対する支払い」は未来に対する「責任」に転化する．

このように，災害への責任を既成の人為的約定を超えた次元で認識し，被災者の不利を可能なかぎり取り除く合意が生まれるならば，それは事後的な「社会契約」と呼べるであろう．私たちは何度も手痛い経験を忘れてしまうことによって災害と事故を生みだすが，そのたびに半ば後悔とともに被災者へ共感する．それは「忘却」のプロセスに対抗する「学習」のプロセスである．

司法試験カリスマの伊藤真さんがそのブログで留意を求めている[8]ように，日本国憲法は，「われらは，全世界の国民が，ひとしく恐怖と欠乏から免かれ，平和のうちに生存する権利を有することを確認する」と前文で全世界にたいして宣言している．それを災害被災者に適用するならば，今後そのような災害被

災者が生まれることを可能な限り防止し，〈災害によって不利な状況に陥った被災者たちの状況は優先的に回復させられなければならない〉ということが引き出される．このような原則を承認することは，そのきっかけが災害の深刻さを知ってからであれ何であれ，日本国憲法が認めている生存権を実質化することであろう．

6 コモンウィールの再形成

事後における認識の再形成は未来に対する「責任」の自覚につながる．それは被災地の経済復興とそれを包む日本全体の経済社会・政治体制の再形成に発展するだろう．

先に言及した福島で開催したシンポジウムでのレポートで私は，東日本大震災と原発事故問題は経済学の研究者に対して，市場の経済学と安全の経済学の関連とそれらを通じるガバナンスのありようについての問いを提起していると論じた．私がそこで示したのが表3である．現代の経済学者はとくに市場領域での経済学（エコノミクス）に視野を限定することが多いが，その基礎にある生産者と生産の諸条件の再生産の経済学，さらにその基礎にある生活安全の経済学にまで視野を拡大しなければ災害への対応ができないであろう．

最も下部において市民の生活の安全・存続を保証する自然環境（自然資本）および人工的環境（社会共通資本）が整備され，その上で市民の経済的活動が継続的に成り立っている．この生活安全を保証するのは地域から国民国家，さらにグローバルな市民社会に至るまでの公共的（集団的）なガバナンスである．その上に，自給自足的な生業的から商業的なビジネスにまで及ぶ経済活動をつうじた社会的再生産の次元が存在する．それは市民の経済的再生産のための労働力と生産手段の再生産を含んでいる．競争と営利を特質とする市場経済はその上のレベルに位置し，下位のレベルを一部包摂しながらダイナミックに発展する．これらの3層が調和しているとき，それはコモンウィール（共同の富）が形成されている状態で，その政治的な表現が共和国（コモンウェルス）である．経済学はポリティカル・エコノミーというのがその伝統的な名称であるが，それが近代的な科学として成立したのは，各国の繁栄の基礎が国民の経済活動

表3　政治経済学の3層構造とガバナンス

政治経済学	富のレベル	ガバナンス
市場の経済学	既存資源による富	市場（効率的市場／投機）
再生産の経済学	再生産される富	再生産のシステム／再生産を保証する正常な価値
生活安全の経済学	基盤的な富	公共的ガバナンス（地域・国家・グローバル市民社会）

出所：八木（2012）．

によるコモンウィールにあることが認識されたことであった．

　政治経済学のこの3層の構造が災害の時間・空間の構造と交錯することは容易にみてとれる．

　震災は自然環境と社会インフラからなる生活基盤に及ぶ災害であった．自然環境の維持自体は現在の状況ではグローバルな視点からの国際的な協働を必要とする．また災害からの復興にあたっては，この生活基盤の回復がその地方にとどまらない国全体の公共的な課題になる．しかし，この生活基盤は地域とむすびついたローカルなものであるから，その地域のコミュニティの再建とその自主的決定を支持する形でなされなければならない．これが最下層における公共的なガバナンスの問題である．

　次に被災した住民自身の生活を再建し，義援金・支援金に依存せずにすむように，農業・漁業を含む経済活動を再開し，被災住民とそのコミュニティが再生産される経済的基礎を築く課題がある．生活の再建から経済的基礎の再建に進まなければならないのである．これは最下層の「生活安全の経済学」から中間に位置する「再生産の経済学」のレベルへの移行の領域である．しかし，被災後の最初のステージである生活再建の段階でも，自然災害の被災者に対して弔慰金や義援金以外の公的な援助が与えられるようになったのは，阪神・淡路大震災の被害の大きさに人々が気付いてからのことである．この大震災をきっかけにして家屋の損壊を基準にした被災者生活再建支援法が成立したが，それまでは私有財産の損壊に対して公費を投じることは一般に否とされていた．これは「過誤に対する支払い」の意識が作用して立法の過程にまで進んだ典型例であろう．

　東日本大震災に際してはこの生活再建支援法がそのまま適用されただけでな

く，所得税および法人税の増徴を伴って「大規模災害からの復興に関する法律」が成立した．復興に対する国の責任が，内閣府のなかに総理大臣を長とする復興対策本部が設けられることで明らかにされている．ただし，原発事故からの避難者に対しては，生活再建支援法は適用されていない．原発事故は自然災害にはあたらないので，賠償責任は東京電力にあると解釈されているからである．しかし，東京電力の原発事業を終始支援してきたのは国であり，東京電力が破綻するようなことがあれば被災者救援の責務は国に移行する．国策として遂行されてきた原発事業の事故被害から公的責任を排除することは土台無理な話である．

　津波被災者にせよ原発事故避難者にせよ，生活再建のステージからいま一歩進んで，生業の再建および雇用の保障にまで進まなければ被災者の生存権は名目だけのものになり，地域社会の再生産は保証されない．そのためには地域インフラの充実とともに，被災地の勤労者に対して公正な賃金が支払われる雇用が確保され，その地域の産物が公正な価格で取引される条件が整備されなければならない．福島産の農産物についても，放射能汚染に対する十分な配慮をもって出荷されたものに対して，公正な流通・取引がおこなわれるように条件整備に努めることは公共的ガバナンスの課題である．福島産の農産物を優先的に購入して援助せよということではない．福島産の農産物が公正に取引されるということが福島の農業の再建の第一条件である．被災者の雇用についても同様である．被災者・被災地がこうむったハンディを回復させた上で，そのような公正な経済を可能にすることが経済復興の課題であろう．被災者の経済生活の再建はネイションとしての責務である．

　先に述べた 2012 年 3 月の福島シンポジウムでは，当時福島大学が設置した「うつくしまふくしま未来支援センター」のセンター長をされていた山川充夫さんにも話していただいた．山川さんはこのシンポジウムをもとにとりまとめた本に「原災地域復興グランドデザイン考」と題した原稿を寄せられ，復旧・復興のための以下の 5 原則を示された[9]．内容の紹介は省かざるをえないが，このように整理されただけでも考え方のガイドになり得ると思う

　　第 1 原則　安全・安心・信頼を再構築すること

第2原則　被災者・避難者に負担を求めず，未来を展望できる支援を促進すること
第3原則　地域アイデンティティを再生すること
第4原則　共同・協同・協働による再生まちづくり
第5原則　脱原発・再生可能なエネルギーへの転換を国土・産業構造の転換の基軸とすること

　第3の最上層の営利的な市場経済については，その下の基盤的富・再生産される富を基礎にして，その上で創意ある競争によって営利活動が発展することが経済的復興のカギになる．営利的な市場経済は大規模な企業組織や金融という上部構造によって，全国いや全世界の経済的資源と結びついている．この領域においては競争がガバナンスの中枢的な機構であるから，特定の企業に対する公的支援はできないが，被災地域の復興のためにさまざまな特例や優遇措置がとられることや外部からの事業の誘致も有意義なことであろう．営業活動にかかわる規制を緩和する「特区」という構想も使われ方次第では有益かもしれない．しかし，そのことが基盤的富と再生産を支える社会関係資本（ソーシャル・キャピタル）の解体をもたらすものであれば本末転倒の事態になるであろう．とりわけ資金力を背景とした投機や，農業にせよ水産業にせよ，住民の生業基盤の買い占めが起こるならば地域経済の復興ではなくその解体がひき起こされるであろう．三陸水産業の復興がいくつかの協同組合によって先導されていることもこの点で参考になる[10]．

　関東大震災に際して福田徳三は，こうした大災害の場合には，私有財産の権利よりも被災者の生存権が優位に立つと論じた．彼が警鐘を鳴らしたのは「特約」をたてにした保険の不払いと土地投機である．彼はまた，また被災者の生存権は，被災者が援助を受けるだけの受動的な立場に立つのではなく，被災者に職（雇用）を与えて自立への展望をもたせることにあると論じて「人中心の復興」を唱えた[11]．

　私は復興事業の第一は，人間の復興でなければならぬと主張する．人間の復興

とは，大災によって破壊せられた生存の機会の復興を意味する．今日の人間は，生存する為めに，生活し営業し労働せねばならぬ．即ち生存機会の復興は，生活，営業及労働機会（此を総称して営生の機会エルヴェルプス・ゲレーゲンハイトといふ）の復興を意味する．道路や建物は，この営生の機会を維持し擁護する道具立てに過ぎない．それらを復興しても，本体たり実質たる営生の機会が復興せられなければ何にもならないのである（福田，2012，133ページ）．

福田がいう「営生の機会」というのは，表3の「再生産の経済学」の階層に位置する．それが零細な「生業」であれ，あるいは全国の市場を相手にしたビジネスのもとでの雇用であれ，重要なことは人々がその労働に対して正当な代価を得ることができ，それによって経済生活の再生産が可能になるようにすることである．

■──注
1) 宮本（2013）は，すでに1960年代の半ばに「素因，必須要因，拡大要因」という原因の三重構造論，被害の社会構造論をコアにした「災害論」が存在したとして，現代の段階で災害論を「環境の科学」として構築することを提言している．本章では，災害の要因論・社会構造論は災害の空間的・時間的構造というより現象論的な次元のなかに隠れている．
2) NHK（Eテレ）の「シリーズ　日本人は何を考えてきたのか」第8話「人間復興の経済をめざして──河上肇と福田徳三」（2012年8月4日放映）で，その後NHK取材班編著（2012）に要約収録された．
3) 災害も事故も原因があって起こる．自然災害の危険はいくら御先祖の警告があっても生活の便宜のために忘れられ，事故に対する多重防御の壁もそれぞれの段階ごとに存在する孔をたどるように起こるプロセスで破られる．畑中（2011）参照．
4) 加藤尚武さんは原子炉の安全性の設計システムが確率論的な合理主義で支えられ，しかもその確率が乗法的に算定されていることを批判している．確率論的な安全評価は「過失責任」に対応する考えであっても，「異常な危険」を予防するための，「無過失責任」に対応する考えではない（加藤，2011，103ページ）．
5) 日本の公共哲学者からの3.11震災への対応については山脇（2011）を参照．
6) これは小島寛之さんが小島（2004）でロールズの正義論を検討して掲摯したアイデアである．
7) 「助けあいジャパン」が2013年2月15-20日に岩手・宮城・福島3県を除く全国44都道府県で15-69歳の男女1000名を対象としておこなったインターネット

8) 伊藤 (2011). 私は大災害をきっかけにした共属感の成立が政治体の再形成につながることを「ネイションの再形成」と表現したが，この「ネイション」は世界に開かれたものであり，世界的な市民社会にも発展しうるものである．憲法前文の規定が「全世界の国民」に対して平和的生存権を確認していることにも留意されたい．
9) 山川 (2012, 133-166 ページ). また震災後数年の論考をまとめられた山川 (2013) はきわめて有益である．
10) これも福島シンポジウムで話していただいた濱田武士さんが紹介する三陸岩手県重茂漁業協同組合の復興を主導した活動が印象的である．濱田 (2014) 参照．
11) 利己心肯定の経済学からの脱却をめざし，『貧乏物語』(1917 年) によって貧困問題の解決を世に問うた河上肇もまた，現代の生存権思想の先駆者と言えるであろう．彼は論争相手であった福田が 1930 年に急逝した時には当時非合法の日本共産党の政治活動に従事していたが，雑誌『改造』に追悼の文章を寄せて，「ブルジョア学者としては，今日までの日本にあって最も有能な最も博識の学者であった」と当時の河上としての最大級の賛辞を贈った．

■──参考文献

伊藤真, 2011,「伊藤真のけんぽう手習い塾　第 10 回　憲法から東日本大震災を考える」『マガジン 9』(http://www.magazine9.jp/juku3/110511　access 2014/10/3).
NHK 取材班編著, 2012,『日本人は何を考えてきたのか（大正編）──「一等国」日本の岐路』NHK 出版.
加藤尚武, 2011,『災害論──安全性工学への疑問』世界思想社.
河上肇, 1930,「福田徳三博士追悼」『改造』第 12 巻 6 月号.
国土交通省, 2014,『平成 26 年版　防災白書』政府刊行物.
小島寛之, 2004,『確率的発想法』NHK ブックス.
助けあいジャパン, 2013,「数字で知る復興のいま──東日本大震災後の助けあい実態調査レポート」(http://tasukeaijapan.jp/?p=32483　access 2014/10/3).
畑中洋太郎, 2011,『未曾有と想定外──東日本大震災に学ぶ』講談社現代新書.
濱田武士, 2014,「新たな連帯の模索──重茂漁協の軌跡から何が見えたのか」『社会運動』第 414 号 (2014 年 9 月号).
兵庫県, 2014,「阪神・淡路大震災の復旧・復興の状況について」(https://web.pref.hyogo.lg.jp/fukkoshien/documents/hanshin-awajidaisinsai-hukkyuuhukkou140124.pdf　access 2014/10/3).
福田徳三, 2012,『復刻版　復興経済の原理及若干問題』(山中茂樹・井上琢智編) 関西学院大学出版会.
宮本憲一, 2013,「災害論の構成──東日本大震災をふまえて」『季刊・経済理論』第 50 巻 1 号.
八木紀一郎, 2012,「震災・原発事故が政治経済学に問うもの」後藤康夫・森岡孝

二・八木紀一郎編『いま福島で考える——震災・原発問題と社会科学者の責任』桜井書店.
山川充夫,2012,「原災地域復興グランドデザイン考」後藤康夫・森岡孝二・八木紀一郎編『いま福島で考える——震災・原発問題と社会科学者の責任』桜井書店.
山川充夫,2013,『原災地復興の経済地理学』桜井書店.
山脇直司,2011,『公共哲学からの応答——3.11の衝撃の後で』筑摩書房.
ロールズ,ジョン,2010,『正義論』[改訂版](川本隆史・福間聡・神島裕子訳)紀伊國屋書店(John Rawls, 1999, *A Theory of Justice*, Revised Edition).

4章
巨大災害と市場・政府・コミュニティ

澤田　康幸

1　はじめに

　先進国でも途上国でも，人々は暮らしを脅かす様々なリスクにさらされている．現在の「グローバル社会」は，中央集権化された国家群が集まることで形成される国際的な社会であり，高度化したエネルギー源・生産技術に経済と社会が大きく依存し，カネ・ヒト・モノが国境を超えて移動することで，生産・金融活動，経済取引や社会の交流が国を超えて急速に深化している．さらには，この「グローバル社会」を取り巻く環境全体が「気候変動」にもさらされている．「グローバル社会」は，必然的に様々な大災害への人々のエクスポージャー（暴露）を増大させたといえるだろう（澤田編，2014）．

　大災害のなかでも最も深刻な結果をもたらしうるものの1つは自然災害であろう．「自然災害」は先進国・発展途上国を問わず人間の生活を破壊しうる．人々は家屋や生産手段などの物的資産を失い，また健康が損なわれ，人命すら失ってしまう．近年，多くの自然災害が先進国・途上国の双方に大きな被害をもたらした．ハイチ地震，四川省地震，インド洋津波，パキスタン地震，阪神・淡路大震災，ハリケーン・カトリーナ，台風ハイエン（フィリピン名ヨランダ）で多くの人命が失われたことは記憶に新しい．

　とりわけ，2011年3月11日に発生し甚大な影響を生んだ東日本大震災は，日本が地理上，地震の最頻発地域にあるという事実を再認識させるものとなり，日本に大きな衝撃を与えた．事実，M6以上の世界の大地震の実に2割が日本周辺で発生している．今回の地震は，近い将来における発生の切迫性が指摘さ

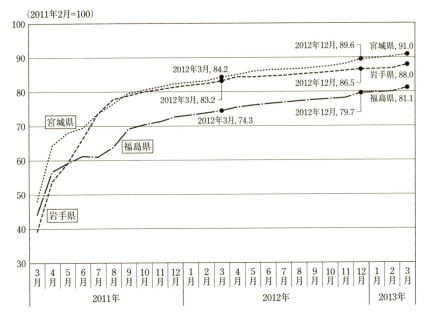

図1　東日本大震災後の「生活基盤の復旧状況」指数
出所：総合研究開発機構（2013）．

れていた大規模海溝型地震の1つであり，かなりの程度予期されたものであった．特に，宮城県沖・三陸沖の地震は，今後30年の間に99％の確率で発生するという推計がすでに公表されていた[1]．そのため，東北三陸海岸地域は津波に対して世界で最も盤石な備えがなされていた地域であったといって過言ではないだろう．しかし，自然は我々の想像を絶する勢いで猛威を振るい，いとも簡単に人間の備えを超える規模で人命が失われ，多くの方々が行方不明となり，甚大な物的被害をもたらしたことには，言葉もない．

　東日本大震災から4年以上の月日が経過し，復興復旧の進捗状況には様々な「格差」が見られる．震災後の復旧・復興状況を総合的に把握するため，NIRA（総合研究開発機構）が構築・公表してきた「東日本大震災復旧・復興インデックス」を見てみよう（総合研究開発機構，2013）．これは，生活者の視点に立った復旧・復興の状況を把握するものであり，図1・図2がそれぞれ示す「生活基盤の復旧状況」指数・「人々の活動状況」指数として集約されて

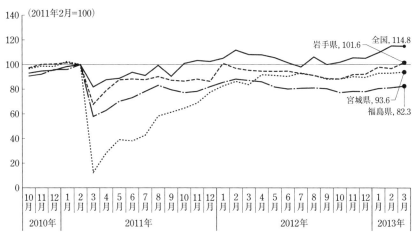

図2 東日本大震災後の「人々の活動状況」指数
出所：総合研究開発機構（2013）．

いる．前者は，鉄道復旧度や瓦礫撤去率など，被災地での生活を支えるインフラ17項目について，後者は，鉱工業生産指数や大型小売店販売額など，被災した人々やその地域の生産・消費・流通などの地域の活動について，震災前の状況を100としたときの被害と復旧・復興の状況を時系列で把握したものである．発災から2013年3月までの2年間の推移をみてみると，生活基盤・人々の活動両者の復旧・復興は，3県ともに緩やかに進んでいるものの，福島県で回復の遅れがみられるなど，3県の間での進捗状況の異なりが鮮明になっている．市町村ごとの進捗は，主に鉄道の復旧と瓦礫の処理状況に大きく左右されており，被災地の生産・消費・流通などの活動状況では，岩手・宮城県では，被災した農業経営者・漁業者の多くが事業を再開した一方，福島県での再開状況は低調のままである．医療分野では，岩手・宮城県で医師数が震災前水準に近づいたものの，福島県では回復していない．さらに，応急仮設住宅では高齢者の「1人暮らし」が増えており，女性は子育てや就労でストレスを抱えている（総合研究開発機構，2013）．被災地では，生活面での課題がいまだ山積しており，今後，状況の把握とさらなる政策対応が求められている．我々はこれまでの復旧・復興の状況から何を学ぶことができるのであろうか．

本章では，まず大災害を「自然災害」「技術的災害」「経済危機」「暴力的紛

表1　自然災害の類型

水文気象的災害		地学的災害	生物的災害
水文的災害 ・洪水	気象的災害 ・暴風雨	・地震 ・火山活動	・感染症の大流行
	気候的災害 ・異常気温 ・干ばつ ・山火事		

出所：Guha-Sapir, Hoyois, and Below（2013）.

争・戦争」の4つのカテゴリーに分類し，現代社会で災害への暴露（エクスポージャー）が増大しつつあることを議論する．その上で，巨大災害の悪影響，予防・減災の在り方，特に保険のメカニズムを用いた新しいリスクファイナンスといった「市場メカニズム」とそれを補完するための公共政策による「公的資源配分メカニズム」，さらにはコミュニティのセーフティネット機能や地域限定的な公共財の供給を促進するという「コミュニティメカニズム」という3つのメカニズムの補完関係を強化しつつ，大災害リスクへの事後的な対策について議論する．

2　近代化・グローバル化と巨大災害の増大

災害疫学研究センター（Centre for Research on the Epidemiology of Disasters, CRED）の定義によれば，「自然災害」は3つのカテゴリーに分類される（澤田・小寺，2011；Guha-Sapir, Hoyois, and Below, 2013）．洪水，嵐，干ばつ等の「水文気象的な災害」，地震や津波，そして火山の噴火等の「地学的な災害」，そして感染症の大流行のような「生物的な災害」である（表1）．

自然災害の他にも「技術的災害」「経済危機」「暴力的紛争・戦争」といった人的な大災害が世界中の人々の生活や生産活動を潜在的に脅かしている（澤田編，2014；Barro, 2009；Sawada, 2007）．「技術的災害」とは，化学薬品漏出や産業のインフラストラクチャーの崩壊，工場の火災，原子力発電所事故による放射性物質漏れのような「産業的災害」，さらには飛行機，鉄道などの「交通上の災害」である．そして，「経済危機」は，経済成長率の崩落，ハイパーイ

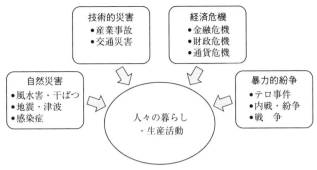

図3 人々の生活や生産活動を脅かす巨大災害
出所：澤田編（2014）．

ンフレーション，財政・金融危機や通貨危機などであり（澤田，2007），「暴力的紛争・戦争」は，テロ事件，暴動，内戦，戦争のような暴力的危機である（図3）．我々が議論すべきは，これらの様々な大災害に対して人々の生活を守るために，広い意味での保険メカニズムを如何に構築すべきかという「人間の安全保障」の考え方であるとも言えるだろう（澤田，2004）．

　経済発展を遂げ，急速にグローバル化し続けている社会は，様々な巨大災害のリスクを自ずと抱える存在になってきた（澤田編，2014）．経済発展の初期段階であれば，経済の重心は第1次産業，特に自給自足的な農業にあり，そこでは気象や気候など自然災害リスクは深刻になりうるものの，大規模な経済危機や技術的な災害，あるいは大規模な紛争のリスクは相対的に小さい．経済が発展し，土地開発などによって生産・生活空間が拡大した結果，洪水など自然災害のリスクが増大する．これら個別の閉じられたコミュニティがさらに発展し，異なるコミュニティの間で様々な交流・取引が広がってくれば，紛争のリスクが急激に増える．理論的には，n人で構成される社会を考えた場合，1対1の人間関係は$n(n-1)/2$ある．例えば，4人・20人で構成される集団ではそれぞれ6通り・190通りの人間関係のみが存在するが，複数のコミュニティ全体が交流をもち，全体として2000人で構成されるような社会となってくれば，相対の関係性は199万9000通りにもなる．「自然状態では，人々は互いに敵対する」というトマス・ホッブズ流の政治哲学にならい，人間関係全体のうち，一定割合の関係性において紛争が生じると考えれば，社会の人口増加や交流・

交易の拡大に従って，潜在的な紛争の数が急増することになる．

そのため，人口が増大し複雑な社会関係が形成されてくれば，交流・取引にかかわる紛争予防・解決の効果的な仕組みを確立する必要が生じてくる．11世紀地中海で遠隔地貿易に従事していたマグリビ商人，近世日本における商人・手工業者間には，私的司法制度が形成され，有効な紛争防止手段となっていた．さらに取引が拡大し，取引相手が増加・複雑化すれば，私的な司法制度をより公式化し，権限を独占・一元化する必要が生じるため，社会を支える統治・政治機構も高度に集権化されたものとなる．ここにおいて，領域内の一定の住民に対して権力の独占を通じて集権化された統治の正当性を主張する中央集権的な「国家」が誕生したのである．権力の集権化は，為政者が政治・経済の全体状況を左右する権力を持つため，統治を安定化させる側面を持つ一方，コミュニティや国内のみならず，地域間・国家間でのヒト・カネ・モノの取引とかかる様々な交渉の機会が増加すれば，国内外での潜在的な紛争リスクも増加することになる．

以上のような社会の近代化・グローバル化のプロセスは，農業から非農業へと経済の産業構造変化を伴うものとなった．そこでは新しいエネルギー源を基礎としつつ，「工場制」という生産組織の誕生で非農業部門の生産規模が急拡大したのである．第2次大戦後，こうした生産活動はさらに拡大・国際化し，現在ではグローバル化した巨大なサプライチェーンネットワークが形成されることになった．こうしたグローバルサプライチェーンネットワークは，生産や価格の平準化に寄与する側面がある一方，国を超えて個別的なリスクを「伝染」させるという経済面の災害リスクを高めるものともなった．確かに，東日本大震災は，ある一国における災害がサプライヤーネットワークを通じてグローバルに深刻な悪影響を生み出しうることを浮き彫りにしたのである（澤田編，2014）．

このような生産活動を資金面で支えてきたのが，銀行制度など間接金融の仕組みや株式・証券市場などの直接金融である．銀行制度は，銀行が短期で資金調達する一方，より長期の貸し出しを行わざるを得ないという本源的な「満期のミスマッチ」という銀行のバランスシートリスクを抱えている．そのため，産業化に伴う，銀行を通じた間接金融の発展は必然的に経済危機のリスクを増

大させるものとなった．経済危機・金融危機は，市場経済が発展し，大規模な金融活動が行われてはじめて，発生するようになったのである．さらに，国を超えた経済取引とかかる金融取引が拡大するという経済のグローバル化は，累積債務危機や通貨危機・世界的な金融危機など，より規模の大きな経済危機を引き起こすようになった（澤田，2007）．

　また，急速な産業構造変化と経済の成長は，そもそもこれまで存在しなかった，新しいエネルギー源を元にした高度な技術革新とそうした技術の導入によって可能になってきた．実用化の歴史が浅い「未成熟な技術」は，自己増殖的に進歩し，既存技術を陳腐化してしまうという「創造的破壊」の傾向を持つ一方，「ラッダイト運動」のような旧勢力と新勢力との間の紛争の原因となってきたし，従来は存在しなかった新しい技術事故のリスクを生み出してゆくものとなった（澤田編，2014）．

　さらに，人間の経済活動の活発化や異なる地域・国を超えた交流・取引にともなう行動範囲の拡大により，これまで人間が感染したことのない微生物の宿主になっている生物と人間との接触の機会が増え，従来は存在しなかった感染症が発生・流行してきた．例えば，14世紀のヨーロッパで猛威を振るい，全人口の3割が命を落としたとされるペストは，東西間の交易拡大と共にシルクロードを横断して中国から地中海全域へと広まったと考えられている．さらに，高度にグローバル化した現在の国際社会は，急性インフルエンザの世界大での拡大などにみられるような潜在的な再興・新興感染症リスクを常に抱えているのである（澤田編，2014）．

3　巨大災害と市場・政府・コミュニティ

　自然災害・経済危機・紛争など大災害それぞれの影響については，さまざまな既存研究がある（澤田，2012c）．しかしながら，異なる災害に対する経済厚生のインパクトを定量化したロバート・バローの研究以外は（Barro, 2009），自然災害・技術的災害・経済危機・暴力的紛争や戦争という異なる災害が生み出す経済厚生への負のコストを統一して比較した研究はほとんど存在しない．そこで澤田らは，マクロデータを用い，これら異なる災害の厚生効果を比較し

表2 災害の1人当たりGDP（年率）への影響　（％）

	短期（1年）	長期（20年）
自然災害・技術的災害	−1.0〜−0.7	+0.6〜+1.2
経済危機	−0.7〜−0.2	−0.5〜0.0
暴力的紛争・戦争	−0.5〜−0.4	+0.4〜+0.9

出所：Sawada, Bhattcharyay, and Kotera (2011).

ている（Sawada, Bhattcharyay, and Kotera, 2011）．より具体的には，189カ国の1968年から2001年にわたるクロスカントリーデータを用い，水文気象的災害から内戦まで広範囲に及ぶ災害による，1人当たりGDP成長率と1人当たり消費成長率への短期（1-3年）と長期（15-25年）の影響を相対的に比較している．

表2に示されているように，澤田らによる結果は2つある．第1に，1年間という短期においては，1人当たりGDP成長率・消費成長率で示される経済厚生に対して自然災害・技術的災害が最も深刻なダメージを与え，暴力的紛争・戦争，経済危機がそれに次ぐ負の効果を持っている．1年の短期において，自然災害・技術的災害は1人当たり経済成長率を平均的に0.7-1.0％ポイント低下させる悪影響を持っている．

第2に，20年という長期的な影響については，自然災害や暴力的紛争・戦争が1人当たりGDPの成長に正の効果をもたらしており，自然災害の長期経済効果が紛争や戦争の長期効果よりも大きいという結果を得ている．より詳細には，水文気象的災害の変数が経済成長に対して正で統計的に有意な効果を持っており，地震や津波などの地学的災害は負ながら統計的に有意でない効果を示している．このような自然災害の正の効果は，水文気象学的災害がシュンペーターのいう「創造的破壊」を加速する可能性を示しているのかもしれない．しかしながら，地震・津波といった地学的な災害がそうした「創造的破壊」につながるという議論は，必ずしも支持されていないことは特筆すべきである．他方，自然災害とは対照的に，経済的災害に関しては，長期にわたって負の悪影響を生み出し続けることが示されている．このことは，経済危機のインパクトが直接には目に見えない「無形」の被害であり，抜本的対策にかかる合意形成・予算措置がより難しいことに起因しているのかもしれない．

いずれにしても，短期的には，全ての災害によって生み出される負の影響が大きいため，そうした短期の悪影響を軽減するための政策が不可欠である．同時に，経済危機に対しては，事後的な経済復興のための長期的な再建計画を立案・実行することが，長期にわたる経済危機の悪影響を緩和するために不可欠であるといえよう．

　とはいえ，巨大災害は概して予見できないため，そのリスクを緩和するための事前投資を適切に行うのは困難である．特に，大災害に対する事前の市場・非市場の保険メカニズムは全般として不完全であるため，人々や企業が災害に見舞われて被災した後にどのように対処するかが重要となる（World Bank and United Nations, 2010）．災害への事後の対処については，大きく「自助」「公助」「共助」に分けて考えることができる（澤田編，2014；澤田，2010；2004）．ここで，「共助」には，コミュニティや親戚・友人間での助け合い，あるいはボランティア，援助・義援金といった非市場的な経路のものと，保険などの市場取引を通じたものがある．「自助」とも考えられる資金借り入れや労働時間延長による追加的所得も，資金市場・労働市場を通じた広い意味での「共助」による事後的な保険メカニズムであると言うこともできる．そして，「公助」とは，日本では災害救助法に基づく食料や住居の提供・生活再建支援法に基づいた資金の支給，災害融資などの様々な行政サポート，さらには家族が失われたことへの弔慰金の支給が含まれる．家計や個人が多様な災害に対し，様々な市場・非市場メカニズムを通じてリスクに対処してきた実態については多くの既存研究があり，著者は，自然災害・人的災害に対する事後的な対処行動を分析した既存研究をまとめている（澤田，2010）．

　「自助」「公助」「共助」は，速水佑次郎の枠組みに従って（Hayami, 2009），図4に示すように，社会の資源配分における，「市場メカニズム」・「公的メカニズム」・「コミュニティメカニズム」の三者の関係性の観点から整理することができる（Aldrich, Oum, and Sawada, eds., 2015）．

　まず，「市場」は価格シグナルを手掛かりにして競争を通じて利潤を追求する個人や企業の行動・資源配分を調整するメカニズムである．当然，市場の需要と供給で配分できる私的財のマッチングにおいて有効である．「政府」は，公権力によって人々の行動を制御し，様々な資源を割り当てることができるメ

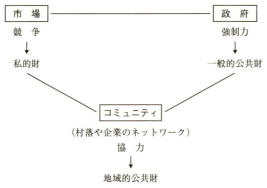

図4 速水の市場・政府・コミュニティモデル
出所：Hayami（2009）．

カニズムである．典型的には，国内の純粋公共財や国際公共財を供給する上で重要な役割を果たしている．対照的に，「コミュニティ」は地域や人々の間での社会的セーフティネット，共有地の保全や非公式の取引の履行強制メカニズム提供など，地域限定的な公共財の供給を促進するというメカニズムである．大災害に対しても「市場メカニズム」に基づいた保険などの取引，「公的メカニズム」を通じた巨大リスクに対する政府による事前・事後の資源の再配分，「社会関係資本」（ソーシャルキャピタル）を元にしたコミュニティレベルの資源配分という主に3つのメカニズムが存在する．特に，巨大災害は市場メカニズムが有効に機能しない「市場の失敗」の問題が顕在化するリスクを生み出す．また，そうした災害に対する事前・事後の公的なメカニズムもしばしば不十分であり，政府もまた失敗する．巨大災害に対する「市場の失敗」「政府の失敗」を埋め合わせるのが「コミュニティ」のメカニズムである（澤田，2012a）．ダニエル・アルドリッチは，関東大震災，阪神・淡路大震災，インド洋津波，ハリケーン・カトリーナなどの事例から，社会関係資本が災害後の復興の速度と程度を決定付け，コミュニティメカニズムが有効に作用したという共通点を見出している（Aldrich, 2012）．また，アルドリッチと澤田は，東日本大震災で被災した市区町村のデータを詳細に分析し，社会関係資本が災害前の巨大災害への脆弱性をも決定付けていたということを発見している（Aldrich and Sawada, 2015）．

とはいえ，コミュニティもまた万全ではなく，失敗する．例えば，コミュニティのインフォーマルな保険ネットワークは，慣習や規範・陶片追放的なメカニズムを用いて個別のリスクをプールする相互保険につながりうるが，コミュニティ全体に影響するような集計的なリスクに対応することは難しい．したがって，集計的リスクの性質を持つ大災害に対しては，自ずと市場を通じたリスク分散や公権力を用いたリスク分散のメカニズムによってそれが補完されなければならない．言い換えれば，市場・政府・コミュニティのメカニズムの相互補完性を強化するような社会の仕組みが求められているといえるだろう．

4　結び——巨大災害への備え

最後に，「自然災害」「技術的災害」「経済危機」「暴力的紛争・戦争」という巨大災害への事前の備えはどうあるべきかをより具体的に議論したい．自然災害についていえば，政府による防災インフラの整備といったリスクの軽減策（リスクコントロール）や，世帯・個人レベルで地震保険に加入するなどの備え（リスクファイナンス）がまず重要である．とはいえ，災害は予期しない形で発生するし，そもそも保険契約がカバーしきれていないタイプの災害も数多く起こりえる．阪神・淡路大震災前の兵庫県全体の地震保険・共済加入率は約3％程度であり，一般に事前の備えである保険のメカニズムは非常に限定的であることも知られている（Sawada and Shimizutani, 2008）．つまり，これら大災害は大きな厚生コストを生み出すが，それに対する市場機構・非市場機構は完全には機能してこなかったのである．人々や企業のリスク対処を強化するためにも，事前の「リスクコントロール」や「リスクファイナンス」は不可欠であり，4つの大災害それぞれに合わせた備えを周到に構築することが重要である（澤田，2011）．

まず，巨大災害被害に対する事後的な公的支援制度の是非である．そうした公的支援制度を整備することは，人々の事前の防災・減災インセンティブを減らし，かえってリスクを増加させるというモラルハザードの問題がある（Horwich, 2000）．モラルハザードの抑止のためには，支援の受給方法を慎重に設計する必要がある．例えば，モラルハザードを誘発する恐れのある直接補助金を

給付するよりも，利子補助のある緊急融資プログラムを被災者に提供する方がモラルハザードの抑止とリスク対処手段の補強となるかもしれない（澤田, 2012b；澤田・庄司・サラス，2011）．

　また，東日本大震災では，危機時・復興過程における情報収集に大きな問題があることが浮き彫りになった．例えば，東日本大震災の被災実態については，発生から12日後（2011年3月23日）の内閣府月例経済報告資料として16-25兆円の直接被害であるとの発表があった．迅速に被災推計額が公表され，「失見当」状態からくる混乱の回避に貢献したであろうことは高く評価できる．しかし，この推計額は，今回の震災被害が，阪神・淡路大震災の2倍の損壊率をもたらしたという，根拠不十分な仮定に基づいていた．それにもかかわらず，その後の予算措置の議論は当推計額に基づいて進んだ．こうした，被害額の不正確な推計は，復興投資の便益が被災地に均霑することを妨げる．復興投資の便益が被災の程度に合わせて現地に効果的に均霑するような復興の制度設計ができるよう地域別，セクター別の正確な被害額の推計が必要である．阪神・淡路大震災の後，林敏彦は「震災の基礎的データと被災地の経済基盤に関するデータから，被災地の現地調査を行い得ない初期の段階で，おおまかな経済的被害規模を推計する震災経済被害早期推計システムの開発が望まれる」と主張していた（林，2005）．しかしながら，そうしたシステムが構築されることはなかった．東日本大震災の反省を踏まえ，災害緊急事態の布告と同時に発動される情報収集のメカニズム，「緊急災害統計情報収集メカニズム」（Emergency Information System: EIS）というような仕組みを事前に構築しておくことが必要であろう（澤田，2012d）．これは，平時の公的統計収集が大きな影響を受けることを踏まえ，災害時にメディアや民間の情報・あるいは通信などのビッグデータなどもうまく合わせて必要な情報が適宜集約されるという，「情報継続計画」とでも呼べるような枠組みを事前に作っておくということでもある．

　このような被災実態の把握は，特に緊急対応期における様々な支援の効果的配分と対をなす．東日本大震災の発災直後，多くの人々が善意で支援物資や義援金を送ろうとし，無数のボランティアが被災地に向かった．しかし，被災した側には受け入れ態勢が必ずしも整っていなかった．つまり，被災の実態が分からず，どこでどのような物資や人員が不足しているかが不明という，不完全

情報の下で，大量のモノ・ヒト・カネを配分しなければならないという「支援マッチング」が大きな問題となった．ここでは，伝統的な貧困ターゲティングプログラムで指摘されてきた「ターゲティングの失敗」，すなわち，不適切な人々が受給対象とされ（算入エラー），本来の対象者が省かれてしまう（除外エラー）問題も表面化しうる（尾山・澤田・安田・柳川，2011）．

　これらの問題を考えると，巨大災害に対する事前の予防や減災・事後の対処においては，価格調整による資源配分を担う「市場メカニズム」とそれを補完するための公共政策による「公的資源配分メカニズム」が不可欠であるが，さらにはコミュニティのセーフティネットや地域限定的な公共財の供給を促進するという「コミュニティメカニズム」もモノ・ヒト・カネを配分し個別のリスクをプールする相互保険の仕組みとして注目されるべきである．様々な大災害に備えるために，図4にも示した，こうした3つのメカニズムの補完関係を強化しつつ，大災害リスクを世界全体でさらにプールしていくような備えの仕組みを目指すべきであろう．

　先進国では，大災害が起きても，財政を通じた異時点間の資源再配分によって，自国のキャパシティである程度対処ができる．半面，多様な大災害のリスクを抱える途上国は財政基盤が脆弱であり，公的メカニズムに限界があるため，そうした巨大リスクへの耐性が低い．また，東日本大震災のように大災害は複合して起こりうる．それだけに，グローバル化の進行のもと増大しつつある4つの大災害リスクを世界全体でプールするような備えの仕組みは，途上国だけでなく先進国の大災害リスクの分散を図る上でも有効である可能性がある．つまり債券市場や再保険市場などを活用しつつ，災害のタイプを超えた防災基金など各地域の様々な仕組みをもさらに包括できる，より大きな国際災害保険機構のようなメカニズムは検討の余地があるかもしれない．具体的な形態を考える際には，大災害基金のようなハードな制度にするか，緩やかな協議体のような仕組みにするかなど課題は多い．しかし，こうした包括的な事前の備えの構築には，世界銀行や国際通貨基金（IMF）などの国際金融機関のみならず日本も貢献できよう．

　第2次世界大戦，阪神・淡路大震災，97・98年の金融危機や「失われた20年」，そして東日本大震災といった多様な大災害に見舞われながらもその都度

立ち上がってきた経験を持つ日本は，こうした知見を国際公共財として共有していくことや，多様な大災害リスクへの包括的な備えの仕組みといった国際的な制度の構築においてリーダーシップを発揮できる資質を十分持っている．そうした可能性に大いに期待したい．また，発災前の「備え」のシステムを構築し予算を措置するための「平時」の合意形成は，一般に難しい（World Bank and United Nations, 2010）．したがって，東日本大震災からの復旧・復興が進んでいる今こそ，こうした制度・メカニズムを構築する絶好の機会である．このタイミングを逃してはならない．そうした試みこそが，多くの失われた人命を次に生かすことになるはずだ．

■──注
1) 2011年1月11日時点での地震調査研究推進本部による公表資料（http://www.jishin.go.jp/main/choukihyoka/kaikou.htm）．

■──参考文献
尾山大輔・澤田康幸・安田洋祐・柳川範之，2011,「復興を考えるとき経済学の視点から見えてくること」『経済セミナー増刊：復興と希望の経済学』日本評論社．
澤田康幸，2004,「生活復興から見た支援のあり方」神戸大学阪神・淡路大震災メモリアル学術シンポジウム，2004年11月5日．
澤田康幸，2006,「人間の安全保障と開発経済学」『アジ研ワールドトレンド』No. 124, 2006年1月号：4-7.
澤田康幸，2007,「アジア通貨危機と貧困問題──危機後の10年間を振り返って」『国際問題』No. 563：39-49.
澤田康幸，2010,「自然災害・人的災害と家計行動」池田新介・大垣昌夫・柴田章久・田渕隆俊・前多康男・宮尾龍蔵編『現代経済学の潮流2010』東洋経済新報社．
澤田康幸，2011,「大災害への備えの経済学」経済教室・エコノミクストレンド『日本経済新聞』2011年8月1日付朝刊．
澤田康幸，2012a,「"絆は資本"の解明進む」経済教室・エコノミクストレンド『日本経済新聞』2012年12月18日付朝刊．
澤田康幸，2012b,「復興に役立つか，小口金融」経済教室・エコノミクストレンド『日本経済新聞』2012年4月16日付朝刊．
澤田康幸，2012c,「自然災害──経済学からのアプローチ」『季刊家計経済研究』第93号（2012.1）．
澤田康幸，2012d,「震災後の被災実態把握はどうあるべきか？」『NIRA政策レビュー』No. 56, 2012/3.

澤田康幸・小寺寛彰，2011，「災害と経済」『世界経済評論』2011 年 7 月号．
澤田康幸・庄司匡宏・サンガ・サラス，2011，「自然災害被害に対して借り入れは有効に作用するか？――南インドにおける津波被災者データの分析から」『経済研究』第 62 巻第 2 号：129-140．
澤田康幸編，2014，『巨大災害・リスクと経済』（シリーズ現代経済研究）日本経済新聞出版社．
総合研究開発機構，2013，『東日本大震災復旧・復興インデックス――データが語る被災 3 県の現状と課題 IV』NIRA 研究報告書，2013/07．
林敏彦，2005，「復興資金―復興財源の確保」『復興 10 年委員会 復興 10 年総括検証・提言報告』兵庫県．
Aldrich, Daniel P., 2012, *Building Resilience: Social Capital in Post-Disaster Recovery*, University of Chicago Press.
Aldrich, Daniel P. and Yasuyuki Sawada, 2015, "The Physical and Social Determinants of Mortality in the 3.11 Tsunami," *Social Science & Medicine*, 124: 66–75.
Aldrich, Daniel P., Sothea Oum, Yasuyuki Sawada, eds., 2015, *Resilience and Recovery in Asian Disasters Community Ties, Market Mechanisms, and Governance*, Series: Risk, Governance and Society, Vol. 18, Springer.
Barro, Robert J., 2009, "Rare Disasters, Asset Prices, and Welfare Costs," *American Economic Review*, 99(1): 243–264.
Guha-Sapir, D., Ph. Hoyois, and R. Below, 2013, Annual Disaster Statistical Review 2012: The Numbers and Trends, Brussels: CRED（http://www.cred.be/sites/default/files/ADSR_2012.pdf）．
Hayami, Yujiro, 2009, "Social Capital, Human Capital, and Community Mechanism: Toward a Consensus among Economists," *Journal of Development Studies*, 45(1): 96–123.
Horwich, George, 2000, "Economic Lessons from Kobe Earthquake," *Economic Development and Cultural Change*, 48: 521–542.
Sawada, Yasuyuki, 2007, "The Impact of Natural and Manmade Disasters on Household Welfare," *Agricultural Economics*, 37(s1): 59–73.
Sawada, Yasuyuki, Rima Bhattcharyay, and Tomoaki Kotera, 2011, "Aggregate Impacts of Natural and Man-made Disasters: A Quantitative Comparison," Discussion papers 11023, Research Institute of Economy, Trade and Industry (RIETI).
Sawada, Yasuyuki and Satoshi Shimizutani, 2008, "How Do People Cope with Natural Disasters? Evidence from the Great Hanshin-Awaji (Kobe) Earthquake in 1995," *Journal of Money, Credit and Banking*, 40(2–3): 463–488.
World Bank and United Nations, 2010, *Natural Hazards, UnNatural Disasters: The Economics of Effective Prevention*, World Bank.

コラム1 ── 東北の復興に思う

岸田　省吾

1 ── 大槌の大堤防

　私が大槌を最初に訪れたのは2011年の5月ごろである．いたるところに瓦礫が山積みされ，建物の基礎だけが累々と続く風景が広がっていた．以来この3年半の間に幾度となくここを訪れたが，行き交うダンプの積み荷が瓦礫から土砂に変わっただけで，工事人をのぞけば歩く人もなく，今でも町と言うにはほど遠い状況である．

　人口1万前後の大槌は漁師町として栄え，多くの住民は海とともに生きてきた．この町では復興計画に従って14 mを越える高さ，底面幅60 m，総延長2600 mの巨大な堤防が建つという．小槌川の水門にはその高さのところに線が引かれていて，実際，見上げるほどの高さで，その堤防ができると町から海は全く見えなくなる．

　この巨大堤防は町主催の「地域復興協議会」で住民に説明され，了解された大槌町復興計画に基づいている．その骨子は，100年に一度の津波に耐える巨大堤防や水門をつくり，海ぞいの低地には居住施設を建てず，旧市街は盛り土によって嵩上げし町を再建するというもの．大槌町の主要部はこうした方針のもとで復興が進められている．

　巨大堤防について，いざというときの有効性や景観破壊の懸念，長い整備期間と巨額の費用，短い耐用年数と維持費の負担など様々な問題が指摘されているが，それ以上に，こうした堤防を前提とする「復興計画」の決められ方に問題があったのではないか．

　指摘される大きな問題は，住民が計画の是非を考えるための前提となる，なされるべき説明がつくされていないことだ．決定された計画案以外の他の考えではなく，なぜ決定された計画案がベストだと判断したのか．復興の考え方はいくつもありうるが，協議会では最初から大堤防を前提とするまちづくり案が示された．堤防によって津波から町を守るというのは昔からある1つのアイデアにすぎない．他にどんな案が考えられるのか検討も説明もつくさず，住民に

は巨大堤防つきの計画だけを議論させたのである．大方の住民は，必要な情報や別案の可能性も示されていないから，町の職員，コンサル，大学の土木系主体の教員らの言うがまま，まちづくりにはまず大堤防をつくることが必要だと思い込まされた．これを言ってみれば，住民は，発注者である彼ら，そして出入りの土木コンサルや UR がまとめた堤防に巨費を投じる官製計画を，大学の助けを借りて「住民が決めた」という形に擬装するために利用されただけにすぎない．

2 ── 「破堤の輪廻」と「道路・家屋の本末」

　長年淀川の治水事業に関わってきた宮本博司によると，太閤秀吉が淀川の川筋を変えた頃は高さ 2 m ほどだった堤防が，今は 10 m に達する大堤防になった．何百年もの間，洪水の起こるたびに堤防が高くされてきた結果である．だがそれで町は災害に強くなったかというと実際は逆で，大きな堤防ができるたびに住民は皆，今度こそ大丈夫と安心してしまい，一方，自然は人間が設定したようなレベルでとどまってくれるはずもなく，ある時，それは圧倒的な力をもって町に襲いかかり被害はより深刻になるという．これを宮本は「破堤の輪廻」といい，堤防決壊が繰り返されるたびに堤防は高くなり，堤防が高くなるたびに災害はより深刻に，町はより脆くなってしまう．

　大槌に限らず東北の各地で進められている復興計画の多くはこうした教訓を生かさず，さらに脆弱な町をめざして突き進んでいるように見える．海は見えず，風景も失われ，ぶよぶよの盛り土の上に家を建て，住民は前より安全になると信じこんでいる．

　復興の優先順位も問題であろう．明治 10 年代，東京市区改正を推進した官選都知事の芳川顕正が残した言葉に「道路河川ハ本ナリ，水道家屋ハ末ナリ」（一部省略）というのがある．これを公共土木優先，市民の居住や利便を後回しにしたと論難する人がいれば，それは単に順序の問題で日本の近代化が急務の時代の 1 つの見識だと弁護する人もいる．問題は史実としての芳川の真意ではなく，後者の弁護のような理窟が日本の公共土木のみならず建築界にも定着し，まちづくりは土木や都市計画が乗り込んでインフラ整備や区画整理をやり，その後建築が家やビルをつくって町ができるという固定観念が生まれたことだろう．計画・設計から工事まで，官界から業界，大学まで，まちづくりに関わる体制や制度がそうした固定観念によって編成されている．

3────「経路依存症」

　大槌の例に見るよう東北の復興計画はそうして編成された日本社会の縮図である．21世紀の東北を襲った未曾有の大災害被災地で，復興計画は19世紀起源の整備順序を墨守し考えられた．今すぐやらなくていい100年に一度の津波対応大堤防がまず決められ，建設には湯水のように税金が注がれる．住民の生活にかかわる施設の再生は後回しで，震災4年目を迎えても東北全体で未だに17万人の被災者が仮設住宅などに漂流している．終の住処を再建し戻りたいと思う人も，いつになったら戻れるのかわからない．大堤防ができ盛り土が落ち着くころ，実際，町に戻る人はどれだけいるのだろう．

　東北のこうした事態の原因を小熊英二は「経路依存症」と表現した（小熊，2014）．疲弊した古い制度にしがみつき，実際のニーズとはほど遠い古くさい計画を漫然と繰り返している．仕事が廻る道筋，すなわち経路が一旦できると，経路関係者は経路ができた状況とおよそ異なる事態が出来しても，既存の経路に従って「粛々」と仕事を回す．それがいかに不合理であろうと制度にのってやる限り責任は追及されない．経路にしがみついて離さないのは，経路にそってやる方がメリットが大きいと考えるからだ．日本社会に巣くう難病と断じられても仕方あるまい．

　日本では大地震がいつ起きても不思議はない．東北のこの事態を放置するなら，近い将来「経路依存症」は日本中にものすごいスケールで広がるだろう．そのとき，事態が深刻であることに気付いても遅い．最近，にわかに災害公営住宅の整備が急がれるようになったが，経路沿いに生息する人たちも，さすがにまずい事態だと思い始めたのかもしれない．

4────「本末転倒」

　大槌の状況を見ていると，まず何を優先すべきか見極めることが重要だと感じる．芳川の「本末」のような手順は役に立たないどころか人災ともいうべき別の災難を被災者にもたらしている．「本末」を転倒し，彷徨う被災者のために住まいと生業を可能な限り早く復活させることが必要である．

　大槌では恒久的な整備として真っ先に取り組んだのは道路や堤防などインフラの再建であった．どれも時間がかかるものばかりで，被災者がいだく時間感覚に思いを致す視点はかけらもない．当面，復興と唱えれば財源が湧いてくるが，これまでその対象の多くは公共土木のインフラの復興であった．仮設住宅は一時しのぎの逃げ場で，仮設住まいも最長2年であったが，今や5年まで認

められるという．行き場のない人にとっては朗報であるが，日本の公共土木優先の「経路依存」がもたらした惨状というべきだろう．

5───まちづくりはいくつもの流れによって進む

これからの対応としてどんな選択があるか．何より，まちづくりにはペースの異なる複数の流れがあると捉えることが必要だろう．実際，港町の復興は防潮堤や道路整備が不要というわけでも，住まいや生活施設の整備をすれば済むというものでもない．ただ，それらを整えるべきペースは大きく異なっていて，そのペースに応じ進めてゆくことが大切だ．住まいの再建は災害復興で最もスピードが要求される．そのラジカルな表現が芳川に対する「本末転倒」である．堤防は応急措置でもよい高潮対策と100年に一度の津波対応を分けるべきだ．巨費を要する恒久的な防災施設は時間をかけ町や村ごとに異なる最善の方法を考える．場合によっては応急的な防潮堤の増改修でも対応可能だろう．道路は住民たちの生活や資機材などの運搬に必要な最低限の復旧でもよく，本工事は後回しというのも一案である．

多くの復興計画が致命的だったのは，様々な整備を順番に並べるだけの視点しかなかったことだ．それらのタイムテーブルは，計画別に作業時間を積み上げただけの単なる工事予定でしかない．芳川の言う「本末」の欠陥を130年後の現代人が受け継いでしまった．公共土木が済まないと家づくり，まちづくりが進まないという事態に陥るのも当然である．

ギネスブックに載るような大堤防が津波によってあっけなく破壊された姿を見て，自然の力に人間の力で対抗するより，自然の力をうまく除けて生きる生き方，住まい方を工夫すべきだと感じた人は少なくないのではないか．岩崎敬，糟谷英一郎らによる斜面住宅（案）(2011年，本書7章p.148，図4) にはそうした工夫が込められている．海から遠い高台移転とは違い，海とともに生きてきた漁師町を，海に近い，海が見える場所で再生しようとするもので，山が迫る三陸の地形を利用し巨大堤防なしで安全で快適なまちづくりをめざす提案であった．盛り土も堤防完成も待つ必要がない．われわれに住まい方，生き方を少し変える勇気があれば，「道路・家屋の本末」から逃れ，「破堤の輪廻」を断ち切ることができると確信している．

■───参考文献

小熊英二，2014,「ゴーストタウンから死者は出ない」『世界』2014年5月号．

II

災害復興とコミュニティ

5章
関東大震災の予見と防災対策

鈴木　淳

　東日本大震災の直後，災害の防止にあたるべき職責を持った人々が「想定外」という言葉を繰り返した．想定外だから対策は講じていなかった，という文脈である．しかし，専門家は震災前から現在の堤防高を越える津波の来襲の可能性を指摘していた．どうして，想定外になったのだろう．振り返ってみれば，我々は過去にもこのようなことを繰り返してきた．この章では，1923年の関東大震災に至る過程に目を向けて考えたい．

1　予期されていた震火災

　関東大震災では，主に地震に伴う火災のために10万人以上の死者が生じた．当時の決まり文句は「未曾有の大震火災」であった．しかし，フェリス女学院『関東大震災　女学生の記録』(2010年，同) に収められた，震災3カ月後にフェリス和英女学校の生徒が書いた作文を見ていると，当時の人々が大地震の発生を予期していたことがわかる．
　5年生，現在で言えば高校2年生の鷲山梅子は回想する．「これは恐ろしい地震だと思ったので，常々父から云はれている通り，私は韋駄天のやうに二階に駆け上がりました」(38ページ)．お見事である．父親の読みは誤らずこの家は潰壊し，彼女は同じく2階に駆け上がった母，妹と共に無事脱出する．同様に大地震の際の行動についての注意を守った話は他にも見られる．各家庭のレベルでは，家がつぶれる程の地震が起こることが想定され，対応策が考えられていたのである．横浜では前年4月26日の浦賀水道地震 (M6.8) で，倒壊家屋の下敷きとなった15歳の少女が市内唯一の犠牲者となっていたから (『東京

朝日新聞』1922 年 4 月 27 日），同世代の娘を持つ親がこのような注意をしない方が不思議であったかもしれない．

　震災で大きな被害をもたらした火災については，安政 2 年（1855）10 月 2 日の安政江戸地震（M7）の先例があった．死者 7000 人以上を生じたこの地震での焼失面積は 1.5 km^2 で（中央防災会議災害教訓の継承に関する専門調査会『1855 安政江戸地震報告書』2004 年），関東大震災の 16 分の 1 程度にしか過ぎないが，阪神淡路大震災の 2 倍を超える．明治期の東京ではいくたびか大火が繰り返されたが，安政以来，一度の火災でこれだけの焼失面積が生じたことはなかった．フェリスの女学生でも 5 年の桑原静子は東京の本所区松代町の自宅で「安政の地震の後は大火でしたね」（47 ページ）と父に話しかけ，横浜で「安政地震の折，沢山の焼死者が出来た事を思ひ出した」（235 ページ）という学生もいる．女学生が 68 年前の地震を経験したわけはなく，両親にすら直接の経験は無いであろう．地震にともなう大火災の記憶は，2 世代以上にわたって継承されてきていたのである．大地震も，それによる延焼火災も，決して，だれも予期しないものではなかった．

2　何ができたはずなのか

　関東大震災で実際に生じた被害を軽減するため，当時の人々は何をすることができたのであろうか．建造物の耐震性，耐火性を高め，道幅を広めることが望ましいのは明らかで，当時も一部では行われていた．しかし，このような対策が意識はされてもなかなか進展しないことはその後の歴史が示している．同時代の人々が残念に感じたことが 3 点はある．

　第 1 は，火災拡大の予期である．現在の両国国技館や江戸東京博物館から東京都慰霊堂がある横網町公園にかけての一帯は，当時陸軍被服廠跡の広大な空き地であり，東京での犠牲者の約半数がこのあたりに避難していて亡くなった．大地震時の市街地火災の規模の大きさが市民の常識となっていたら，当時は市街化が進んでいなかった現在の江東区方面，あるいは木々に囲まれた高台の上野公園や皇居前を目指す人がもっと多かったであろう．被服廠跡の人々が火に囲まれるまで，地震発生から 3 時間以上は経過している．遠くに逃げようとす

れば，延焼の媒介になった家財の運び出しも減少したはずである．

　1905年に東京帝国大学地震学教室の今村明恒助教授が東京で地震後の火災により市街地全域が焼失して死者10万から20万人が生じるであろうと「予言」したが，世間の不安をかきたてたので，同教室の上司である大森房吉教授によって打ち消されたという（山下，1989，87-105ページ）．どうしてこのようなことになってしまったのであろうか．

　第2は，化学薬品による出火である．地震直後の火災発生の最大の原因は，倒壊家屋のものを中心とした炊事用の火であった．しかし，第2位は化学薬品が棚から落下してビンなどの容器が割れ，混合，あるいは空気に触れて発火したことである．地震発生と共に，東京では44カ所で薬品により出火し，うち13カ所が消し止められずに火災になった．その中には3カ所から出火して多くの公的な消防力を費やさせた東京帝国大学，延焼源となった東京高等工業学校，救護に有用だったはずの薬品や自動車を焼いてしまった陸軍衛生材料廠が含まれている．東京高等工業学校は当時隅田川沿い，両国橋近くの蔵前にあった．被服廠跡から上野や皇居方面に向かおうと両国橋まで来ると，対岸の大きな建物が燃えているわけで，この火災は被服廠跡にとどまった避難者が多かった一因ともなったであろう．

　震災直後に調査にあたった帝国大学の物理学教授中村清二は化学薬品からの発火は棚の構造や保管場所に「平素から少しく注意を怠らぬ様にして貰へば」防げるはずだとした．「薬品を取り扱ふ様な場所に居る人は教養のある責任観念の発達した人が多い」からである（震災予防調査会，1925，92-93ページ）．彼らは危険を予知できなかったのであろうか．

　第3は，水道の断水と，断水時の消防体制の未整備である．当時東京の消防を担当していた警視庁消防部長の緒方惟一郎は，調査報告書で「従来水道断絶の際に備へたる十分の準備なかりしを深く遺憾とす」と述べた（震災予防調査会，1925，70ページ）．当時，防火用水槽は工場の自衛消防用などごく限られた場所にしかなく，一番遺憾とされたのは，半蔵門近くの堀などが豊かに水をたたえつつも，消防自動車が低い位置の水面に接近する道がないため利用できないことであった．人力で持ち運んで水面に近づけられるポンプなどの備えがあれば，状況はいささか改善されたであろう．また，予備消防として現在の消

防団に近い消防組が置かれていたが，その装備は水道消火栓に直結するホースだけであったため，水道の断水で一挙に無力化してしまい「予備」の役割をほとんど果たせなかった．なぜ，このような消防体制になったのであろうか．水道が地震で大きな被害を受けることは，予想されていなかったのであろうか．

3 震災予防調査会と帝大地震学教室

日本ではたびたび震災が発生したので，1891年10月に岐阜県内を震源として発生した濃尾地震（M8.0）を受け，1892年には勅令第55号で「震災予防に関する事項を攻究し，其施行方法を審議する」震災予防調査会が設けられていた．国家は震災を予期していたのである．

濃尾地震は，最大震度7の揺れで，死者7273名，全潰12万2177戸，岐阜県だけで4570戸を全焼する火災が発生した（中央防災会議『1891濃尾地震報告書』2006年）．この時初めて本格的な地震被害を受けた煉瓦建築の打撃の大きさも注目されたが，1894年に発生した明治東京地震でも東京市内の死者24人のうち半数が煙突と煉瓦塀の倒壊によって生じ，他にも煉瓦造建物が犠牲者を生じた（大森，1907，165-166ページ）．

幕末以降に来日した科学知識を持った外国人にとって，日本で頻発する地震は興味深い事象であった．そこで工部大学校のミルン（John Milne）や東京大学のユーイング（James Alfred Ewing）を中心に，1880年に日本地震学会が発足し，ユーイングの助教を務めた関谷清景が1886年の帝国大学発足とともに理科大学（理学部）の地震学の教授となり，大学の組織の中に位置付けられた（橋本，1983）．当時の日本地震学会会長は文部大臣森有礼，副会長は理科大学長菊池大麓，帝大総長渡辺洪基も会員である（「日本地震学会規則」1886年）．震災予防調査会の発足も菊池らの貴族院での建議が直接の契機であり，地震学は初期の有力科学者や文部行政担当者たちの関心の深さに支えられて急速に学問としての地位を固めたのである．震災予防調査会は文部大臣の監督下で，会長，幹事各1名，委員25名，書記3名からなり，初代会長は帝国大学総長加藤弘之，幹事は菊池，大学の理・工学教授や官庁の技師からなる委員が，地震や噴火の実地調査のほか地震・地磁気観測器材，地震史の編纂，耐震建築の検

討などを行ない，成果を和・欧文で刊行した．

　日清，日露戦争の間の時期から関東大震災に至るまで東京帝国大学理科大学の地震学教室を主宰した大森房吉は，1868 年に福井藩士の子として生まれ，1890 年に理科大学卒，大学院に進み，1892 年震災予防調査会委員，1894 年からイタリアとドイツに留学，帰国した 1897 年に地震学講座の教授となり，菊池会長の下で震災予防調査会の幹事に就任した．一方，この講座の助教授今村明恒は 1870 年に鹿児島藩士の子に生まれ 1894 年に帝大理科大学を卒業し，研究を続けながら陸軍の陸地測量部修技所ついで中央幼年学校の数学教官を勤め，陸軍教授を本官として 1901 年から地震学講座の助教授を兼ねた．朝から幼年学校に出勤し，午後には地震学教室で研究したという．地震学講座の高等官はこのふたりだけであった．

4　今村の「予言」

　後に関東大震災の予言として有名になった『太陽』1905 年 9 月号掲載の今村明恒「市街地に於る地震の生命財産に対する損害を軽減する簡法」は，冒頭で震災予防調査会がすでに和文だけでも 51 冊の報告書を刊行したことを紹介し，「皆有益なる報文を含蓄す．然れども之を活用するの途開けずんば，金玉の文章も遂に空文とならんのみ，本編に於ては，聊か此点に於て世人に紹介あらんとす」と，その成果を一般に広めることを目的に掲げた．

　今村は，日本の建築は元来耐震的な性格があったが「震災に対しては全く不用意に発達したる欧米の文物を輸入」したため濃尾地震以来被害が拡大していると指摘し，次いで震災予防調査会が前年に刊行した『大日本地震史料』から各地の被害地震を紹介して，弘化の善光寺地震と安政江戸地震で火災が犠牲者を増やしたことを指摘する．そして，統計が明確な濃尾地震の笠松や 1894 年庄内地震の酒田での被害から，地震火災の発生で死者が 3-4 倍に増加すると示す．ついで 1615 年以来の江戸・東京の地震を振り返り，1894 年東京地震と同等かそれ以上の地震が平均 17 年に 1 回，死者が 1000 人程度を超えた大地震が慶安，元禄，安政の 3 回，平均 100 年に 1 回で，安政から 50 年経過して次までまだ時間があるようだが，慶安地震と元禄地震の間は 54 年であったから，

災害予防は1日も猶予すべきではないとする.

被害予想としては,安政江戸地震程度の地震が東京を襲えば,地盤が堅硬な土地では煙突や粗造の煉瓦家屋の崩壊,古い粗悪な木造家屋の倒壊,水道管の破損による給水の不足が生じ,柔軟な土地では煉瓦家屋が大抵全壊,木造家屋も1割が全壊するほか橋脚が大抵損害を受け,水道鉄管は全く用をなさなくなるとする.そして,これにより,市内で圧死者3000名,全壊家屋3万程度が生じるが,東京の大地震は夜間に多く起こるので,現状では石油ランプの転倒により多くの火災が発生し,水道管の破損で防御ができず,「些少の風力あらば,恐らくは全市灰燼に帰すべし」という.そして火災の範囲が広いと避難の場所がなくなって死者の割合が増えるから,死者10万以上と推定する.

18年後の関東大震災では,今村が地盤が柔軟であると指摘した地域で大きな被害が生じ,多数の火災が発生した.延焼により東京市域の47%が焼失して7万余名の死者が生じ,より揺れが激しかった神奈川県を含めた死者は10万人以上に達し,その9割以上が火災によって生じた.今村の被害推計は「予言」と呼ばれるにふさわしいものであった.

震火災への予防対策として今村はまず,地盤軟弱な所では水層以下への杭打地形か厚さ数尺のコンクリート地形を施した上で,木造であれば「ほぞ」を用いず鉄のボルトで接続し,筋違を入れ,家屋の上部を軽くし,間仕切りを多くするといった,現在にも通じる家屋の耐震性向上策を提示する.しかし,これらは建築条例で定めるべきことではあるが,火災防止のためには大きな効果は期待できないとする.では火災防止の方法とは何か,それは石油ランプを廃止して電灯を用いることだという.しかも,それを市内全域に,貧しい人にも強制しなくてはならない,そのためには電灯事業を市営化すべきである,というのが今村の結論である.

この今村の論説がすぐに問題になったわけではない.大森房吉が今村説を批判する「東京と大地震の浮説」を同じ『太陽』に発表するのは,半年後の翌1906年3月のことである.この間,1906年1月16日の『東京二六新聞』に掲載された「今村博士の説き出せる大地震襲来説――東京市大罹災の予言」が話題を呼んだ.今村の説の一部だけを誇張して報じた面があり,大森教授からも取り消すよう注意されたので一度は訂正文を掲載させて収まるかに見えたが,

図1 『東京二六新聞』1906年1月19日紙面，今村の訂正文とともに掲載された「五十年内の大地震を頭痛に痛む人」

2月23，24日に地震が起こり，24日の地震後には中央気象台発表と偽って各所に電話で地震の再来を予告した者があり，混乱が生じて大森の下に確認や取材が殺到した．この後，大森は峻烈な今村批判を開始した，というのが今村が後年発表した経緯である（今村，1926，19-24ページ）．

5　大森の「浮説」批判

　大森房吉が『太陽』に発表した「東京と大地震の浮説」は，「今後約五十年の内に，東京に大地震起りて，二十萬人の死傷者を生ずべしとの浮説」が「頗る人心を動揺せしめ」ているが，不完全な統計で将来の出来事の時日を予知できるわけではないから，平均年数による東京激震の説は「学理上の価値は無きものとしるべきなり」と断定する．そして，今村と同じ『大日本地震史料』の検討から，東京に被害を与えた地震は等間隔で起こるのではなく，30-80年くらいの間隔で地震が続く時期が現れるとし，さらに元禄地震は小田原で被害がもっと激しかったから，「真の東京（江戸）大地震」は江戸開府以来安政江戸地震1回だけで，そのような「非常の大地震」は数百年に一度であるから，「安政以後五十年を経たるを以て今にも東京全市が総潰れとなる程の大地震が起こるべしなどと想像するは根拠なき空説」であると結論する．そして，地震にともなう火災については，安政江戸地震でも「全市が全潰，全焼せるにも非ざれば，無暗と恐怖心を抱くには及ばざるべし」と，今村の全市焼失説を否定

する．一方，地震後の火災は「頗る恐るべきもの」で，特に石油ランプが危険なので，電灯を用いるという今村の議論もよいとする．さらに 1897 年にインドのアッサム州で起きた地震で水道鉄管が大損害を被ったので，日本でも水道の地震被害に予め注意しておく必要があるとする．また，家屋，土木工事とも注意して建設すれば耐震的にできると具体策を紹介し，結論として，大地震が近い将来に東京を襲うというのは「浮説」であるが「東京の如き地震地方に於ては，地震に関する注意を常に為すことは最要にして，之に関する諸種の研究は寸時も怠る可からざるなり」と締めくくる．

一方，1906 年 1 月 29 日の『東京二六新聞』には「先頃本紙に記せし今村助教授の大地震襲来説は別段耳新しき議論にはあらず．大森博士の如きは去る卅六年三月震災予防調査報告書中に同一の学説を掲げし事あるも，大森博士は単に学説のままを記し，今村博士のは多少潤色の文字の用ゐしまでなるが，吾社新聞掲載の後幾日も経たぬに偶々地震ありし為め忽ち意外の大騒ぎを惹起したる訳なり」とある．確かに 1903 年 5 月の『震災予防調査会報告』41 号に掲載された大森房吉「地震動ニ関スル調査」は「江戸（東京）にては古来平均約二十八年毎に一回大地震ある割合なれば，今後幾年かの後には東京にも大震あるべきならんか，之を思へば転々寒心に堪へざるなり．去れば常に意を用ゐて家屋及土木工事を耐震的に構造すること建築学者，土木工学者の最も肝要なる義務と謂ふべきなり」（53 ページ）と述べる．そして『太陽』に掲載された今村の論説での東京を襲う地震動やそれによる建物，施設の被害予想は，この大森論文の請け売りである．今村が加えた被害者数の予想や電灯論以外の相違は小さい．

それにもかかわらず，大森は従来の自説を改めて，東京を襲う大地震を安政江戸地震型，すなわち首都直下型の地震だけに絞ることで，当面の発生可能性を否定した．確かに首都直下型の大地震は現在に至るまで発生していないのだが，彼自身が述べた通り，「不完全な統計」で断定するのは無理があった．

6　大森はなぜ批判したのか

大森が今村を批判した経緯についての今村の回想は正確ではない．なぜなら

大森の『太陽』掲載「東京と大地震の浮説」の大部分は2月1日に『読売新聞』に発表された「大地震の襲来浮説に就きて」と共通するからである．大森の批判は2月下旬に発生した地震や地震予告騒ぎとは無関係であった．

　「大地震の襲来浮説に就きて」で大森は，批判の事情を詳しく述べている．すなわち，自分も元来，「東京の如き地震地方」では家屋の耐震化や，さまざまな震害を軽減対策を取ることが「絶対的に必要」と考える．しかし，「浮説」が「帝国大学専門家の学説なれば間違有るまじ」などと唱え」，「一月廿八日の諸新聞紙広告欄に於て大日本図書会社は激震の浮説を記して学理上争ふ可からざる事実となし，例の二十万人死傷説を盛に吹き立つる等，殆ど底止する所を知らず，遂には地震を恐怖するの余り神経衰弱症を発せる人さへ有るに至りたりと云ふ」という状況である．そこで，このような「大騒ぎ」を避けるため，「今にも東京全市が全滅するほどの大地震が襲来すべし」というのは「全く根拠なしの浮説」であることを示すと論じる．この論説は翌日も続きが掲載され，大森の『太陽』掲載論説はこれと2月3日の読売新聞主催の通俗学術講演会での講演内容の一部（『読売新聞』1906年3月19日）をまとめたものである．その際，批判の事情説明を一般的なものに改め，また対策のところで新たに今村の名前を出している．大森の今村批判は軟化したように見える．

　今村の『太陽』掲載論説は「理学博士」の肩書であるから，大森が指摘した「帝国大学専門家の学説」は1月16日の『東京二六新聞』記事で「此等の迷信蜚説とは稍趣きを異にし帝国大学教授今村博士の一説出で来れり，其は学理より大地震の襲来を予言せるものにして……」とあるのを指している．また大日本図書会社は理系教科書出版社として知られ，当時は菊池大麓の幾何学の教科書なども出版していたが1月28日の『東京日日新聞』に1905年10月20日発行の奥付をもつ今村明恒著『地震学』の広告が確認できる．

　「……地震学に関する知識の普及は帝国刻下の一大急務なり．況んや新潟県高田地方は今より約十六年以内に，東京地方は今より約五十年以内に，一大激震の襲来あるべきこと学理上争ふべからざる事実なるをや．若し夫れ今日の帝都に安政度の如き激震の襲来あらんか，其被害の程度決して昔日の比にあらず．下町方面に於ける煉瓦建物は大抵全潰し，水道鉄管挫折して到る処に大噴水を生じ，石油ランプは火災を誘起して全市火災に包まれ，死傷者の数二十万に達

図2 『東京日日新聞』1906年1月28日掲載の『地震学』広告

すべし……」．これこそが大森の言う「浮説」である．そして広告文は「地震前知法・震害軽減法」を「通俗明快」に述べた『地震学』を買って読み，地震に備えるのが「公徳上の一大義務」であるとし，さらに東京市内の「最大危険区域」の具体的地名をあげて，この地域の住民が買わなければ「公徳を解せざる不徳漢」と批判されるとする．

大森が批判した『東京二六新聞』1月16日の記事には「今後十六年間には新潟地方に悲惨なる大地震起り」という，今村の『太陽』掲載論説にはなく，後に『地震学』出版広告で強調される情報が盛り込まれており，本の宣伝との関連が窺える．そして，1906年1月19日の『東京二六新聞』に掲載された訂正記事「今村理学博士の来翰」は，「新潟地方は高田地方の誤り」と訂正し，「震災を軽減する方案」を掲載しなかったことへ抗議して，関心がある人は「東京市内に於ける地震上の安全区域」も含めて『太陽』の記事を参照するように求める．月刊誌である『太陽』の前年9月号を参照するのはそれほど容易ではないから，これも著書の宣伝と勘繰られてもやむを得ないところがあった．防災対策も含めた日本で初の本格的な地震学啓蒙書の刊行に際して，どこまで今村の意志であったかはわからないが，新聞紙上で学問の権威を用いて不安を煽り，解決策としての本を売り込むという戦略がとられたのである．大森の反論を招いたのはこの点である．大森の論旨は『東京日日新聞』2月2日の「近時片々」で取り上げられるなど短期間で普及し，再び今村『地震学』の広告が見られることはなかった．それゆえ，3月の『太陽』論説では，具体的な広告の批判は不要だったのである．

今村の『地震学』は「震災予防調査会報告」に多くを負い，「緒言」で今村自身が特に大森の研究によるところが大きいと述べている．このような本を刊行し，普及に努めたことは責められるべきなのであろうか．私はそうは思わない．私は中央防災会議の災害教訓の継承に関する専門調査会で過去の災害の教訓を報告書に取り纏める作業に参加したが，東日本大震災の前に印刷されていた25冊の報告書は果たしてどれだけの人々の目に触れ，震災の被害抑制にどれだけ貢献したのであろうか．「之を活用するの途開けずんば，金玉の文章も遂に空文とならんのみ」という今村の文章は，1世紀以上を経てなお，関係者にとって耳が痛い．今村の試みは正しかったであろう．大森も，それを責めたとは思えない．

　しかし，本の宣伝のために，「帝国大学」や「学理」を持ち出して人々の不安を煽ったことは帝国大学を中心とした学問の権威・品位を著しく傷つけた．大森が自説を曲げて無理な否定論を展開した背後には，これらの権威を担う人々，以下では学問コミュニティと呼ぶが，その意向があったろう．誰かが大森に圧力を掛けたという形跡は確認できないが，大森としては帝大総長や文部大臣を経験した学界の重鎮，震災予防調査会元会長菊池大麓の意向などは，知らされなくとも忖度せざるを得なかったであろう．学界と教育行政の実力者に守られて学問コミュニティの中で育ってきた地震学を守るには，その権威を背景に宣伝の文脈を否定するしかなかった．世間の「大騒ぎ」自体ではなく，学問の権威を用いて本の宣伝のために「大騒ぎ」させたことが問題だったのである．

　軍の中等教育を本務とする兼任助教授である当時の今村は学問コミュニティの周縁部にいた．しかし，少なくとも東京帝国大学教授を本務としてその中心部に入ったのちの今村は，この文脈とそれに反した自著宣伝の結果の重大性を深く理解していた．そこで，1926年の著書では自著の宣伝ではなく，「大騒ぎ」そのものが批判を招いた筋立てとし，これにふさわしいように『東京二六新聞』の両記事を新潟・高田の件を削除して引用し，大森の本格的批判開始の時期を遅らせて叙述している（今村，1926，20-23ページ）[1]．

　いずれにせよ，大森が今村書の宣伝を打ち消すため，近年中の東京での大地震発生やそれによる大火災の可能性を完全に否定せざるを得なかったのは，両

人にとって予想外かつ不本意な展開であったろう．

7　大森の奮闘

『東京二六新聞』は 1906 年 1 月 29 日から 3 日間連載の「世界で第一番の日本地震学研究」で震災予防調査会も含めかなりくわしく地震学の歴史と現状を紹介した．そして，未だ課題が多く，「地震の予知，殊に大地震予報は天下万人の一日も早く確実に研究せられんことを熱望せる所なるに拘はらず，（大森）博士は未だ成功の域に進み居らざるなり……博士が学問の為め，将た国家の為めに尽瘁しつつある労苦は彼の東郷，大山以下の諸将軍が戦時に於ける其れにも超して多大なるなり」（同 30 日）と，大森の努力に最大限の賛辞を送りつつ，地震学の限界を的確に指摘した．これは学問コミュニティの文脈での記事であり，『東京二六新聞』が帝国大学で取材を続けるには掲載の必要があったろう．

以後の大森が，研究の世界に閉じこもったわけではなかった．1906 年 4 月 18 日に発生したサンフランシスコ地震の被災地を視察した大森は，その教訓として，化学薬品による出火と水道の被害による消火困難を把握し，これらの教訓の普及に熱心に取り組んだ．同年 8 月 30 日の『東京朝日新聞』に「桑港と江戸の火災」を発表し，これは同年 10 月『大日本消防協会雑誌』39 号に転載され，さらに，ほぼそのまま翌 1907 年 2 月発行の『震災予防調査会報告』第 57 号に掲載された．また，1907 年 4 月には著書『地震学講話』を刊行して，地震のメカニズムや観測技術のほか，これらの教訓を含めた「耐震家屋構造に関する注意」や「地震の予知及び震害の防禦」といった一般人に実用的な情報を伝えた．

これらの論説ではサンフランシスコでの火災焼失面積が安政江戸地震の 2 倍以上であったにもかかわらず死者が 1000 名以下にとどまったのは，江戸の方が地震が激しく，家屋が木造で延焼が早く，また道路が狭かったことが主なる原因であると日本の在来都市の火災への弱さを説明する．しかし，「今は東京市中の道幅広く消防器械も改良したれば復た昔日の如き大災害を再演すること無かるべし」と大火の再発は近代化を根拠に否定する．そして，薬品からの出火は 5 カ所の実例を紹介し，日本でも最大の危険は夜間なら石油ランプである

が「学校の理科学教室及び薬品舗にては薬瓶の顚倒破壊せざる様に注意し置くべし」とする．水道に関しては，東京の水道より耐震性が高い鉄管が破損したことと，同時多発火災への対応で水量が不足したことを指摘し，東京市の水道は震害を受けないにしても，万一後年激震に見舞われて火災となった場合に，水道の水だけで十分に火災の蔓延を防止できるか，「今日直に調査し置きて，若し不完全なりとすれば相応の設備をなすは実に一日も怠る可からざる所なるべし，要するに消防用の水は水道にのみ依頼せず掘抜き井戸，川，溝，海等の水を適宜に利用すべき方法を定め置くこと肝要なるべし」と締めくくる．

ここでは，実際の被害の教訓を伝えるという形で，あくまで実証的に被害を予想し，対応を提言するというのが大森の姿勢である．しかし，東京には大地震が迫っておらず，大火災も起こらないとする一方で，消防水利の対策は1日も忘れないとする，今村書の宣伝を否定したゆえの論旨のゆがみが生じている．

その後，震災の4年前，1919年5月に行われた災害防止展覧会の説明書でも大森は化学薬品による発火と水道管の被害，また水量不足の可能性をそれぞれ先例を示して指摘している．一方で安政江戸地震時の火災を紹介した上で，大地震は強風の日には起らないので「給水消防の法を尽くせば震後の火災は極端に延焼すること無かるべきなり」（「震災概説及び地震に関する注意」『震災予防調査会報告』88号丙，1920年）と結論する．現状では「給水」に問題があるのだから「極端に延焼する」かもしれない，と言っている点で，大森としては一歩踏み込んだ議論なのだが，伝わりにくい．

『震災予防調査会報告』の同じ号に掲載された「水道鉄管の震害に就きて」では1917, 18年に市内建物にほとんど被害が出ない規模の地震で甲府市水道が漏水した例なども踏まえ，地震による東京の水道について，14年前の指摘を全く同文で繰り返した上で，東京では淀橋浄水場と各給水所とを連絡する主要鉄管だけでも継ぎ手を完全にすれば効果が大きいと具体的な提案をする．大森の東京の水道の地震被害に関する警鐘は明らかに音量を上げており，この論説は，同年10月の『東洋学芸雑誌』にも掲載されたが，顧みられることのないまま，その翌年，東京市の水道は地震により断水することになる．

一方で，安政江戸地震から60年を迎えた1915年に火山活動の活発化と房総半島での地震多発の中で大地震の60年周期説が流布すると，大森はこれを否

定する意見を発表した（『読売新聞』1915年11月21日）．1920年3月『震災予防調査会報告』88号丙の「東京将来の震災に就きて」では，太平洋側の相模灘周辺に震源の空白域があることを指摘しながら，「富士火山帯に属して大地震を発することなかるべければ，東京東南の海底より発震して元禄十六年の江戸地震の如き災害を東京周辺に及ぼすべき危険は目下寧<ruby>寧<rt>むし</rt></ruby>ろ少なかるべしと思はる」とし，直下型についても，武蔵平原は活動未活発であり，活発化しても安政と同一の東京直下はなく1894年明治東京地震程度であると，大地震が迫ってはいないという説を精緻化した．この論説は，1921年12月8日の地震を経験した後，加筆修正して『東洋学芸雑誌』を継承する『学芸』に連載されたが，1922年6月発行の39巻6号に掲載された東京を襲う地震の予測に関する部分の表現は『震災予防調査会報告』掲載のものとほとんど変わらない．関東大震災まで15ヵ月である．大森は，少なくとも公表した論説では，最後まで，東京に大規模な被害をもたらす地震は，近い将来には起こらないと説き続けた．

8　消防と水道

東京の消防は警視庁消防部が管轄しており，1899年に市営の近代水道が開通してから，水道の消火栓が主な水利となった．消防部の常勤職員である消防手は蒸気ポンプを使い，江戸の町火消の伝統を引く非常勤の消防組員は消火栓に直結して水道の水圧で放水する水管（消防用ホース）を用いた．火災の多い冬季には消防組員が市内80ヵ所の分遣所で宿直し，火災となれば真っ先に駆けつけた．サンフランシスコ地震の頃には蒸気ポンプは東京市内に8台しかなかったので先着する消防組の役割も重要であったが，1917年から20年にかけて，25台のポンプ自動車が市内に分散配置され，出火を覚知してから5分以内に1台目が現場に駆けつける体制となると，消防の主役は消防手となった．これに伴い，消防組が断水時や水道不便の土地への出場に限り携えた腕用ポンプ（手動のポンプ）も全廃された（鈴木，1999，170–173ページ）．ポンプ自動車は震災時には38台にまで増加し，1402名の消防組員は数的には824名の常備消防職員を上回っていたが，水道の水圧が低下すると独力では放水できない状態であった．当時，手引きのガソリンポンプが国内でも生産されており，地

方の消防組や東京でも自衛消防ではかなり使われていたので，後知恵では，消防組に手引きガソリンポンプを配備しておけば様々な水源を利用して活動でき，有用であったと思われるが，そのような断水や同時多発火災といった非常時を想定した装備はなされなかった．

　一方で，水道は市街地の拡大に追いつけず，明治末から大きな火災になると消防用水の不足が見られた．その後，道路への散水に用いることを禁止するなどの利用制限にもかかわらず，第1次大戦期には毎年夏場に水量不足に悩まされた．これに対応すべく，村山貯水池を設ける水道の第2期拡張が明治末年に5年計画で着手されたが，工事は徐々に遅れ，結局通水は震災翌年の1924年となった．

　1919年3月6日の『読売新聞』には緒方惟一郎警視庁消防部長の談として「喞筒（ポンプ）が通れぬ，交通の不便耳（のみ）でない，大火の際は如何（どう）する」という記事が掲載されている．ここでは，ポンプ自動車が通行できない道路がかなりあるので「最早東京市民は道路を現状の儘（まま）にして置く訳には行かない時が来ている」と道路整備を訴える一方で，「消火栓の配置が不十分で消防の出来ない場所も随分多い．故に第二期水道拡張の時に消火栓を増加することも市に交渉した結果，大正十年度までには出来上がる見込みである」と，水利に関しては第2期水道拡張計画に意見を反映させたことで解決済みとされている．

　消防の当局者に地震火災の知識がなかったわけではない．『大日本消防協会雑誌』33号（1906年4月25日）に「地震と警察及消防」という記事がある．著者の藤崎虎二は，濃尾地震の当時愛知県警察部警務課長であった．彼は，15年前の震災の際に，名古屋市内18カ所からの出火に直面して，ポンプを引き出しても家屋が転倒して道路がふさがって移動が困難で，井戸に吸管を下しても水が泥のようになっていて使用できなかった．また，家がつぶれた下から火が出たので，通常の破壊消防用具が役立たなかった，といった経験を語る．そして，名古屋の火災が鎮圧できたのは，陸軍の工兵が様々な器具で打ち消したからで，軍隊の活動がなかったら岐阜や大垣のように大火になったであろうという．また，水道鉄管も破損すると考え，「地震に当然伴ふべき火災を消防することは出来ぬから全市街は焼り放しにするようになるであろうと思ふ」とまとめる．これに先立って同誌31号には，大森の反論後にもかかわらず『二六

新聞』の今村,『報知新聞』の大森,両者の考え方を示す記事が並んで転載された.この雑誌の発行団体である大日本消防協会は公的な組織ではないが,各県の警部長を支部長として数千の会員を擁しており,消防について考える警察幹部には参照可能な雑誌であった(鈴木,2013,17-20ページ).しかし,当時,長野県警部長と同会の理事を兼ねていた藤崎が,この後誌上で濃尾地震の経験を語ることはなく,「今は東京市中の道幅広く消防器械も改良したれば復た昔日の如き大災害を再演すること無かるべし」と藤崎の市街地焼失説を否定する文が入った大森「桑港と江戸の地震」が39号に掲載された後,この雑誌の刊行が最後に確認できる1911年の71号まで地震火災関係の論説は掲載されない.消防関係者の地震火災への関心は高くはなかった.東京に関しては,藤崎が評価した軍隊の出動が期待できたのも一因であったろう.

　こうしたなかで1921年12月8日の茨城県南部を震源とした地震(M7.0)で当時唯一の浄水場であった淀橋浄水場に至る水路が破壊され,ついには市内全域が断水した.一段落した12月14日後藤新平東京市長が演説している.

　「今回の水道断水で市民に迷惑をかけた事は痛恨に堪へない次第であるが,市の水道は地震に対する防禦力に乏しく曾て大森博士より耐震設備に関する意見書が出たし,淀橋浄水所工事の担当者たりし川上博士も当時極力争った位で,耐震設備の薄弱な一事は真に遺憾なことである.……目下工事中の水道第二期拡張工事の如きも成るべく耐震的とする様注意させる筈である」(『東京朝日新聞』12月15日付夕刊).大森はすでに市にも直接意見書を出し,後藤市長はそれを認識していたのである.水道復旧にあたって,東京市は現在の水路の築堤は完全な震害対策が難しいと判断した.そこで,水路に障害がある場合は併行する江戸時代の玉川上水の開渠水路に原水を流し,これを浄水場近くでポンプでくみ上げて浄水場で利用することを計画し,非常用の電動揚水ポンプを新設した.これは,再発防止には十分な工事であったが,関東大震災時には停電で無力化した.蒸気動力であったならと惜しまれる.また前年に大森が主張していた淀橋浄水場と本郷・芝の給水所を結ぶ鉄管の耐震工事も行われなかった.震災時,芝への送水は淀橋の貯水の範囲で辛うじて続けられたが,本郷への送水は鉄管継ぎ目からの漏洩で停止された.本郷への送水管が改良されていて,送水が続けられれば,いささかなりとも消防に貢献したであろう.

9　首都防災の担い手

　農村部であれば，名望家を組頭とし，村の働き手からなる消防組が防災の担い手であった．消防組は災害の規模が大きければ参集範囲が広まり，主な担い手が重なる在郷軍人会，また，元来が村の若者組である青年団に助けを求めることも容易である．

　これに対して，東京の消防の主な担い手は警視庁の官吏であり，消防組もとび職を中心とした専門家集団であったから，これを通じて市民の協力を求めることは難しかった．

　1921年の水道断水が復旧したのちの演説で，後藤市長は「今日の事件に対して市民が好く諒解して呉れた事，並に市外各方面の同情の盛んなりし事，警視庁，陸軍其他の応援，青年団，在郷軍人会等の活動等は何れも感謝に堪へない所である．又特に感じた事は非常動員制の不備と市区連絡の不完全とであるから是等の矯正に努めたいと思ふ．併し各方面に自治的精神の現れたのは非常に満足とする所である」（『東京朝日新聞』12月15日付夕刊）とした．軍隊には，自衛隊のような災害出動の制度はなかったから，警視総監の要請や独自の判断で大火や水害などにも出動していたものの，目的は治安の維持で，警備のための兵力の配置計画はあっても，地震や消防について研究していたわけではない．

　1914年と1917年の2回，東京はかなりの規模の水害に見舞われた．これに対応して特に1917年以降，府，市で非常時の体制が計画された．また，軍隊経験者を中心とする在郷軍人会や，主に卒業した小学校を単位とした青年団も組織化が進むと共に災害への対応を考えるようになった．1914年の水害では在郷軍人会や青年団のまとまった活動は見られないが，1917年には学生団体も含め5000名以上が出動した．1920年の末に市長に就任した後藤新平は市民の自治精神の涵養を訴えており，このような青年団や在郷軍人会の災害対応を高く評価した．しかし，これらの団体が震災を想定した訓練を行なった形跡はなく，深川や浅草の在郷軍人会は大火の際に出動した実績があったが，震災時までに準備していた機材は長鳶口程度であった．消防の予算は警視庁の原案を基に東京府会で審議されたが，それは消防部の経費に限られ，これらの団体に

協力を求めることは想定されていなかった．

　水害や大火は想定しても，震災を想定した計画は，どこも立てていなかったのである．「震災予防に関する事項を攻究し，其施行方法を審議する」のは，震災予防調査会の役割であったが，火山や津波も担当した理工系研究者の調査会に，このような行政上の調整まで検討する用意はなかった．

　行政が行わなければ，地域のコミュニティが補わざるを得ない．関東大震災時の東京でも，わずかに町内会の腕用ポンプが活躍した例がある．本郷区藍染町染親会では隣町から出火したが，堀井戸が多かったので，井戸水を利用して「町有ポンプ」で消し止めた（『東京震災録 別輯』207ページ）．また焼失地域の中で奇蹟的に焼け残った神田和泉町・佐久間町では，1日夜に秋葉原駅方面から迫った火に対して町内の在郷軍人らは「二番組の喞筒を引き出して消火に務めた」（山角編，1925, 53 ページ）．「二番組」は消防組であり，5 年前に廃止された腕用ポンプが町内で維持されていたことがわかる．このように，公式の消防制度の外で，コミュニティの判断で保存されてきた旧式ポンプは確かに役立った．しかし，町内会レベルのコミュニティが準備できたのは腕用ポンプまでであり，当時の東京市には町内会ですら存在しない地域も多かった．

10　予見と防災対策

　今村の『地震学』は安政地震規模の地震が東京を襲うと 10–20 万名の死者が生じるとしたが，電灯が普及すれば火災がほとんど防げ，死者は 1 万以内にとどまるだろうと，電灯普及の効果を楽観していた（今村，1905, 313 ページ）．今村の「予言」を正確に理解した人は，電灯の普及をみて安心したかもしれない．第一高等学校のある学生は焼死者が 10 万人に達したという明暦大火の知識があったが「私はかかる大火はかかる科学の進歩しない時代にのみ存在するもので，今大正十二年，最新発達した科学に基いて建てられた大東京のもとに，鉄筋コンクリートの大ビルデイングが聳え立つ大東京に，今度のやうな大火災が生じようとは夢にさへ思はなかったところである」（第一高等学校国漢文科，1924, 415 ページ）としているが，「欧米の文物の輸入」を被害拡大の原因と指摘した今村も，この一高生や，同時代の多くの人々と共通する科学の進歩への

楽観と無縁ではなかった．消防自動車導入の予算承認にあたっては東京府の内務部長は新聞記者に「日本の大都会たる東京の真中で馬が喞筒を引いて行くなぞは寧ろ滑稽と言はねばならぬ」（『読売新聞』1917年11月14日）と説明したが，それが依拠する水道の脆弱性や限界などに目を向けない，漠然とした進歩志向が，府会，府民の理解を受けやすかったことが察せられる．

　1920年前後には，「安全」や「災害防止」という言葉がはやり始めていた．1919年5月に教育博物館で行われた災害防止展覧会は18万人以上の入場者を得た．これは1917年にアメリカ視察帰りの逓信次官内田嘉吉らによって，アメリカの安全運動に倣って設立された安全第一協会の協力によるものであった（堀口, 2007, 2-3ページ）．この展示の主な内容は『災難は避けられる』（培風館，1919年）として刊行されたが，その天災の篇には「震災概説及び震災時の注意」として大森の説明文が，『震災予防調査会報告』第88号丙所載の原稿の半分程度の分量で抄録されている．一方で，同書の「日常生活の災害」の篇の「火の用心」の篇では地震火災には全く触れられていない．そして安全第一協会調査「火事になった時――荷物の持ち出し方」の項があって，「万一火事の際は，我家の荷物を何所へ持ち出したら可いか，よく思案しておくことが必要であります」（培風館, 1919, 113ページ）と，関東大震災の際に逃げ遅れ，交通障害，延焼媒介を通じて被害を拡大させた荷物の運び出しを当然視し，準備を奨励している．東日本大震災の直前にも「安全・安心」という標語がはやり，震災を迎えて空しく感じられたことを思い出す．平常の社会をより安全にすることは重要であるが，その手段が稀な大災害時にもたらす結果に留意して対策を講じなくては，本当の「安全」はもたらされない．荷物の運び出しは平常時の財産の安全をもたらしても，震災時には財産と生命の安全を失わさせた．大森が東京への近い将来の大規模地震の襲来を否定してもたらし続けていた「安心」も同じである．日常の「安全・安心」のための様々な情報のなかに，地震対策は埋没しかけていたようにも思える．

　以上で見てきたように，大森は知見の普及に熱心に取り組み，新聞や雑誌にもある程度扱われた．毎号に「震災予防調査会記事」として調査会の活動や報告を掲載していた『学芸』492号に，水道が被害を受け給水が不足する上に市内各所から出火するので，なるべく水を汲み置け，という注意を含む災害防止

展覧会の説明書の結論部と同じ地震時の注意事項が掲載されたのは，震災1年前，1922年9月1日である．冒頭で見た安政江戸地震による火災の経験継承も，必ずしも体験者からの伝承ではなく，これらの宣伝に由来したのかもしれない．家族や町内コミュニティの対応に生かされた面もあったであろう．

　しかし，これらの情報を目にする可能性が高かった大学関係者をはじめ，化学薬品を扱う「教養のある責任観念の発達した人」すら，化学薬品の出火に対する予防策を十分には講じなかった．日常の業務に追われる常備消防組織や，水道事業者も，東京府や軍も震災の可能性を認識しなかったはずはないが，準備はしなかった．組織内では大地震に備えることの優先順位を上げない理由づけが可能であったのだろう．

　当面は大地震が起こらない，という大森の言明もその要因であったかもしれない．しかし，大森は1906年から東京の消防水利確保を「実に一日も怠る可からざる所」としていた．組織の幹部でもある「教養のある」人たちは，水道をめぐる彼の議論や，今村説否定の経緯，あるいは実際に発生した地震から，大森の大地震否定が表向きのものである可能性を見抜けたのではないだろうか．多くの人は，家族のためにはそういう見方をしながら，社会的には予期されなかった未曾有の大災害であれば，責任は問われないであろうと考え，大森の表面的な言明を受け入れるふりをしていたように思える．

　大森の死後に今村は「先生自身は震災に因れる水道鉄管の破損に関する首唱者であって，此点につき東京市の当局者に与へられた忠告は極めて深切叮嚀であったことは，前市長後藤子爵抔も能く記憶して居られる様である」（今村，1926，27ページ）としている．水道は市の事業であるから，市会議員やその背景にある市民の意向も重要だが，1921年の断水は後藤新平市長が英断を下す好機ではあった．関東大震災の復興計画の立案にあたった後藤新平内務大臣は，震災後に死期の迫る大森房吉を病床に訪ね，復興にあたって防災上留意すべき点を尋ねた（東京市政調査会，1930，12ページ）．東京市長として最低限の対応しかしなかったことへの反省は，後藤の大規模な復興計画立案の原動力の1つとなったであろう．

■——注
1) 以後の研究，叙述も，当時の新聞記事を確認しないまま，今村のこの説明を踏襲するものが多い．なお上山明博『関東大震災を予知した二人の男——大森房吉と今村明恒』(上山，2013) が最新の叙述であり，筆者も一読して示唆された点が多かったが，小説なので，言うまでもなく細部に至るまで事実に忠実である責務はない．

■——参考文献
今村明恒，1905，『地震学』大日本図書．
今村明恒，1926，『地震の征服』南郊社．
上山明博，2013，『関東大震災を予知した二人の男——大森房吉と今村明恒』産経新聞出版．
大森房吉，1907，『地震学講話』開成館．
震災予防調査会，1925，『震災予防調査会報告 第百号（戊）』岩波書店．
鈴木淳，1999，『町火消たちの近代——東京の消防史』吉川弘文館．
鈴木淳，2004，『関東大震災——消防・医療・ボランティアから検証する』筑摩書房．
鈴木淳，2013，「解説」『〈復刻版〉大日本消防協会雑誌 別巻』緑陰書房．
第一高等学校国漢文科，1924，『大震の日』六合社．
東京市政調査会，1930，『帝都復興秘録』宝文館．
培風館，1919，『災難は避けられる——災害防止展覧会説明書』培風館．
橋本万平，1983，『地震学事始——開拓者関谷清景の生涯』朝日新聞社．
堀口良一，2007，「安全第一協会について」『近畿大学法学』第 55 巻第 3 号．
山角徳太郎編，1925，『神田復興史並焼残記』山角徳太郎．
山下文男，1989，『地震予知の先駆者 今村明恒の生涯』青磁社．

コラム2 ── 防災と「建築基本法」思想

神田　順

　人々が生活するうえで，住宅や事務所，商店，学校など用途は異なっても，建築はなくてはならないもので，自然の脅威から守ってくれて快適な空間を提供するものである．通常の雨や風を遮断するということも役割のひとつだが，台風や地震となると，構造的に十分な強度をもたせた安全なものでなければならない．

　兵庫県南部地震では10万を超える建築物が倒壊して，多くはそれが直接の原因で6000人もの死者を出した．東北地方太平洋沖地震では，津波が多くの家屋を流出，倒壊させ，2万人近い人命が失われた．さらには，原子力発電所の原子炉冷却機能を破損し水素爆発という事態に到り，広範囲な放射能汚染という大事故をもたらした．どんな自然の力にも耐えられる建築が可能か，あるいは構造として耐えられなくても人命の安全がどのように確保できるか，これは科学や技術の問題であると同時に社会の問題でもある．

　防災にとって，まず第1の問題として安全な建築構造ということがあげられる．それをどのようにして達成するかである．我が国では，1950年に制定された建築基準法が，地震の揺れや台風のような強風に対しても安全が保たれるよう建築に対して規制をしている．設計したり，施工したりするにあたっても，建築士法で定められた能力を有する資格をもつ建築士が監理することになっている．

　国が，専門家の知恵を集めて，安全な基準を作ったはずであったのに，大震災が起きてしまうのはなぜだろうか．現代社会にあって，そもそも100％の安全など存在しないということは，よく言われるが，頭でわかっていても，現実への対応は難しいものがある．3つの事柄に分けて考えてみよう．

(1)　誰かがちゃんとやっていない．
(2)　自分がちゃんとやっていない．
(3)　自然の評価が過小だった．

阪神淡路大震災では，どちらかというと(1)や(2)が注目され，東日本大震災では(3)が注目を浴びた．神戸の被害写真の中には，折れたコンクリート柱の中に空き缶があったり，錆びた鉄筋や腐食した木の柱が認められた．東北日本の大災害を起こした地震に対しては，地震学者が，「いままで想定されていないタイプ」というような発言をしていた．

　建築基準法では，建築主は一般に建築の素人なので，専門家が国の基準に従っていることで安全を守るということになっている．そして，地震のたびに建築構造の弱点が見つかると規制を追加して，今日に至っている．たとえば，宮城県沖地震や十勝沖地震の後に，補強鉄筋の間隔を狭くするなどの規定が盛り込まれた．したがって，普通は地震で家が倒壊するというようなことは，考える必要はないということになっている．確率的には，交通事故よりもはるかに低い頻度である．

　地震動の強さは加速度で計ることができるが，建築基準法で安全を確認するための大きさは，地域によって若干の差はあるものの，概ね400ガルとされている．神戸の多くの地区では600ガルを超える揺れが生じたが，そのようなところでも構造計算された建物の大破・倒壊は5%程度であった．1981年以降に建てられたものに限定すると，その3分の1，さらに倒壊に限定するとまた3分の1ということで，0.5%程度ということになる．100%安全と言えなくても，その程度だとすると，建築基準法の要求している安全の水準は十分なので，変えなくてもよいということになった．

　一方，東北地方太平洋沖地震による津波は，三陸海岸では，明治三陸津波や昭和三陸津波を経験しており，それらを上回る規模であったとはいえ，無事に避難した人々は大勢いた．小さな漁村集落での人命喪失は極めて少なかったものの，新しい市街地では，大勢の犠牲者が出てしまった．福島では，原子力発電所においてすら設計で想定していた津波をはるかに上回ったということから，専門家からも，「想定外」というような言葉が発せられたりした．科学者や専門家が言うことが常に正しいかというと，疑問が残る．

　法律がなくても，個人が社会の中でそれぞれの役割を認識して，十分安全な構造を作ることや維持することは可能とは思うが，そのためには，そのような意識を皆で共有しないといけないし，専門家としての役割を果たさずに建築に携わる人間が，少数でも現れることを防ぐためには，法による規制を無くすわけにはいかない．ところが，規制が膨大になり，専門家でもなかなか全貌がつ

かめないようになったうえに，行政的に画一的な運用をしようとすると，安全を確保するという名目のもとに，無駄な作業や無意味な設計が強要されることにもなってしまう．専門家が本来使うべきことのための時間を，書類作りやつじつま合わせに使うことになっている実態がある．

1998年の建築基準法改正をきっかけに，「誰がどこまで責任をもつべきか」という議論が生まれ，2003年に建築の実務者や大学教員など200人ほどの専門家により「建築基本法制定準備会」が発足した．建築基準法の規定する安全は最低基準ということなので，法律を満足しているからといって，誰も責任をとってくれるわけではない．

建築基本法のもとでは，適切な安全性を確保するために，それぞれの関係者が役割を果たすことが大切であると，まず書かれる．最低基準を守ればあとは個人の自由というのではなく，個人の所有であっても，社会資産であり，その安全性については，建築主が社会に対して責任を有しているということを確認しようということである．

防災においては，よく「自助，共助，公助」ということが言われる．まず自分で最大限努力して災害から身を守る．できない部分において仲間の助けを借り，それでもカバーできないところだけを自治体や国にお世話になるということだ．これは，建築にあっても同じことが当てはまるはずだが，戦後の経済成長の中で，建築基準法で安全とみなすことによって，個人の資産を増やすことに対して，効率的に進めることになったということだ．「建築基準法の規定どおりできています」ということで，住宅も超高層ビルも安全と見なされて，便利に経済活動を後押しすることになったわけである．

しかし，法律の規定はしょせんは言葉で書かれているだけなので，安全であることを網羅的に評価することはできない．加えて，誰かがどこかで見落としたり，経済競争の中で手を抜くことになったり，あるいは想定する自然の力を十分に見ていなかったりということを100%なくすことはできない．それを，資格の剥奪や，後から「想定外」ということで秩序を保とうというのでは，どうも方向が違うのではないかと思うわけである．

まずは，建築主の安全に対する責任の大きさを，国民全体で確認する必要があるというところから始めなくてはいけない．木造の平屋の家が地震で壊れるのと，1万人もの人の入る超高層ビルが地震で壊れるのでは，社会的意味が違う．その安全ということについて，どこまで考えることで社会として安全とみなすかについては，専門家が適切な情報を提供する必要があるが，それだけで

なく，関係者の間で十分に議論したうえで，社会的合意を得るということが大切である．法律に書いて，その通りであればよいというのは簡単だが，もう少し丁寧に，その土地の特徴，その建物の維持管理のやり方から，利用する人や周りで影響を受ける人の考えも確認したうえで決めるというのが理想だと思う．もちろん，その理想を実現することは，簡単ではないかもしれないが，今のように，国まかせで，何か起きたら文句を言うというのでは，何も改善されない．少しは理想に近づくような制度を考えていく必要がある．低層住宅の地区に，高層のマンションが計画されたときなども，社会的合意を優先することが大切だ．いくつかの自治体では，適法性だけでなく，条例を決めて，事前に集団協議をもつことも行われるようになっている．防災についても同じような考え方が可能だと思う．

　建築主は，建築構造や地震のことについてとても十分な知識を有しているとは限らないので，専門家の説明や考え方を詳しく聞いたうえで判断することが求められる．医療において，最終的に判断するのは本人だが，医者の意見，場合によってはセカンド・オピニオンを聞いたうえで決めることが一般的になっていることは参考になる．「法律を満たしているから」ということで，思考停止をもたらしてしまっていることが，防災における自助の部分を弱くしているのだと考えられる．

　豪雪，火山，地震，地滑り，台風，竜巻，津波．こうして見ると，アジア大陸の東の端に位置する島国日本が，いかに厳しい自然条件の中にあるかがわかる．現代社会が，自然を感じなくすることを快適と思わせるような状況を生んで，その裏には，高度な設計や施工技術に支えられて，個々の人間が，自然の脅威に対して責任ある行動がとりにくくなっていることを，もっともっと自覚する必要がある．建築構造の安全性は，何十年，何百年に一度の自然の脅威に対して考える問題なので，多くの人の知恵をうまく結集して丁寧に作り上げていく必要がある．そのためには，知らないうちにできてしまった，人まかせ体質を変えなくてはいけないと思う．建築基本法制定に向けて，国民の間で議論を高め，建築主や専門家，そして企業や自治体が，自ら負うことのできる責任を最大限発揮して，自然災害に強い，家づくり，まちづくりを考えていくことこそが，これからの社会に求められている．

6章
減災・復興と都市計画・まちづくり

室﨑　益輝

　阪神・淡路大震災や東日本大震災によって，日本の都市計画のあり方が厳しく問われることになった．そのあり方は，一方で「被災という実態」から，他方で「復興という過程」から問われている．そこでここでは，震災で問われた都市計画や復興事業の問題点を明らかにしながら，これからの都市計画のあるべき姿を「減災」と「復興」というキーワードに照らしながら，考察することにしたい．

1　大震災が問いかけた都市の脆弱性

　減災や復興のあるべき姿を論じる前に，大震災によって問われた都市の問題点を明らかにしておきたい．大きな被害がもたらされたのは，地震動や津波の破壊力が甚大であったことにもよるが，それに加えて都市や集落の体質が極めて脆弱であったことによる．その脆弱性は，土地利用，空間構成，施設構造，社会体質などの側面から説明できる．土地利用では，地盤や地形からして災害危険の著しい場所に，不用意に市街地をつくっていたことが問われた．空間構成では，災害の連鎖や複合が起きやすく，冗長性や緩衝性のない過密な空間が形成されていたことが問われた．施設構造では，地震や津波あるいは火災などに対しての，抵抗力や防災性のない住宅や施設が野放しになっていたことが問われた．最後の社会体質では，無防備で危機感の欠けた市民の意識，連帯性や監視性が希薄になったコミュニティの体制が問われた．

　ところで，こうした都市の脆弱性は，戦後日本における急激な都市化の中で醸成されてきた．一方での「防災軽視の都市開発」，他方での「未熟不全の都

市防災」が，都市だけでなくその対極にある集落をも含めて，災害に弱いものにしてしまった．東京を含む太平洋ベルト地帯への過度の人口集中は，歴史的文化の崩壊，コミュニティの衰退，自然環境の破壊などを引き起こして，地域社会を災害に弱いものにしてしまった．その効率性を求めての人口の集中や都市の拡大は，道路などの基盤整備を疎かにした形で，秩序のない過密で乱雑な市街地を生みだし，職住分離あるいは老若分離という形で，高齢者だけが取り残される古い街並みを生みだした．その過密な市街地，高齢者が取り残された市街地を，阪神・淡路大震災は襲った．老朽化していた住宅が脆くも倒壊し，過密すぎる市街地は火災の拡大を招き，取り残された高齢者が選ばれて犠牲になった．また，東日本大震災では，一極集中によりもたらされた医療過疎といった地域格差が，救急医療の遅れによる犠牲者の増幅などをもたらした．

2 都市防災における実効性と体系性の欠如

大震災での甚大な被害がもたらされたのは，上述の危険極まりない都市開発に対して，有効な防災対策が講じられなかったことによる．そこで，被害を許した都市防災の欠陥を考察しておきたい．現代の都市防災の欠陥は，実効性，体系性，科学性，戦略性，協働性が欠落しているという「5つの欠落」で説明できる．

実効性の欠落というのは，多大な労力や資金を防災に費やしているにもかかわらず，それに見合う効果が出ていないということである．効果が出ていないのは，その対策が的外れであり，またその実行がいい加減になっているからである．「的外れ」というのは，現代の危機の根源が理解できていない，あるいは個々の災害の原因が理解できていないため，その根源にメスを入れること，その原因に矢を向けることができていない，ということである．先に述べたような社会の脆弱性にこそメスを入れなければならないのに，それができていない．衰弱していくコミュニティをいかに再生するか，自然を極度に破壊してきた乱開発をいかに食い止めるか，経済優先安全軽視の成長政策をいかに転換するかといった視野がなければ，場当たり的に対策を講じても効果が上がらない．

「いい加減」というのは，絵に描いた餅になっているということである．そ

れは，実現不可能な対策が掲げられているか，対策を実現する努力が疎かにされているかのどちらかである．いつまでに誰がどのようにして実現するのかが明確に示されていなければならないし，その実行が適切に行われているかどうかの点検を疎かにしてはならない．都市の不燃化をはかる，建物の耐震化をはかるということを口にすることはたやすい．しかし，それをいかに推進するかを語ること，実現への処方箋を書くことは難しい．目標管理や実行管理が欠落しているのである．目標を立て計画を立てその実行をはかり，その到達度をチェックして必要な改善をはかるといった，いわゆる「PDCAサイクル」が，わが国の都市防災では疎かにされてきた．地震時の市街地大火を防ぐということでは，優先的に講じるべき対策は，建物すべてを耐火構造にすることでも密集市街地の解消をはかることでもない．それらは，長期的に目指すべきものかもしれないが，すぐに実現することは困難である．とすると，明日にでも起きるかもしれない震災大火に備えるには，炎上火災を少なくするということにターゲットを絞らなくてはならない．

　炎上火災を減らすには，通電火災を5年以内に1/2にするという計画を立てることが正しいと考えられるが，そのためには感震ブレーカーの普及をはかることが欠かせない．といって，市民向けにパンフレットを配っているだけでは普及は進まない．2年後にチェックをして進んでいなければ，普及の方法を変えなければならない．地震保険が安くなるといった誘導策と組み合わせ，業者に設置を法律で義務付けるといった方法に切り替え，その普及が目標通りに進むまで対策の改善を繰り返さなければならないのである．いずれにしろ，お題目のように「燃えないまちをつくります」と言っているだけでは，決して安全にはたどりつけないことを，肝に銘じておきたい．

　次の体系性の欠落というのは，ハードとソフトの融合といった対策の総合化がなされていない，ということである．ハードとソフトの関係だけではなく，事前と事後の関係や行政とコミュニティとの関係などを正しく捉えて，被害軽減のための総合的な対策のシステムをつくらなければならない．ところで，事前と事後の関係を見ると，わが国の場合は予防も復興も疎かにした「応急中心の対策システム」が組まれている．市町村の地域防災計画を見ると，大半のスペースは応急対策に充てられている．バケツリレーや救助ロボットが好まれる

のも，応急至上主義的な発想のたまものである．

　住宅が倒壊して多くの被災者が出るリスクについて，この事前と事後の関係を考えておこう．住宅の防災対策では，応急の救助体制の充実強化に加えてというかそれ以上に，事前の耐震補強と事後の再建支援が車の両輪のように欠かせない．耐震補強というのは，危険な住宅の補修や補強をはかって，住宅倒壊による死者の軽減をはかる対策である．再建支援というのは，公的な援助によって住宅の再建をスムースにする対策である．耐震補強では直接被害が軽減でき，再建支援では間接被害が軽減できる．公衆衛生と緊急治療あるいはリハビリを組み合わせるように，住宅の被害軽減を総合的にはかっていかなければならない．

　この体系化では，大きな公共と小さな公共というか，都市空間レベルとコミュニティ空間レベルの融合も忘れてはならない．わが国では，幹線道路や都市公園などの大規模インフラに焦点を当てて，防災対策をとらえがちである．ダムや堤防に頼ろうとするのも，大きな公共中心主義のあらわれである．ところが，この大きな公共だけでは真の安全は確保できない．コミュニティの人のつながりが大切と言われるように，路地裏などの小さな公共をよくしなければならない．ブロック塀を生け垣に変える，通行の障害となる路上駐車をなくす，非常時に備え井戸を再建するといった取り組みが，真の安全には欠かせないのである．地域に密着したまちづくり，住民主体のまちづくりが求められる所以である．

　国土の強靱化ということが強調されている．これは「National Resilience」（国民の協働による柔らかな防災）の誤訳というか身勝手な訳ではあるが，それはさておき大きな公共としての国土レベルの強靱化だけでは駄目で，小さな公共としてのコミュニティレベルの強靱化を曖昧にしてはならない．

3　都市防災における科学性と戦略性の欠落

　科学性の欠落も，大きな問題である．人の命を守るという最も大切な課題に，科学が有効に生かされていない．被害想定においても，リスクマネージメントにおいても，減災技術開発においても，残念なことに科学は正しく生かされて

いない．人工衛星が飛ぶ時代に，市街地大火から命を守る方策としてバケツリレーしかないというのは，あまりにもお粗末である．耐震補強が進まない原因として，安価で簡便な補強法がないという技術の壁が指摘されているが，これも科学的な介入が遅れていることの反映である．通電火災の抑制，家具の転倒防止，震災瓦礫の処理，緊急情報の伝達など，ありとあらゆる面で科学的な支援が求められているのに，それに応えようとする動きは弱い．

　東日本大震災では，想定外ということが問題になったが，ここにも科学の欠落というか未熟性が深く関わっている．自然や社会をそう簡単に理解できないので，予知や想定の誤謬や誤差があっても仕方がないのであるが，科学者の側の力量や努力あるいはモラルの問題もあって，リスクコミュニケーションに科学が正しく関与しきれていない．ここでも，一例をあげておこう．「耐震補強をすると出火件数が減る」という誤った見解が，科学者の側からまことしやかに流布されている．その結果，政府が定めた減災戦略の中においても，耐震化をすると火災も火災による死者も減るといった，間違った方針が提起されている．家屋の倒壊と火災の発生の間には，地震動が激しければ倒壊も出火も多くなるという見かけ上の相関関係があるだけで，因果関係があるわけではない．それを因果関係とはき違えて，誤った対策につなげてしまっている．これは，科学というよりも科学者の未熟ゆえの問題である．

　戦略性の欠如というのは，目標達成に向けての運動論的なプログラムが欠落している，ということである．ここでは，優先すべき課題をつかむこと，段階的なプログラムを持つこと，減災や復興の主体を育むことが求められる．例えば，学校が変われば子供が変わる，子供が変われば大人が変わる，大人が変われば地域が変わるといった，大きな視野を持って，学校とコミュニティの連携をはかる取り組みや，子供たちへの防災教育を強化する取り組みに力を入れることが求められるのである．暮らしの作法というか日常的な生活文化の醸成に努めること，市民力の向上というか地域の民主的な人間関係の醸成に努めること，自然との共生というか自然と人間の正しい関係性の醸成に努めることなどは，戦略的観点から欠かすことのできないものである．

　東日本大震災の復興では，この戦略性のなさが大きな混乱を招いている．被災者の心身の回復と自立を優先し，その自立を待って復興の議論を始める．被

災自治体の支援と再建を優先し，その余力を確保して復興の展開をはかる．住宅よりも産業の再建を優先して，地域社会の自活力をとりもどす．こうした戦略が求められたのに，結果はすべてこの逆になってしまっている．被災者が復興の主体で，その主体が元気になること，そのために被災者に寄り添うことが，復興では欠かせないのである．被災者の力を引きだすことを基本にした施策の展開と戦略を，予防段階においても復興段階においても求めたい．

　最後の協働性の欠落は，行政と市民の正しい関係が確立されていない，という問題である．行政主導の防災から市民参画の防災へと，移行しつつあるのは確かである．しかし，地域防災会議のメンバーの中には市民やNPOの代表は入ることができないなど，企画立案あるいは運営段階への市民の参画は，まだまだ限定的である．東日本大震災での復興計画の立案では，アンケートなどで市民の声が聴かれることはあっても，計画立案の主人公として市民や被災者が加わる場は，ほとんどといってよいほどになかった．復興計画は，被災者の復興への切実な思いを形にするものであるにもかかわらず，その被災者が計画作成の場から排除されるのは，大きな問題だといえよう．

　阪神・淡路大震災以降，「自助，互助，共助，公助」といったキャッチフレーズで，行政とコミュニティあるいは市民との関係が論じられるようになった．行政だけでも市民だけでも対応できず，地域ぐるみの連携や行政と市民との連携が欠かせないという，阪神・淡路大震災の教訓を踏まえてのことである．ところでこの関係が，権限は行政が保持したまま，責任だけを市民に押しつけるものとして，語られる傾向がある．「災害時には行政は何もできなくなるので，個々人やコミュニティが頑張らなければならない」，「防災は自己責任が原則で，避難の判断など行政頼みにしてはいけない」といった論調がそうである．ここで忘れていけないのは，国や行政の責任を曖昧にしてはいけないということである．行政は市民からの付託を受けており，何よりも権限を持っているのであるから，市民や被災者を救済しその思いを実現するうえでの，大きな行政責任を有していることを忘れてはいけない．

4　減災の考え方と新しい「まちづくり」

「減災」というキーワードに即して，これからの都市防災のあり方を考えることにしよう．減災というのは，被害をゼロにしようと思うのではなく，少しでも減らそうとすることをいう．その核心は，第1に規範として自然との共生に心がける，第2に目標としてゼロリスクの立場をとらない，第3に実践として対策の融合に心がける，という点にある．

自然との共生では，大きな自然に対する小さな人間という関係性を正しくとらえて，自然や災害に真摯に向き合うという自然観が，欠かせない．無理やり自然を押さえつけようとしてはならないのである．自然に対しては柔らかな対処が基本で，その破壊力を「反らす，和らげる，避ける」ことも視野に入れておく必要があろう．ゼロリスクの立場をとらないというのは，被害をできるだけ少なくしようと努力はするが，ある程度の被害は避けられないものとして受け入れることをいう．千年に1回の巨大な津波に対しては，家屋の損失は仕方がないこととして認める，1万人につき1人程度の犠牲はやむを得ないこととして認めるのである．といって，諦観しろといっているのではない．リスク低減の限界をわきまえての，実現可能な対応を求めているのである．

最後の対策の融合というのは，被害軽減を少しでもはかるために，多種多様な対策を重ね合わせて，対策の総合化をはかることをいう．なお，この融合あるいは総合化の必要性については，都市防災の問題点のところですでに指摘したところである．対策の引き算という減災を，対策の効果的な足し算ではかるのである．小さな人間でも，できることを着実に積み重ね互いに協力しあっていけば，大きな自然に立ち向かうことができるという思いが込められている．この減災の足し算には，事後だけでなく事前を重視するという「時間の足し算」，立場や職種を超えて連携するという「人間の足し算」に加えて，国土や都市およびコミュニティレベルの対策を足し合わせるという「空間の足し算」がある．この最後の空間の足し算は，都市計画のあり方に密接に関わっている．都市レベルや幹線街路レベルの対策と，街区レベルや路地裏レベルの対策を，足し合わせることを要求している．先に述べた，大きな公共と小さな公共を足

し合わせることに通じる．堤防をつくったり病院を整備したりすることに加えて，路地に打ち水をしたり防災井戸を整備したりすることが，減災には欠かせない．ブロック塀を生垣に変える，違法駐車やごみの放置を許さない，ご近所で日ごろから声を掛け合うといった，身近な公共づくりにも心がけたい．日本の都市や地域社会では，住宅そのものに加えてその周辺環境も，危険なまま放置されている．それだけに，身近な身の回りの環境を整備していくことが減災においては欠かせない．

ところで，2つの大震災を経験して，今までは「防災都市計画事業」といわれていたものが「減災まちづくり」といわれるようになった．防災が「減災」に，都市が「まち」に，計画事業が「つくり」に置き換わっている．これは，単に言葉だけの問題でない．大震災が投げかけた防災の課題に応えるための，質的転換というべき「軸ずらし」をはかろうとしているのだ．そこでここでは，この軸ずらしの意味について，もう少し詳しく触れておこう．最初の「減災」については，すでに説明をしたとおりである．謙虚に災害を縮減しようとする減災への戦略転換を求めるものである．この減災という足し算では，人間が原始の時代から築き上げてきた，「諦める，祈る，避ける，逃げる，反らす，和らげる，耐える，退ける」といった多様な減災の知恵と技能を，総合化することが求められよう．高台移転のような「避ける」対応，防潮堤建設のような「退ける」対応だけが減災の方法ではないことを，これに関わって強調しておきたい．

次の「まち」というのは，まさに防災や都市計画に「柔らかさ」が必要だということから，固い漢字ではなく柔らかな平仮名にしている．と同時に，ハードな「街」でもなくソフトな「町」でもない．ハードとソフトの両方の意味合いを持っているということで，「まち」という読み仮名を用いている．すなわち「まち」には，ハードウエアとソフトウエアの足し算を，地域に即して具体化するという意味合いが込められている．ハード至上主義の防災，あるいはその裏返しとしてのソフト至上主義の防災に対する戒めとして，「まち」を受け止めたい．この「まち」の取り組みでは，ハードウエアやソフトウエアに加えてヒューマンウエアも必要になる．ヒューマンウエアというのは，人間自身が災害に強くなることを指している．避難勧告が出ても逃げようとしない状況，

事前の防災対策に取り組もうとしない状況が，人間の側にあるからである．個人に責任を押し付ける精神主義的なものであってはならないが，人間の自然に対する認識や防災に対する意識をまちぐるみで高める努力が求められている．

最後の「つくり」は，手作りの「つくり」あるいは造り酒屋の「つくり」で，ボトムアップ型の防災や地域密着型の防災への転換を求めるものである．それまでの防災は，行政主導というかトップダウン型の防災であった．それは，行政が住民の生命を守るという責務を負っていることからして，当然の成り行きだったといえる．しかし，阪神・淡路大震災の経験にも明らかなように，公助あるいはトップダウンには限界がある．トップダウンの限界を補完するボトムアップのシステムが強く求められるようになっている．

このボトムアップに関わって，住民の自発性や自律性を引き出し，地域に即した細やかな取り組みを促進し，住民が主人公となる減災のシステムを構築することが求められている．2013年の災害対策基本法の改正で，従来の行政主導の「地域防災計画」に加えて，住民主導の「地区防災計画」の策定が奨励されるようになったのは，手作り性のある防災の必要性を強く認識してのことである．

5 復興の性格・目標・プロセスについて

いま，東北の被災地で問われているのは，復興のための都市計画あるいはまちづくりのあり方である．そこで，そもそも「復興」とは何かというところから，そのあり方を考えてゆくことにしたい．広辞苑などの辞書を見ると，復興は「衰えていたものが，再び盛んになること」とある．ここでは，「衰えていたもの」とは何かが問われよう．それは，必ずしも生存基盤の衰退だけをいうのではない．生活や福祉の衰退もあるし，経済や文化の衰退もある．さらには，地球環境や生態系の衰退もある．それらのなかで，何を回復すべき復興の対象と位置づけるかは，時代や社会の状況や要請によって変わってくる．いずれにしても，文明論的な視点あるいは社会政策的な視点から，復興の対象を幅広く捉えることが欠かせない．

この復興を，災害復興に焦点をあてて考えると，災害によって衰えたものの

回復をはかるのか，それだけでなく災害以前から衰えていたものも含めて回復をはかるのかで，復興の意味づけや復興の目標が大きく変わってくる．比較的小規模の災害では，ただ単に災害で失われたものをもとに戻すという，原状回復的な復旧がはかられることが多い．私は，この原状回復的な復旧を「小さな復興」と呼んでいる．しかし，東日本大震災のような大規模な災害になると，現状に戻すだけでは駄目だという声が大きくなる．量的にも質的にも前よりも進んだ状態に押し上げることが目指されるのである．私は，この前よりも盛んにする復興を「大きな復興」と呼んでいる．

　この大きな復興では，量よりも質が問われることになる．というのも，その災害によって，社会が従前から持っていた衰えとしての社会的矛盾が顕在化し，その改善をはかることを余儀なくされるからである．表面的な衰えを克服するだけでなく，本質的な衰えを克服することが，復興の課題として突きつけられることになる．復興が軸ずらしであり，世直しであり，レジスタンスであるといわれるのは，質の変化を伴う改革が大きな復興では欠かせないからである．リスボン地震がフランス革命につながり，安政江戸地震が明治維新につながった歴史を見れば，質の変化として復興を位置づけることが，いかに大切かを理解できよう．

　上述の復興の性格を踏まえつつ，後述の復興のプロセスをも念頭に置いて，災害復興の目標を考えると，以下の3つに要約される．その第1の目標は，何よりも被災によって受けた様々なダメージを克服し，被災者や被災地の暮らしを回復し，元気や希望を取り戻すことである．ここでは，「生活，生業，生態」の3つの「生」と，「自由，自立，自治」の3つの「自」の回復が求められる．このなかでも，自立の回復はとても大切である．自立は，復興の目標としてだけではなく，復興プロセスの要件としても欠かせない．復興の入り口では，何よりもまず被災者が自立できるよう，その力を引きだす支援が求められるのである．この自立や回復に関わって，「医，職，住，育，連，治」という6つの課題を包括的に追求することが求められる．「医」は医療や看護，福祉による心身のケア，「職」は就労による生きがいや生活の糧の獲得，「住」はまちの環境も含めた住まいの再建，「育」は子育てや後継者の育成，「連」は人と人，人と自然や歴史とのつながり，「治」はコミュニティのガバナンスをいう．

第2の目標は，安全で安心できる地域社会をつくることである．二度と同じ悲劇を繰り返さないように，災害に弱い地域構造や社会体質の改善に努めることが，求められる．ところで，この改善にあたっては，被害をもたらした原因を正しく捉えることが欠かせない．原因の正しい把握が，復興の正しい改善につながるからである．ということでは，地震動や津波といった自然現象だけに原因を求めてはならず，社会の体質や市民の意識などにも厳しくメスを入れなければならない．

　第3の目標は，災害によって顕在化した社会の矛盾や欠陥に向き合って，その克服をはかって新しい社会への扉を開くことである．これは，上述の大きな復興を目指すということに通じる．私は，復興は Reconstruction ではなく Re-vitalization でなければならない，と主張している．形だけの復興では駄目だ，もとに戻すだけでは駄目だ，新しい生命と精神の息吹を吹き込むものでなければならない，と思うからである．再生と自立，減災と安心，改革と進歩という3つの目標の達成を，総合的にはかっていくことが，大きな復興あるいは真の復興には求められるのである．安全化をはかることだけが復興の目標ではない．

　復興の基本事項の検討の最後に，復興のプロセスのあり方についても言及しておきたい．復興は，皆の思いを持ち寄って社会をデザインしてゆく運動であり，人々が希望を取り戻し立ち上がっていく過程である．ということで，説得と納得，ビジョンの共有，まちづくりといったことが，復興では繰り返し強調されることになる．

　この復興のプロセスに関わって，物語復興と段階復興という2つのキーワードを大切にしたい．物語復興は，物語を皆で作っていくように復興を進める，というものである．物語の脚本も皆で書き，物語の実演も皆で行うのである．ところで，復興に際して「被災者の声を聞く」と言いつつ，アンケートで正否を問うことがしばしば行われている．しかし，それは本当の意味で被災者の声を聞くことではない．被災者自身が復興への思いを語りあい，その思いを形にしてゆくプロセスこそ，被災者の声を反映させる道なのである．復興への思いを語り合える場をどう作るかが，ここでは問われる．

　段階復興は，1976年の中国の唐山地震からの復興でも，同じく1976年の酒田大火からの復興でも，1989年のアメリカのサンフランシスコ地震からの復

興でも，強調されている．総論から各論へ，自立から展開へ，仮設から本格へ，力を溜める段階から力を発揮する段階へといった形で，その段階的プロセスは語られている．一気にゴールにたどり着こうとせず，戦略的に中間ステージを設定して復興をはかることが，求められるのである．ところで，この段階論を時間の問題と捉え，短期と長期といった形で論じる傾向がある．しかし，単なる時間の問題として捉えていては駄目である．中間ステージとして何を求めるかという，戦略の問題として捉えなければならない．

ということで，生活の安定をはかることやコミュニティの自治を回復することが，中間ステージでは必須の要件となる．産業基盤の回復や伝統文化の再生も，ここでは欠かせない目標である．さて，この中間段階を戦略的に捉えて追求することを，私は「復興の踊り場の設計」と呼んでいる．今回の設計ではこの踊り場が見えにくくなっている．踊り場が見えないことで，復興の進捗感も感じられにくくなり，路頭に迷う状況が生まれている．それだけに，仮設の市街地やセカンドシティといった形で，中間ステージとしての踊り場をデザインすることが，今回の震災復興では特に欠かせない．とりわけ，福島の汚染地域での復興では，この中間ステージが長期に及ぶことを考慮に入れて，被災地外での安定したコミュニティづくりに努めなければならない．

さて，復興のプロセスでは，復興バネというものが働く．災害ユートピアの成立と崩壊という過程が，災害後の初期に現れることはよく知られている．その崩壊の後で，徐々に立ち上がっていく，被災回復と社会創造という過程が続く．この回復と創造の過程では，気概のバネ，自省のバネ，連帯のバネ，事業のバネといった復興のバネが働く．気概のバネは，負けじ魂というか何くそという気持ちで，どん底から立ち上がろうとする力をいう．自省のバネは，災害を招いた社会的歪みに気づいて，それを正そうとする自浄的な力をいう．連帯のバネは，苦境の中で生まれた絆によって，共に前に進もうとする協働的な力をいう．事業のバネは，復興のための様々な資源の力を借りて，被災地の改変をはかっていこうとする力をいう．気概と自省は，先に述べた目標と密接に関わっており，連帯と事業は，先に述べたプロセスと密接に関わっている．正しい目標をたて，正しいプロセスを踏むことが，これらのバネを正しく発揮させることにつながる．

6　被災地の復興とまちづくりの課題

　以上の復興の原理や目標に照らして，東北の被災地の復興の問題点や課題を明らかにしておきたい．まず，復興のプロセスあるいは手順について，問題点を指摘する．今回の復興について「思いを先に形を後に」ということを，私は繰り返し主張してきた．私が「高台移転は間違いだ」というメッセージを震災直後に発信したのは，一方的に議論もなく「高台移転」や「職住分離」という形を押しつけてはならない，という思いからであった．被災地や個々の被災者によっては，高台移転以外の選択肢があるということを，伝えたかったからである．

　復興では被災者の思いを形にするプロセスが大切で，それには被災者相互のそして行政や専門家を加えたコミュニケーションが欠かせない．そして，そのプロセスは「急がば回れ」で，多少の時間がかかっても議論を尽くし，皆が納得できる道筋しかも未来につながる道筋を見出すように努めるべきだと，考えている．無論，時間をかけて合意形成に努めたからといって，正しい結論が引き出されるとは限らない．しかし，時間をかけなければ，皆が納得する正しい結論に行き着くことは難しい．

　ところで，その復興の語り合いでは，以下の3つの方向性について順番を間違えないで議論しなければならない．ステップを踏んで復興への思いを形にしてゆくのである．第1ステップでは，地域の将来像を語り合う，第2ステップでは，居住の場所や形式を語り合う，第3ステップでは，その実現の手法や制度を語り合うのである．ここで留意して欲しいのは，制度という形は，最後に検討すべきだということである．

　まず，第1ステップの地域の将来像について考えよう．前節の復興の性格のところで，災害により顕在化した矛盾に正面から向き合い，そこにある地域の衰えを克服しようとすることが復興だと，述べた．ということで，いかなる矛盾を克服しようとするのか，いかなる社会を創造しようとするのか，いかなる地域を十捺に残そうとするのかが，復興では厳しく問われることになる．

　関東大震災の復興では，脆弱な都市基盤を克服し学校や公園などの公共施設

の近代化をはかることが問われた．北但馬地震後の城崎の復興では，温泉を軸とした地域経済の活性化をはかることが目指された．世界大戦後の広島の復興では，核のない平和な社会をつくることが主要な課題と位置づけられた．それでは，今回の東日本大震災では，何が問われ何を目指さなければならないのか．これについての議論が，津波の危険性にかき消されてしまっているのがとても気にかかる．

何が問われているかといえば，地球環境問題もあるし過疎過密問題もある．サスティナブルコミュニティという言葉があるが，持続可能な共生社会をどうつくるかが問われているといってよい．ここでは，自然との共生をはかること，コミュニティの復活をはかること，車依存社会からの脱皮をはかること，第1次産業の再生をはかること，地域に根差した文化を継承することなどが，求められよう．そのなかで，被災地の東北地方が自立した地域社会として蘇っていく，このことが今回の復興の本質だといえる．

そのためには，防災だけでなく教育も福祉も考えなければならない．さらには，文化も経済も考えなければならない．暮らしの総体を考えなければならないのである．その包括的な社会像の議論を踏まえて，そのなかで安全性を正しく位置づけること，そのうえでどこに住むべきかを論じることである．地域の未来像を曖昧にしたままで，安全性だけを論じることは，後世に悔いを残す結果を招きかねない．安全性は，地域の必要条件であっても十分条件ではないからである．暮らしの総体という全体性あるいは日常性の中に，安全性という個別性あるいは非日常性をどう組み込むかという視点が，ここでは求められる．

次に，第2ステップの場所の選択について述べよう．災害後の復興では，災害によって被災地の危険性が強く認識されることから，より安全な場所への移転が目指される場合が多い．火山噴火や土砂災害などで壊滅的被害を受けたケースでは，とりわけそうである．また，地震で山腹崩壊や津波浸水が発生した場合にも，移転が行われている．火山噴火では，1888年の磐梯山の噴火の際の檜原村の例，土砂災害では，2009年の台湾豪雨による土砂災害の際の小林村の例，地震崩壊では，1970年のアンカシュ地震のユンガイの例などがある．地震津波では，すでにご承知の通り，1896年と1933年の三陸大津波の後の三陸沿岸集落の移転など，数多くの事例がある．

とはいえ，いつの場合でも移転が行われるかというと決してそうではない．2004年のスマトラの大津波後，インドネシアのアチェが高台移転をせずに現地再建をはかったことは，よく知られている．日本でも，雲仙の噴火や奥尻の津波の被災地では，大半の地区が高台等への移転という選択をせずに現地での再建をはかっている．安全性をかさ上げや避難路整備という別の形で確保することができれば，移転以外の選択肢もありうるということを，これらの事例は教えている．

　安全な場所に居住するということは，絶対に欠かすことのできない課題である．ところで，安全な場所を確保する方法としては，様々な選択肢がある．高台移転だけが答ではない．現住地を放棄して安全な他の場所に移り住む選択肢もあれば，危険な現住地を改造して安全な場所とし住み続けるという選択肢もある．さらに移転再建といっても，遠隔地移転もあれば近接地移転もある，集団移転もあれば個別移転もある．他方，現地再建といっても，元の場所での再建もあれば別の場所での再建もある．現地の中の安全な場所に集約化する再建もありうる．

　つまり，再建といっても多様な選択肢があるのである．この場合に，それぞれのメリットとデメリットを正しく見極め，最適な選択をするようにしなければならない．安全性能面から見てどうなのか，建設費用面からみてどうなのか，建設期間面からみてどうなのか，コミュニティ面からみてどうなのか，雇用確保面からみてどうなのか，環境共生面からみてどうなのか，そして何よりも暮らしの継続という面からみてどうなのかを，よく考えなければならない．この場合，狭く安全だけを考えてはならない．

　この安全を狭く考えてはならないという時に，多様なリスクを総合的に考えることがまず欠かせない．海に危険があるように山にも危険があることを忘れてならない．自然災害だけでなく社会災害もあることを忘れてならない．移転の進め方があまりにも強引で，コミュニティが崩壊してしまうと，支えあうことのできない社会が生まれてしまい，犯罪の激化などを招きかねない．私は，アメニティがあってコミュニティがあってこそセキュリティが保たれると考えているが，安全の要件としてのアメニティやコミュニティの大切さを見落としてはならないであろう．

6章　減災・復興と都市計画・まちづくり――133

この移転の是非を問う時に，故郷の持つ意味を考えることも忘れてはならない．土地と結びついた生活慣習，伝統文化などを軽んじることはできない．さらには，祖先への思いやりもあろう．多大な社会的犠牲を払っても，福島の原発被災者の皆さんに「故郷に帰る選択肢」を確保しなければならないと思うのは，この故郷とのつながりは極めて重い意味を持っていると考えるからである．

7 復興における計画制度の課題

問題は，第3ステップの制度のあり方である．将来像や再建の方向が決まれば，その方向を後押しするように，制度を考えなければならない．それは，人間の体に合わせてオーダーメイドの服をつくるようなものである．仮にオーダーメイドが難しくてレディメードで対応しなければならない時でも，可能な限り体型に合う服を探してフィットするように努めなければならないのである．ところが今回は，新たな制度をつくって被災者に合わせようとするどころか，最も適切な既存の制度を探しだす努力もしないままに，防災集団移転促進事業といった制度を，それが全く合わない地域に対しても無理やり押しつけようとしている．

巨大災害の発生は，極めて低頻度である．次の巨大災害の間に社会も地域の姿も大きく変わってしまう．となると，災害の形も，その発災の環境条件が大きく異なることから，前とは違ったものになる．ところが，災害に関する法制度は過去の経験に基づいて作られているので，新しい災害の実態に合わないことが多い．巨大災害を経験するたびに，災害関連法制度が細切れ的に修正されてきたが，それでも次の災害にはフィットしない．法制度が後追い的になるという宿命を背負わされているのである．ということで，被災の現実に合わせて制度をつくって対応することが求められるのである．前例のないことが起きたのだから，前例のない措置で対応しなければならない．

既存制度を適用する場合には，その弾力的運用が欠かせない．災害復興住宅について，ごく一部ではあるが，戸建ての木造住宅での建設を認めるという方向が示されていることは，弾力的運用の好例として評価しておきたい．とはいえ，住宅地の移転や再生については，既成の事業にこだわるあまり，またその

制度を杓子定規に運用するあまり，被災者や被災地の思いを封殺してしまう結果になっている．コミュニティを維持した形で移転したい，産業と生活との両立をはかる形で移転したい，地形や風土を継承する形で移転したい，従前の土地も可能な限り有効に活用したい，そして何よりも人口の減少を防ぎたいという被災者のニーズにこたえるには，いかなる制度が適切なのか，そのあり方が問われている．

　ここでは紙面の関係もあるので，既存制度運用の問題として防災集団移転促進事業の適用問題に限って触れておこう．防災集団移転促進事業（以下，防集と呼ぶ）は，1972年の集中豪雨で山間部の数多くの集落が土石流や崖くずれで被災したことを受けて制定されている．それゆえに，そこで念頭にあったのは，瞬間的な土砂崩壊なので逃げる余裕のない地域，移転以外に安全化の手段がない地域，過疎化が進み日常的にも機能維持が難しい地域である．

　防集で「全戸の合意」が必要となっているのは，その対象とする集落が小規模で合意形成が取りやすいこと，限界集落を拡大再生産しないためにコミュニティを維持して欲しいということからである．それゆえに，土砂災害や火山噴火さらには雪崩などの危険性の高い山間部の小規模集落にはスムースに適用できても，それ以外の地域にはそう簡単に適用できない．

　人口規模が大きく被災範囲が広い地域や他の安全化の道が残されている津波被災地などでは，防集が最適とは必ずしも言えないのである．先に述べたように，雲仙噴火災害の安中地区，北海道南西沖地震の奥尻地区の岬地区以外で，防集がうまくゆかなかったのはその限界ゆえのことである．この限界というか困難性を見極めて，防集を使うかどうか，使うにしてもいかに弾力化をはかるか，事前の検討をしっかりしておかなければならない．

　何度も述べているが，復興の目的は防災だけではない．漁業や農業の再生も地域コミュニティの再建も，さらには医療過疎の解消などもある．こうした課題を総合的に達成するうえでどのような制度をどのように組み合わせればよいかを考えなければならない．漁港の整備などを同時にはかろうとすれば，漁業集落整備に係る事業制度をもっと積極的に活用すべきではなかったか．奥尻島の復興がスムーズにいった背景には，漁業集落整備事業を復興の中心に据えたことがあることを，強調しておきたい．

ところで，今回の震災で県や市町村が持つべき事業財源も国が肩代わりすることになったので，国庫補助のある既成の事業メニューにこだわる必要はない．補助があろうとなかろうと，結果的に国庫の持ち出しも自治体の負担も変わらない．だとすると，市町の単独事業として，新たな枠組みとしての津波被災地再建事業とか小規模区画整理事業とか被災地コミュニティ再生事業とかを採用してよいはずである．奥尻島の復興の初松前地区では，町単独の「まちづくり集落整備事業」をつくってかさ上げ現地再建を成功させている．被災の実態と地域の特性さらには被災者のニーズから，創造的に復興事業のあり方を考えなければならない．

8　これからの復興の展望について

　以上の課題の考察を踏まえて，これからの復興のあり方を考えてみたい．復興のビジョン，復興の人材と組織，復興の財源のそれぞれについて，現在の問題点とその解決の方向を明らかにしておく．
　まず，復興のビジョンについてである．復興の目標をどう捉えるかで，基本的な復興の構想も方針も違ってくる．ここでは，今までに十分触れることができなかった「生態を考える」ことの必要性を，強調したい．今回の復興のもっとも重要なテーマの1つは，自然と人間がいかに向き合い共生するかということである．共生といっても，海岸のすべてを公園にして自然の回復をはかるといった，単純なものではない．生態系として，海と山の関係，海岸線と海辺の暮らしとの関係をどうとらえるかが，問われている．自然の織りなす風土とそこで育まれてきた，東北の豊かな文化との関係も問われている．となると，簡単に山を削ってという発想や，海岸をコンクリートで固めてという発想には，行き着かない．人間と自然の関係を考えても，海と向き合うことはとても大切で，海に背中を向けて逃げ出す選択肢はあり得ない．この生態的あるいは共生的視点が，現在の復興の構想に欠落しているために，「海さえ見えれば高台でも」といった，被災者の腑に落ちない「あいまいな決着」を許すことになっている．もっと，自然と人間との関係性を論じなければならない．
　次は，復興の人材と組織の問題である．復興のプロセスでは，「復興の心・

技・体」が欠かせない.最初の「心」というのは,皆の気持ちが1つになることである.この心が1つになるということについては,第5節の物語復興のところで言及したので,ここでは繰り返さない.2番目の「技」というのは,工夫や知恵が欠かせないということである.防災やまちづくりの専門家が求められる所以である.数百を超える被災集落は,それぞれに個別性をもっており,個別性に応じた答えを導き出すためには,それぞれの集落に専門的支援者が張り付かなければならないが,それができていない.財源がある行政の周りには,専門家が押しかけるが,財源のない集落には張り付かない.行政に知恵があって集落に知恵がなければ,行政のいいなりになってしまうし,集落の個別性を活かすことができない.

　3番目の「体」というのは,連携や協働の体勢が欠かせないということである.とりわけ,基礎自治体である行政とコミュニティ,あるいは行政職員と被災者が連携することが欠かせない.ところが,行政そのものが,職員の死亡や庁舎の流出で崩壊してしまい,被災者と向き合う余裕を失ってしまった.その結果として,不毛の対立というか疎遠さが持ち込まれ,協働や合意を困難にしている.これを解決するには,両者をつなぐ媒介者あるいは調整者としての,中間支援組織の存在が欠かせない.阪神・淡路大震災では被災者復興支援会議,中越地震では中越復興市民会議がつくられ,行政と被災者の中間に入って被災者の声を拾いあげ,それを政策提案の形で行政に届ける役割を果たした.行政と被災者の中間にあって,アウトリーチとアドボカシーをはかる組織体が欠かせないのである.これについては今からでも遅くなく,多くの識者に「復興支援国民会議」といった組織の結成を呼び掛けたいと思う.

　最後は,復興の財源の問題である.今回の復興では,30兆円もの巨額の財源が国から投じられている.全壊世帯数で割ると,1世帯1億円を軽く超える額である.阪神・淡路大震災の3倍もの国費が投じられている.しかし,それが正しく使われ,被災者の自立や復興に役立っているかというと,決してそうではない.被災者は,生業や生活の再建に必要な財源がなく,復興の目途がつかずに苦しんでいる.予算が被災者に届かないのは,創造的復興という美名あるいは日本経済救済という大義のもとに,復興とは直接関係ない事業にも財源が使われているからである.

この財源の使い方について，「ゆっくりと時間をかけて使う」という視点も忘れてはならない．現状では，巨額のお金を3年という短期間に集中して使おうとしている．そのことは，単年度予算で年度末に余った予算を無理やり使うのと同じ問題を，引き起こしつつある．被災地にお金を循環させるためにも，無駄使いを避けるためにも時間が必要で，復興のペースに合わせて，組み換えや繰り越しを可能とする弾力的な予算執行のシステムにしなければならない．このゆっくり使うということは，土木事業の集中による建設コストの暴騰を防ぐうえでも有効である．

　予算については，もう1つ重要なことがある．縦割の予算配分をやめ，包括的に予算を運用できるようにしなければならない．というのも，前節の制度のところで述べたように，災害も復興も進化していく．それに対して制度も予算システムも，既存のものでは対応できない．それだけに，柔軟な予算のシステムが必要となる．ここで留意すべきは，今回の復興基金の自由度が極めて小さいということである．自治体やコミュニティが，自律的かつ自発的に復興を進めることが大切であるが，そのためには基金を自治体やコミュニティが自由に使えるようにしなければならない．

7章
大槌から見える"安全の文化"への新たな道

岩崎　敬

　筆者は，岩手県大槌町花輪地区における住民主体の地区防災計画の支援を行っている．地区では3.11の復興から持続的社会をつくるために地区防災計画を取り入れている．以下では，"人"主体の地区防災計画の意味から，技術と経済の文化から安全の文化への変革の可能性を考えてみたい．

1　そもそも，大槌は自然に沿って生きてきた

(1) 自然に寄り添う生活

　戦前の大槌は大槌湾に注ぐ2つの川を背景とした漁村であった．869年の貞観地震以来，3.11までの1142年の間に6回余の大きな津波に襲われ，その都度立ち上がってきた．天明の飢饉で内陸から食料を求めて大槌にたどり着き息絶えた人々の慰霊碑は，大槌が豊かな地域であることを物語っている．豊富な湧水や，山と海を繋ぐ2つの川は，今も鮭の遡上を導いている．大槌は，自然に寄り添いゆったりとした時の流れのなかで生活を積み重ねてきた地域である（写真1）．

(2) 戦後の経済開発から始まる人工的な環境開発

　戦後，鉄道が開通し，湾を埋め立て，水門・河川堤防・防潮堤の設置を行い，市街地の開発が進んだ．明治・昭和の津波は，この開発以前の災害である．海に広がった市街地は，3.11の津波により　鉄道とともに　気に流出してしまった（図1）．

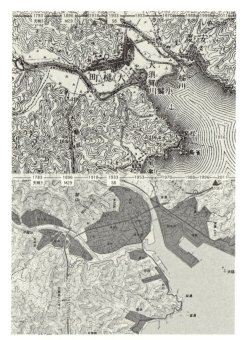

図1 市街化の比較地図：1918年（上）／2007年（下）

2 3.11震災の意味

(1) 最先端の災害

　大災害による被災は常に最先端である．仮に100年前と同じ災害であっても，社会が進化した結果，被災状況は著しく異なる．明治・昭和の三陸津波と比較しても，車，情報，物流，就業形態，核家族化，過疎化，高齢化の浸透で，被災状況や不安感は，大きく変化した．一瞬のうちに，電気・自動車・情報・流通システムが崩壊した後に，

写真1　大槌町，被災後の航空写真（国土地理院撮影）に，浸水域のラインを国土交通省浸水域図をもとに筆者が加筆．国道45号線より湾側の多くが流出した

高齢者で支え合う社会となった．

(2) 1000年前には存在しない社会の被災

壊滅的な被害は，海に面した市街地，埋め立て地の漁港施設，交通基盤など，戦後に拡大した市街地とそのインフラである．1000年に一度の大災害なので"シカタナイ"のではなく，1000年前には存在しなかった社会の災害である．

(3) 地盤沈下は海岸線の後退

この地震で沿岸一帯は沈下した．大槌湾周辺は約60cmの沈下である．海岸線が一様に沈下するということは，海岸線が1000年ぶりに後退したのと同値でもある．沿岸部のレベル問題は，都市排水，交通，宅地造成の都市基盤整備の基本課題である（図2）．

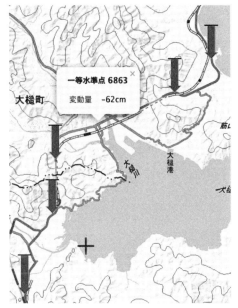

図2　大槌湾周辺地殻変動量（国土地理院）
出所：http://maps.gsi.go.jp/#13/39.3300/141.9026．

(4) "時間のプログラム"で考える

社会システムが高度化した状態での被災は，被害も甚大である．次の災害に対して，どのように対処するのか根本から考える必要がある．気候変動も顕在化し，今後の自然災害は津波だけではない．高齢化と若者の流出という社会課題を前に，いかに持続させるか"短期長期の時間のプログラム"が必要だ．

3 復興計画の現状

(1) 重装備なインフラ復興

写真2 盛り土のために行き交うダンプ (2014年11月17日, 筆者撮影)

いま大槌の街では, 浸水域の地盤を嵩上げするためにダンプが走り回っている. 巨大堤防と宅地嵩上げにより, 流出した市街地を取り戻そうという壮大な基盤整備である. 100年に一度の津波は14.5mの巨大防潮堤で守り, 3.11と同等の津波のときは人は避難し, 家は平均2.2mの盛り土で守る, という計画である. 安全の基本を重装備なインフラに依存する復興計画である (**写真2**).

(2) 進まない住宅復興

浸水域に住まないための高台移転は, 重要である. しかし山が迫っている三陸では人が住める高台は限られ, 圧倒的に用地が不足している. また海に寄り添ってきた生活は, 海から離れる高台の生活に基本的に馴染みにくい. 2014年12月末の段階では, 岩手県での災害公営住宅の整備完成率はわずか15.4%に留まっている[1].

(3) "仮"の暮らしによる生活復興の遅れ

被災者の住宅や店舗の建設は, 防潮堤と盛り土という重装備のインフラ整備の完了を待つというシークエンスなプログラムである. 基盤整備の完了は, 土地買収の遅れなどにより当初よりかなり遅れ, 被災7年後の2017年度といわれている. その間被災者は "仮" の住まい, "仮" の生業といった "仮" のままである. 家族, 生業, 就業, 育児, 教育, 近所付き合いといったごく当たり前の生活を送れず "仮" のまま後回しになってしまう[2].

4　現状の復興プログラムがもたらす重大なリスク

(1)　防災インフラの疑問

リスク1：巨大防潮堤による巨大リスク　大槌町の中心部を守るための防潮堤の高さは14.5 m（一部6.5 m），基底約80 m，延長2631 m，そのボリュームは200万m^3弱の巨大構築物であり，このボリュームは黒四ダムより大きい．広大な底地面積が沿岸の平地を占めてしまうこと，巨大ボリュームの重量物が周辺の土地を巻き込んで沈下するのではないか，豊かな伏流水の流れや自噴水の行方を混乱させるのではないか，という不安がある[3]．

そもそも，この巨大な構築物が仕様通りに完成し当初の機能を維持し続けることができるのだろうか．津波防潮堤として実際の被災経験は，今回の3.11津波を受けた田老町の防潮堤くらいである[4]．巨大さで同等のボリュームといえるダム建設の歴史は50年程度である上，砂浜のような脆弱地盤に構築したことはない．

津波を防潮堤で守る技術はいまだ未経験な段階であり，実現性，効果性，経済性，性能維持とその経済性など，被災地が受けるリスクは余りに巨大だ[5]．

リスク2：海が見えない，という自然と断絶してしまうリスク　また，仮に防潮堤が完成したとして，14.5 mという5階建てに相当する高さは街から海を隠してしまう．海の見えない漁民，海の見えない生活で，本当に三陸沿岸の街が成り立つのだろうか．地震後に巨大な津波が襲い来るのを見て避難し始め，助かった人も多い．海が見えない，ということは自然環境とのコミュニケーションの断絶を意味する．このことは，地元からだけでなく，多くの指摘があるが，充分に話しあわれてきたとは言えない．

リスク3：盛り土嵩上げに潜在的に備わる"不確定"さのリスク　大槌川と小槌川に挟まれる町方地区は，平均2.2 mの盛り土により宅地の嵩上げを行う．湾口に近い赤浜地区は防潮堤はTP6.5 mの既存高さとし，宅地を14.5 mにするために6.6 mほどの盛り土となる．盛り土に関する住民への説明では「木造2階建て建物に耐える仕様とし，工事完了時にはそれを実現させる．しかし地耐力検査の必要性については，建築時の設計者の判断による」としている．伏

写真3　破堤した防潮堤：直後（上，2011年7月3日）と変わらぬ3年後（下，2014年10月20日）（筆者撮影）

流水と湧水の行方，地震時の液状化可能性，経年変化による沈下など，時を経る間のダイナミックな変動要因については曖昧である．一般的に盛り土の経年変化について保証することは難しい．不確定さが残っていることを基盤整備側も認めている．

(2)　持続を妨げる社会復興への疑問

リスク4：時と機会を失う複合リスク　土地基盤ができあがるのは，当初より遅れ2017年度といわれている．被災者にとって被災から7年の年月は，何を意味するのだろうか．中学1年生は20歳に，高校3年生は社会人となる．この子達はこの間ずっと"仮の生活"送るのか，ないしは故郷を出てしまうのか．若者が育つ貴重な時間と機会を失ってしまう．

これは子供だけでない．就業者や事業者は自己の蓄積ができるのか？　高齢者は戻ることができるのか？　このことは，当人の成長機会を奪うだけでなく，地域のアイデンティティや地域の様々な蓄積まで奪ってしまう．

リスク5：未経験な"賭け"を選択するリスク　巨大災害による被災は常に最先端であり未経験である．3.11の経験を踏まえ実施している現状は，どのような位置付けなのだろうか．

- 既存の発想の延長にある未経験な巨大スケールの対策を実行している Yes
- 不完全で限界がある対策であることを認識している Yes
- 次の災害に向けて新たな視点に基づく技術開発や社会システムの検討を行っている No
- 最悪の状態を想定し，可能なリスク回避策を選択している Yes/No

今回の復興計画では"市民の協議に基づいている"と言われているが，市民はどの程度認識しているのだろうか．これまで経験していない"海岸地域の巨大インフラ"に命を預けることは，"賭け"をすることになる，と言えないだろうか．

　現段階では，津波防災に関する研究開発を科学・技術・経済・人間行動・歴史・風景・産業・コミュニティなどの様々な視点から包括的に行う必要がある．

5　持続という復興理念

　現状の復興プログラムに潜むリスクは，さらなる人為的災害を引き起こしかねない．これまで自然と共存し積み重ねてきた街づくりや，今回の災害に関する充分な検証・評価を行わないまま，疑問をもたずに復興を始めることが大きなリスクを生む．このリスクを回避し，根本から復興の視点を変える必要がある．

(1)　人を戻す

　人が居なくては街は戻らない．住民が参加しなければ地域の再生はできない．住民が関わり合う余地の殆ど無いハードインフラ先行の復興では，人の流出，精神的流出が重なり，基盤が整った時には，物理的にも精神的にも人の居ない街になってしまうだろう．

　もともと過疎化が始まっていた地域の復興では，まず人を戻す必要がある[6]．ハリケーンカトリーナの被災後，ニューオリンズは浸水の長期化で市民は離散し，いまだに空地の目立つ街となっている．東のミシシッピ側では，家屋は壊滅状態だが浸水が短期であったことで，教区や学校区単位の仮設コミュニティを再生させ，仕事も経済も早々に回り始めた．人が戻れない状況にあると街の再生はできない，ということを示している（岩崎，2006 ほか）．人が居ることで，再生のエネルギーが集まる．人が居ることで 今回の様々な経験や支援を，知恵に還元することができる．被災者の知恵と力で復興に参加する基本が整う．始めに戻すのは，時計（過去）でもハードな基盤でもなく"人"であ

りコミュニティである.

(2) 技術に頼らない

　この津波で防潮堤は破壊されたが，防潮堤に向かう巨大な津波を見て，避難ができた人も多い．海が見える，つまり自然を見ている生活の重要さを物語っている．巨大防潮堤を，どの程度信頼できるのか，いつまでもつのか，判断がつかない．同じエネルギーを持つ津波であっても，向かってくる方向が異なれば受ける被害は大きく異なる．基本的に自然災害は無限の可能性があり，技術開発は特定の仕様に基づく有限の性能である以上，技術や装置に頼る安全はあり得ない．技術や装置は，安全を補助するが，安全を担保することはできないことを認識しなくてはならない．

(3) 自然に対峙せず自らのリスクを認知する

　"想定通りの災害が起こり，防災装置が仕様通りに機能し，訓練通りに人々が行動する"確率は極めて小さい．無限の可能性がある自然災害に技術で対峙する姿勢は危険である．技術・装置に頼らず，自らの経験と力を過信せず，つねにリスクを認識していく姿勢が大事である．昭和の津波で生き残り，また浸水を免れた人の中には，今回避難しなかった人も多いと聞く．自らの環境の変化や体力の変化による，リスクの変化を認識する必要がある．

(4) 根本の安心——避難しないで済む生活

　3.11での浸水域で生活を続けることは，自らのリスクだけでなく他人を巻き込むリスクでもある．今回の被災者のかなりを占めたのは，家族や他者を助けに行って被災したケースである．助けにいかないで済む，その根本は，避難しないで済む生活である．

(5) 排除できない安心——より高い場所への避難ルートを閉ざさない生活

　どうしても浸水域で活動する必要があるときには，容易に避難可能な環境が必要だ．避難行動は，必ずしも成功するとは限らない．タイミング，体力，環境条件など，偶然の要因が左右するが，被災時の状態の中で少しでも可能性の

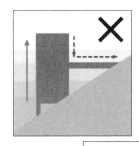 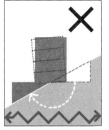 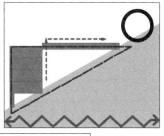

避難ルートとは
01 - 逃げ場を失わない：デッドロックがあってはならない
02 - 盛り土などの地震で崩れる工法ではいけない
03 - 常にさらに高い所へ避難出来る可能性があること
そのうえで，
04 - まずは高さを稼ぎ，水平に避難する
05 - 一度に高さを稼げないときは，それを繰り返す
そして，
06 - そのルートが日常的に認知されること

図3　避難ルート概念図

出所：K. Iwasaki, E. Kasuya, S. Kishida, K. Nisio, and S. Iwasaki, Co-AQUA The Instinctive Structure for the Sustainable Sea front, Feb. 2012, Life Saving pj.

高い，より安全側へ導いていく環境が必要である．つまり，避難ルートとは行き止まりのない避難経路のことであり単体の避難ビルのような行き止まりがあるものは避難ルートにはなり得ない（図3）．

6　持続に向けた実行プログラム

(1) "人を戻す"環境基盤

"斜面"を安全資源として活用する都市構造　海に迫った三陸沿岸の斜面は貴重な安全資源である．海に近く，海を望める斜面は，津波にも洗われない．その地盤は基本的に固く，海から遠い山を，手間と時間を掛けて整地するよりも遙かに早く用地を確保することが可能だ．少なくとも阪神淡路大震災以降，耐震技術は膨大な試練と研究が進んだ結果，三陸の斜面を有効に活用することを可能とする．低地ではなく，山間でもなく，浸水の不安が無い海の見える斜面に住まうことで，避難の必要は無くなり，助けに行く必要も無くなる．山裾の斜面に，住宅だけでなく，学校，医療施設，高齢者ケア施設など様々な安心拠点

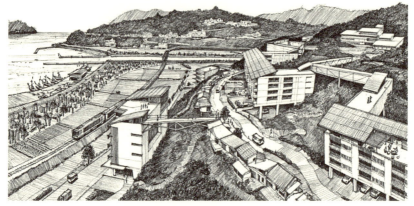

図4　斜面住宅イメージ（計画：岩崎，画：糟谷英一郎）
出所：岩崎（2012）．

を設けることで，根本の安心理念を実現させ，被災者は安心と失った時間を早期に取り戻すことが可能となる（図4）．

避難の可能性を閉ざさない，包括的な都市構造　斜面に立つ建物を取り込んで，誰でも斜面に取り付くことが可能な避難ルートを設置する．建物の外階段も避難ルートの一部とし，高台への取り付き経路を新たに設置する土地の余裕が無い場所からでも避難を可能としていく．敷地は限られているが，山（非浸水域）が海に迫っている三陸沿岸だからこそ実現可能である．

(2) "住民主体"の再生プログラム

住民主体の地区防災計画への取り組み　地区防災計画では，住民自身で自身や地区のリスクを認知し，対策を考えること，その体制をつくり持続的にプログラムを更新することが目標だ．体力や健康状態，さらに家族の様子は，個人固有のものであり，他人と自分のリスクは異なるだけでなく，自分のリスクも現

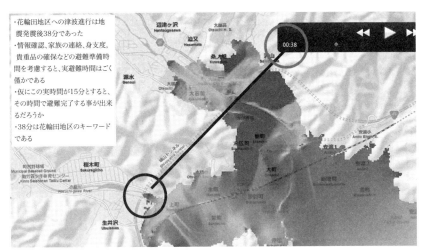

図5　大槌花輪田地区の避難猶予時間：津波ハザードマップ
注：地震発生後38分以内に避難完了しなくてはならない．

在と翌年では異なる．まずは，周囲の現実の環境，自身と家族固有のリスクを認知する．さらにリスク相互の関わりを認識することで根源的なリスクを確認し，効果的な対策を選択する．そこから自ら守るべき範囲（自助）と支援を要すること（共助／公助）の区分を明確にすることで責任範囲も見えてくる．

避難カルテの作成から始める安全プログラム　筆者が関わっている花輪地区では，3.11津波の再現シミュレーションを行い，地震発生後に津波が地区に到達するまでの時間が38分であったことを再確認した．国道近くの保育園では地震直後に避難を開始し，殺到する車列を止め，その隙間をぬってかろうじて高台に避難し津波を免れている．このことと照らし合わせても，人によっては38分では十分ではない．38分は地震発生から避難が完了までの時間であり，命を落とさないための重要かつ現実的なプログラムのための貴重な指針となった（図5）．

廃路となっている大正時代の林間の連絡路を災害時に活用可能か，実際に歩いて確認を行った．また，高齢者は想定している緊急避難所まで自力で歩き所用時間を計るなどの確認を1つ1つ行い，個々人の避難カルテを作成している．カルテには，緊急避難場所までの距離と高低差，家の玄関から道路に出るまで

の段差，家族形態，年齢や自身の移動条件などが記されている．避難カルテの作成を通して，街を見る目が変わり，現実的な視点を持つことができるようになる（写真4，図6）．

これまで地区で想定していた緊急避難場所では，実際の移動距離が700mを越える世帯も多く，なかには70歳を越える高齢者も見られた．そこで地区では3カ所の新たな緊急避難場所を検討し，そこへ向かう避難路を共有し"避難主動線"として設定することにした．地区では主動線の，段差解消，照明，サインなどの整備を優先的に行うことにし，行政に対してはその支援を求めている．また，避難路の一部には高齢者でも容易に高さを稼ぎ，かつ災害時には避難する車が殺到する道路を越えるためのブリッジも検討している．このブリッジには複数のスロープがあり避難者が渋滞しないように検討されている．この計画により現在数百メートルの移動を強いられる人も，避難距離が半減することも確認できている（図7，図8）．

7　実行プログラムの適用にむけて

(1)　プログラム実行体制――安全とリスクの客観化

住民主体を前提とするも，願望や要望だけが先行してしまうと，自然の驚異を無視することにもなりかねない．さらに周辺地区との関係も円滑にならず，ひいては実効性の薄いプログラムになりかねない．また，リスク回避の"解"としての技術対策や予算処置は対策手段であるが，これ自体を目標としてしまうと，やはり自然の驚異の無視につながる．

再生に加え今後の被災を回避するプログラムを構築し続けていくには，自然を尊重する客観性や，危険な賭けに陥らない判断力が必要である．そのために多様な専門家の助言・提案を受け入れる体制が必須となる．とりわけ通常のまちづくりと異なり"人命と地域の存続"に関わるプログラムであるので，この体制を避けて通ることはできない．花輪田地区の場合には，防災・安全，建築，医師，コミュニケーションなどの専門家が，様々な場面で被災体験をした地区住民と対等な関係で参加している．

地区住民は，専門家と共に，過去の歴史を学び，被災経験を再度確認し，そ

写真4 地区住民により確認した林道，実際の避難時間計測など

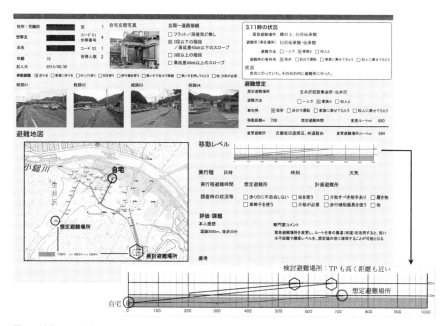

図6 避難カルテ例

注：個人の身体的移動特性，自宅から道路への接続状況，移動形態，避難目標値の正確な位置・レベルと距離などを記載する．避難距離とレベル上昇図によって，移動距離と上昇レベルを確認することができる．想定場所では，移動区間のほとんどが浸水域である．

図7 緊急避難場所と主動線計画
注：避難困難ゾーンも350mの移動でTP20mに到達することが可能となる．

図8 道路横断と垂直移動を兼ねた移動ブリッジのイメージ
注：複数のスロープにより避難者の条件に応じて高台に取り付くことが可能．また集まる市民による高齢者への支援も期待できる（画：糟谷英一郎）．

の上で課題のある現場や廃道の踏査を行うなど，理屈だけでなく現実を体感した上で検討を重ねてきている（図9）．

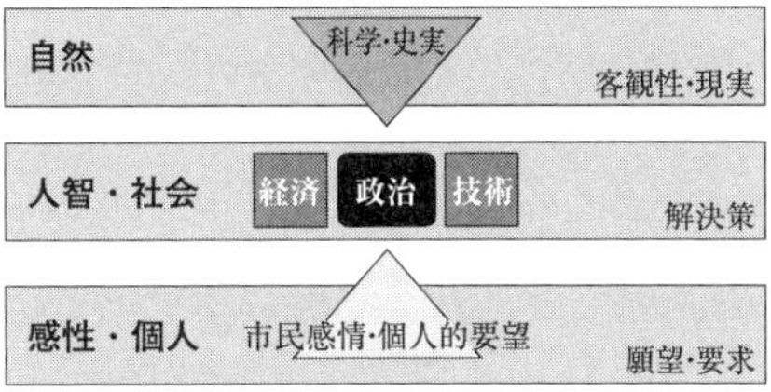

(2) プログラム持続体制——人づくり

時とともに地区環境も個人環境も変化し，そのリスクも刻々と変化する．住民の入れ替わりだけでなく，災害時に中核的なメンバーが健在である保証もない．だれでも状況変化に合わせて地区のために稼働できること，それを後世に繋いでいく"人づくり"こそが最も大事なことである．

花輪田地区では防災訓練を定期的に行うことにし，避難，炊き出し，防災学習，環境調査，避難路整備など，多様な活動を多くの住民に体験してもらえるように検討を進めている．これは災害時に，臨機応変に体制を組むためである．想定通りの災害が起き，訓練通りに行動できる確率は極めて低い，ということを前提とした対応の1つである．

図9 安全の文化を構成する3つの立場概念

(3) 復興計画から"安全の文化"に根ざすプログラムへ

巨大インフラは復興の最優先事項ではないことを認識したうえで，住民主体の発想と専門家の支援で，"人"主体の新たな再生プログラムを構築すべきである．

低地か高台か，個人移転か集団移転か，といった二者択一ではなく，三陸沿岸の安全資源を住民の視点で認識した後その活用方法を検討・開発することが大事である．結果として再生時間の大幅な短縮と，三陸沿岸の風土に根ざした新たな安全環境を手にし，未来に繋いでいく人づくりが可能となる．

そもそも安全とは，相対的な概念であり絶対的な状態ではない．より安全な状態にしていく，という創造的なプロセスであることから持続社会の基底となる概念である．

システムが高度化し，かつ拡大（膨張）するほど，潜在的なリスクは増大す

表1 花輪田地区防災計画・専門家体制（復興庁，新しい東北事業，2013年10月～2015年3月）

林 春男	防災	京都大学防災研究所巨大災害研究センター
岩崎 敬	安全	㈱岩崎敬環境計画事務所
糟谷英一郎	建築	㈱岩崎敬環境計画事務所
岸田省吾	建築・まちづくり	東京大学大学院名誉教授
鈴木進吾	防災・津波	京都大学防災研究所巨大災害研究センター
西尾啓一	構造	㈱構造計画研究所／西尾啓一構造コンサルティング
秋冨慎司	救急医療	岩手医科大学医学部救急医学講座
坂田和重（初年度）	コミュニケーション	㈱博報堂
中田博也（初年度）	コミュニケーション	㈱博報堂
池永貴信（2年度）	コミュニケーション	㈱博報堂

注：地元体制 花輪田地区自治会役員，同計画コアメンバー，住民，大槌町婦人会，NGO等．

　る．ハリケーンサンディに襲われたニューヨーク市では，高潮被害を受けたスタッテン島の一部については復興をせず湿地に戻すと決定し，土地と家屋を市が買い取る"buy out"という制度を用意した．今後の防災対策が，温暖化時代の新たな被災を防ぐことはできないという判断である．地域住民は得た資金を基に，早々に新たな生活を築くことが可能となった．"buy out"は，自然災害の長期的な視点と，生活者の再生という短期的課題，そして技術と経済の限界の認識を考慮した究極の選択であるといえるが，その視点の包括性は意義深い．

　安全な状態，つまり人と環境の持続を考えるためのダイナミックで包括的な視点こそが，技術と経済に根ざした近代に変わる"安全の文化"である．3.11からの復興はもとより，今後の大災害に備えるためには，安全の文化の視点から包括的に環境をデザインする必要がある．

■──注

1) 岩手県による災害公営住宅の進捗報告（2014年11月30日現在，このサイトは2015年4月現在存在しない）．復興庁の新たな表記では，復興住宅の完了率は，岩手・宮城併せて16%となっている（http://www.reconstruction.go.jp/topics/main-cat1/sub-cat1-2/20150212_FukkoShihyo.pdf）．岩手県による2015年3月末時点での以下の復興ロードマップでも防潮堤の完成は2017年度，土地基盤についても同様の状況である（http://www.pref.iwate.jp/dbps_data/_material_/_files/000/000/001/811/009_roadmap_ootuti_150427.pdf）．
2) 防潮堤の完成を待たなくてもよい，という指導も出始めているが，これは防災計画の根底の問題である．
3) 湧水・伏流水に関する研究 「大槌町の歴史・文化・自然」に，震災後の調査

で 200 カ所の自噴水が確認されている (http://www.otsuchi-portal.jp/history/nature_otsuchi02.html），環境庁「岩手県の代表的な湧水」にも，大槌町の湧水が紹介されている (http://www.env.go.jp/water/yusui/result/sub4-2/PRE3-4-2.html）．福島・浅井（2013）．
4) チリ地震津波の時は，防潮堤まで津波は達しなかった．
5) 復興事業計画（大槌町）(http://www.reconstruction.go.jp/topics/ootutichou_setto.pdf）．当初計画では平成 27 年度に完了予定であった．
6) 必ずしも物理的に元の場所に戻すことを意味していない．

■——参考文献

岩崎敬，2006，「カトリーナ災害に学ぶ持続的都市の課題」比較防災学ワークショップ，2006 年 1 月，神戸市，京都大学防災研究所 21 世紀 COE プログラム．

岩崎敬，2012，「海の見えない漁村は安全か」『環』48 号，藤原書店．

福島秀哉・浅井淳平，2013，「湧水と生活史に関する記述——岩手県上閉伊郡大槌町町方を対象として」(http://keikan.t.u-yokyo.ac.jp/otsuchi/CAIE9th2013fukushima.pdf）．

ダム情報

- *狭山池（日本最初のダム、アースダム）＠大阪府大阪狭山市）
  堤高 18.5m、堤頂長 997.0m、堤体積 605,000㎥
- *布引五本松ダム（日本最初の重力式コンクリートダム）
  堤高 33.3m、堤頂長 110.3m、堤体積 22,000㎥
- *大井ダム（50m超え重力式コンクリートダム）
  堤高 53.4m、堤頂長 275.8m、堤体積 153,000㎥
- *小渕ダム（日本最初のロックフィル式ダム）
  堤高 18.4m、堤頂長 53.0m、堤体積 14,000㎥
- *丸山ダム（重力式コンクリートダム）
  堤高 98.2m、堤頂長 260.0m、堤体積 497,000㎥
- *黒部ダム（堤高日本一のアーチ式コンクリートダム）
  堤高 186.0m、堤頂長 492.0m、堤体積 1,582,000㎥
- *高瀬ダム（日本一のロックフィルダム）
  堤高 176.0m、堤頂長 362.0m、堤体積 11,590,000㎥
- *八汐ダム（堤体世界一のアスファルトフェイシングフィルダム）
  堤高 90.5m、堤頂長 263.0m、堤体積 20,109,000㎥
- *徳山ダム（日本最大の多目的ダム／中央土質遮水壁型ロックフィルダム）
  堤高 161.0m、堤頂長 427.1m、堤体積 13,700,000㎥

ダム堤高年表

- 小渕ダム 堤高 18.4m：1952
- 布引五本松ダム 堤高 33.3m：1900
- 大井ダム 堤高 53.4m：1924 （50mを超え、大ダム時代の幕開け）
- 狭山池 堤高 18.5m：616

年表目盛

紀元前3105	紀元前545	735	1375	1695	1855	1935
-5120	-2560	-1280	-640	-320	-160	-80

津波・地震年表

- 300年間早魃＝4000
- 684：白鳳地震（天武国）（南海トラフ巨大地震）M8.0～8.3、日本最古の地震津波記録
- 701：大宝地震 丹波国（京都府北部）京都府の阿蘇海で最大遡上高40m以上の大津波
- 887：仁和地震（南海トラフ巨大地震）M8.0～8.5、五畿七道諸国大震。摂津で甚大な津波被害
- 869：貞観地震 陸奥国地大震動。M8.3～8.6程度、巨大津波が発生し、多賀城付近まで浸水したとされる
- 1096：永長地震（南海トラフ巨大地震）M8～8.5、東大寺の巨鐘が落ち、伊勢・駿河湾で津波被害
- 1100頃：中世の温暖、日本干魃
- 1361：正平地震（康安地震）（南海トラフ巨大地震）M8.0～8.5、摂津、阿波、土佐で津波被害
- 1498：明応三陸地震（南海トラフ巨大地震）東北の慶長津波、伊達政宗領内で溺死者5000人。鎌倉大仏殿舎が流出
- 1611：慶長三陸地震 東北の慶長津波、死者3千人
- 1703：元禄関東地震 M8.2程度。津波の高さは8m以上。20mの地点もあり。仙台平野で内陸を2km遡上
- 1707：宝永地震（南海トラフ巨大地震）M8.6程度。津波は伊豆半島～九州、瀬戸内海、死者数20000人
- 1771：八重山地震 石垣島で死者・不明者12000人
- 1783：天明の大飢饉
- 1835：天保の大飢饉
- 1854：安政東海地震の32時間後、紀伊半島沖を震源M8.4、駿河灘から遠州灘を震源M8.4、房総で3-4m、死者2000～3000人
- 1854：安政南海地震 M7.7 宮城県や岩手県
- 1896：明治三陸地震 岩手県綾里で津波の遡上高38.2m、死者不明者22000人
- 1897：三陸沖地震 M7.7 宮城県や岩手県
- 1923：大正関東地震（関東大震災）津波の最大波高は静岡県熱海で12m
- 1933：昭和三陸地震、死者・不明者3000人
- 1944：昭和東南海地震、津波波高は熊野灘沿岸まで8m
- 1946：昭和南海地震 津波は静岡県から九州まで来襲、最高波高6m

付図　2000年の津波年表
注：理科年表等より抜粋、筆者作成。

ダム・建築物（上段、左から右）

- 丸山ダム 堤高98.2m：1955 堤高100m級のダム建設が本格化
- 黒部ダム 堤高186.0m：1963
- 霞ヶ関ビルディング 147.0m：1968
- 新宿住友ビル 210.3m：1974
- 高瀬ダム 堤高176.0m：1979
- 横浜ランドマークタワー 296.3m：1993
- 八ツ場ダム 堤高90.5m：1994
- 徳山ダム 堤高161.0m：2008

中央

2011年3月11日 東日本大震災 M9.0 最大遡上高 40.1m、最大加速度（PGA）：2933ガル（宮城県栗原市）、死者18000人

あべのハルカス、300m

年表軸

1975	1995	2005		2015	2025	2035	2055	2095	2175
−40	−20	−10		+10	+20	+40	+80	+160

祖父母世代　親世代　　　　　　　　　私　子供世代　孫世代　ひ孫世代

下段（震災・防潮堤関連、左から右）

- 1958：田老町防潮堤第一期（1934〜）
- 1960：チリ地震津波 死者・不明者142人、田老町の防潮堤には津波は達せず
- 1966：田老町防潮堤第二期
- 1977：田老町防潮堤第三期
- 1993：北海道南西沖地震 奥尻島で最大波高16.8m、遡上高が30mに達する
- 1995：兵庫県南部地震 M7.3 死者・不明者6437人
- 2004：新潟県中越地震 計測震度計で震度7が観測された最初の地震。死者68人 川口町の地震計で当時世界最高の2516ガルを記録

未来予測

- 2050 CO2排出量 −72%〜−42% 上昇温度 +2℃（IPCC）

7章　大槌から見える"安全の文化"への新たな道——157

8章
復興とコミュニティ論再考
連携協働復興のコミュニティ・デザインにむけて

小泉　秀樹

1　はじめに

　本章では，まず震災復興概念が歴史的に見て日本にどのように定着し，そのなかでのコミュニティの維持や再・創成（以下これらを総称してコミュニティ・デザインと呼ぶ）がどのような位置づけであったのかまず確認する．その上で，東日本大震災からの復興におけるコミュニティ・デザインに関する課題を整理し，また主に筆者が関わった萌芽的試みを紹介する．そして，それらをふまえて，今後おこるであろう災害からの復興におけるコミュニティ・デザインのあり方を論じたい．

2　震災復興概念とコミュニティ

(1)　震災復興概念の登場と基盤整備型復興の定着

　いま，我々は，復興計画，復興プランニングと，普通に復興という言葉を用いている．しかし，復興は，近代化を急速に進めてきた特殊日本的な概念のようにも思われる[1]．

　日本における用語復興の概念については，その誕生から，概念としての確立・固着の過程について，都市計画史研究として，詳細に検討を行う必要がある．そのことを理解しつつ，以下では仮説的にその誕生から発展・固着の経緯を示したい．そのことが，今後の復興に関する歴史研究の補助線となることを期待している．

復興という用語は，筆者が把握した限り，関東大震災以前には，被災時の対応や災害復旧，そしてその後の新たな都市建設に際して，用いられたことはなかった．

　では，復興という用語は，どこからきたのか？　江戸末期から明治当初は，欧米でもルネッサンス研究が盛んに行われていた時期であった．日本でも明治初期にはすでにルネッサンスは紹介されていたが，その際ルネッサンスは，「文芸復興」と訳され用いられていた．1つの仮説は，これが，関東大震災時に後藤新平らによって転用され，帝都復興院などの呼称に結びついた，というものである．もちろん，復興という用語が用いられ始めた経緯については，他の可能性もあるし，さらに関東大震災以前にも災害からの復旧やそれに続く都市建設をさして「復興」という用語が用いられていた可能性を完全に否定するものではない．

　では，特殊日本的とも捉えられる，復興概念とはどのようなものであろうか？　一言でいえば，西洋近代的な都市空間の形成に必要な街路などの都市基盤を整備すること，だろう．つまり，新たな生活や生業のあり方を構想し，その実現に向けて必要な支援を行うこととはされてこなかった．

　仮説的に言えば，復興＝基盤整備という理念（いや思想というべきか）は，関東大震災時に形成され，戦災復興そして阪神淡路大震災からの復興にも引き継がれ，社会的に固着してきたものであろう．

　以下，吉川仁（2013），石田頼房（2004）などをもとに，その発展，固着の歴史を簡単に振り返ってみよう．吉川（2013）によれば，大規模災害にあわせて町割りの変更や基盤整備を行う都市改造の例は，江戸時代から存在していた．それが明治中期以降は，市区改正と呼ばれるようになり，例えば，1896年の明治三陸津波の後においては，釜石町で市区改正が行われたという．東京の市区改正条例の公布（1888年）の8年後であるが，市区改正は，当時の「都市計画」における先端的概念の1つであったのだろう[2]．しかし，復興という用語は登場していない．

　先に述べた通り，災害後の復旧対応や都市建設をさして復興と用いられたのは，関東大震災が初めてであったと思われるが，では，このときの復興概念とはどのようなものであったのか？

吉川（2013）によれば，当初，後藤新平らは，民生安定，産業「復興」を含んだ総合的な対応を行う「帝都復興省」を提起したとしている．そうだとすれば，大震災直後の9月6日に，後藤が閣議に提出した「帝都復興の議」にある，「東京は帝国の首都にして，国家政治の中心，国民文化の淵源たり．したがって，この復興はいたずらに一都市の形体回復の問題に非らずして，実に帝国の発展，国民生活改善の根基を形成するにあり」「理想的帝都建設の為の絶好の機会なり」といった内容は，基盤整備に限定せずに，より包括的に「帝都」を構築することを目指していたといえるのかもしれない．一方で，後藤は，市長時代から，東京の都市基盤整備の必要性を指摘してきた人物であることから，そうしたなかでも特に基盤整備に重点をおいていたということかもしれない．
　実際の復興事業といえば，結果としては，大震災直前の火災からの復旧で用いられはじめていた「先端的手法」である土地区画整理事業を全面的に用いて，道路・公園などの都市基盤を整備することが最大の成果であったといってよいだろう．もちろん，121校にのぼる公立学校の耐火建築化や，市立病院など社会事業の施設，そして同潤会による鉄筋コンクリート造のアパートメントの建設・供給（16カ所約2800戸）なども行われている．
　特に，公立小学校（復興小学校）には防災的配慮から公園が付設され，結果的にコミュニティの重要施設となった例も見られた．また同潤会は，罹災者に対する授産事業と住宅供給事業の2つを目的に設立されたものであり，1929年に授産事業が分離されるまでの期間は，罹災者向け仮住宅，そしてその後の共同住宅団地の建設に加えて，団地内での商店営業や，職業訓練の提供などをあわせて行っていたことなどは注目に値する．そして関東大震災後の「復興」において着目すべき官民連携型の民生安定の活動として，被災地各地に立ち上げられた「復興会」の存在を指摘できる．包括的に復興を進める事業体としての側面をもった組織であった．
　このように，関東大震災時，「復興」という用語が用いられた当初は，それが基盤整備のみを重点的に行うことを指していたわけではなかったようだが，結果として，国が行った復興事業の中心は，土地区画整理事業であり，復興＝土地区画整理事業の実施という構図が，この時に形成されはじめたといってよいだろう．

その後，この土地区画整理事業を中心とした国による復興事業は，戦災復興計画に引き継がれ，その戦後間もない時期に発生した大火からの復旧において定式化した観がある（吉川，2013）．そして，その方法は，阪神淡路大震災でも引き継がれてきた．そうして，大火や地震などの大災害からの復興といえば，国（分権後は自治体）が区画整理を実施することを意味する，いわば基盤整備型近代復興概念が，広く，とりわけ都市計画（都市土木）関連のプロフェッションの中で，共有されてきたと考えられる[3]．

国として行う復興としての「基盤整備型近代復興」は，西洋近代諸国の都市に追従することが「是」とされ，また追従する過程において経済的成長が期待できた（期待していた）時代には，一定の合理性があったということもできるだろう．

(2) 基盤整備型復興概念の定着とそこにみる「コミュニティ指向」

関東大震災当時の復興概念には，より包括的に新しい社会を生み出すという考えがこめられていたとも受け止められるが，いわゆる新しい形での住民自治組織の形成といった観点は確認できない．実際に関東大震災における「復興事業」の中心は土地区画整理事業であり，コミュニティの観点からは「拠点」としての復興小学校（＋公園）や，同潤会における住宅供給及び授産事業の提供を通じた団地内部による「コミュニティづくり」が，局所的試みとして行われていたが，コミュニティの復興や再生が，中心的話題として論じられることはなかった．

その後，戦災復興，そしていくつかの震災復興を経るなかで，復興＝被災区域における土地区画整理事業の実施，という構図が確立し，復興の社会的側面はほとんど置き去りにされてきた[4]．従って，関東大震災当初から「薄かった」コミュニティに対する配慮は，その後，基盤整備型近代復興概念が定着するなかで，その事業の枠組のうちではほとんど行われないものとなっていったと言えるだろう．

しかし，阪神淡路大震災からの復興においては，神戸市などにおいて住民が主体となった協議会方式のまちづくりが被災前から定着していたこともあり，「住民主体のまちづくり」は，復興事業を進める主流の方式となった．この協

議会方式により，各復興事業区域においては，公園や緑道，区画街路などの地区（コミュニティ）レベルの施設が住民参加のもと整備された．この点は，コミュニティ形成を重視した空間計画・デザインの観点からは評価できるだろう．ただし，その方式は，2段階都市計画決定，すなわち一段階目の都市レベルの施設を県が被災後早々に先決し，そのもとに地区レベルの施設を協議会による提案などの「参加」で決める方法に組み込まれて行なわれたため，これについては，様々な批判もあった．

　阪神淡路大震災からの復旧・復興における地縁型コミュニティの継承と再生についてはどうであったか？　仮設住宅団地を，既成市街地から遠方の丘陵地に整備したことや，被災以前の居住地域を無視した抽選方式であったことから今回の震災と同様に，仮設住宅団地における支え合いや共助を再構築する必要があった．そうして新たに育まれた仮設住宅団地のコミュニティも，復興公営住宅の入居時に再度分断されてしまった．また，先のとおり協議会方式で住民主体での検討が行われたものの，被災地から遠方の仮設住宅団地の居住者は復興まちづくりへの参加は困難であった．そして，土地区画整理や市街地再開発の事業区域では借家層（主に高齢者）が地域外に転出することが問題とされていた．

　また，阪神淡路大震災からの復旧復興においては，多くのボランティアが参加し，被災住民の生活支援などに大きく貢献した．また，まちづくり協議会を母体とした住民グループや，ボランティアの支援をつうじて形成された住民グループが，ハード事業が一段落した段階で，福祉や教育，環境など様々なテーマのもとに社会事業・活動を展開した．1998年のNPO法の成立もあり，阪神淡路大震災の被災地域では，こうした「テーマ型コミュニティ」ないしは「まちづくりコミュニティ」が多様に展開したことも，コミュニティ論の観点からは新たな現象といえるだろう．

　その後の中越地震からの復興では，被災規模が相対的に小さかったことはあるが，阪神淡路大震災の教訓を踏まえて，コミュニティ単位での仮設住宅入居／防災集団移転，地域復興支援員制度によるコミュニティの再構築支援など，コミュニティ指向型の復興まちづくりが展開された．しかし，被災区域での住宅再建については十分な支援措置がないことから，やむを得ず平地に集団移転

した例などもあり，制度上の課題が指摘されていた．また，集落の一部のみが平地に移転したため，従来の人的つながりが消失した例などもあった[5]．

3 東日本大震災からの復旧・復興とコミュニティ論の視点

以上述べてきたことも踏まえつつ，まずは東日本大震災からの復旧・復興におけるコミュニティ・デザイン論を整理・展開するための枠組みを整理しておきたい．

コミュニティ・デザインの主な論点としては，

- 地縁型コミュニティの継承・再構築
- 被災地の課題に応じたテーマ型コミュニティの形成
- それらの相互の連携やさらには行政や私企業との連携・協働
- 以上の点を進めるための制度や仕組みの構築

の4点が少なくともあろう．

また，東日本大震災からの復旧・復興におけるコミュニティ・デザイン論を整理・展開する際には，今回の震災の特徴，すなわち，①500 kmにも及ぶ非常に広範な地域が被災したこと，②津波の襲来をうけた沿岸地域の多くでは市街地・集落が壊滅的な被害を受けたこと，③被災地域の多くが，我が国でも少子高齢化が最も進んでいる地域であること，さらに，④原発災害が重ねて起きていること（福島），などの各点を考慮しつつ論じる必要がある．

以下では，岩手県南部の被災地からの復興を題材に論じており，特に②，③の視点から論じていくことにする．

4 復興事業の枠組み

(1) 基盤整備型近代復興の東日本大震災への投影

今回の東日本大震災においても既述の基盤整備型復興概念のもとに復興が進められており，現場における復興計画の立案（プランニング）とは，後述のと

おり，基盤整備の事業計画を立案することにほぼ等しい．また，それは，施設の計画からはじまった日本の都市計画が，依然として計画すること（プランニング）の主導性や優位性を確保できない「逆立ちの都市計画」であることの現れと見なすこともできるだろう[6]．

では，今回の災害復興において基盤整備型復興がどのような形で現れているのか？　以下で主な点を指摘する．

国交省を中心とした直轄調査　今回の震災復興では，被災により被災地の基礎自治体の行政能力が大幅に低下していることもあり，行政能力を補完することが1つのポイントとなった．当然包括的な意味での再生・復興が必要な局面で，プランニングも幅広い専門分野について行う必要があった．しかし，当初は国交省の都市局のみ，2011年度末になりようやく住宅局や水産庁による直轄調査が行われるに至ったのみであり，他省庁による積極的な復興計画立案支援は行われなかった．

現状復旧の原則　基本的には各種施設の復旧は現状復旧とされている．このため，例えば，計画上も好ましく，また財源の節約になるにもかかわらず学校と福祉施設の合築は現状復旧からはずれるために難しい，との判断がされているという．しかし，道路基盤整備に限っていえば，現状ではなく，より「近代的」で適切な形への改変すなわち復興が認められている．これは，関東大震災以来，土地区画整理事業を通じた基盤整備こそが「復興」との理念が定着していることによるのだろう．

基盤整備重視の復興交付金の制度形態と運用　上記とも関連するが，今回筆者を含め何人かの識者が包括交付金の必要性を指摘していた．が，実際のところは，個別の基盤・施設の整備事業（40種）を基幹事業とし，ハード中心の事業メニューとなった．ただし，効果促進事業を基幹事業の35％まで利用することが可能とされ，この活用に期待がかかった．しかし，これについても，基盤整備事業については効果促進事業を加えて1.2倍の事業費をつけたものの，他の使途に対する効果促進事業の配分は限定的なものとなっていた．

(2)　基盤整備型近代復興の問題

では，この基盤整備型復興を進めることは，今回どのような問題をもたらし

ているのだろうか？

基盤整備事業以外における「プランニング」の欠如　被災地そして今後の日本の各地でも重要と考えられる医療・福祉，産業，環境，コミュニティの再生等については，計画策定は脆弱，場合によっては皆無という状況である．住宅については住宅局他の一連の直轄調査もあり急ピッチで検討が進み，自治体によっては基盤整備との連携が行われつつある．ただし，今のまま推移すると，基盤整備と住宅の整備が整合的に進んだとしても，その上に人々の生活に必要なソフトウエアーが乗らない「死んだまち」になりかねない．

公平性・平等性 vs 多様な復興の道筋　また，産業の早期再生などの観点が弱いため，基盤整備の実施も公正性や平等性に縛られ全体の足並みをそろえて進めるといった方針を採る場合が多い．産業の早期再生や地域の社会的課題の解決の担い手づくりといった観点（被災地の課題に応じたテーマ型コミュニティの形成に関連）からは，熟度もしくは必要性が高いプロジェクトについては，部分的であったとしても先行的に「切り出して」実施することも必要と考えられる．多様な担い手，単位で，個別に復興を進める，それを全体として調和させる，こうしたプランニングが必要とされている．

事業区域に限定された空間計画の立案　"復興"という視点を掲げているものの，基本的には防潮堤などの土木事業と浸水地域と高台移転区域を対象とした市街地整備や規制等が中心になっている．空間的にみても，基盤整備事業区域に限定した取り組みとなっており，地域全体の持続的復興をめざした包括的視点からの計画とは考えにくい．例えば，被災区域の施設の再建を検討する際には，本来ならば，被災区域外も含めた自治体区域全域に対する中長期的なサービスの提供の観点からも合理的・効率的・持続可能である必要があるが（例えば，区域外の農山村にある施設と当該再建施設の統廃合の可能性など），こうした考えのもと検討を行っている例は少ない．被災区域の復旧をベースとした枠組みそのものに限界があるといえるだろう．

5　復興とコミュニティの継承・再生

続いて，実際の復興プロセスにおけるコミュニティの継承（非継承）や再生

の現状について，概説しよう．

(1) 仮設住宅入居時における地縁型コミュニティの継承・再構築の頓挫・瓦解

　今回の震災においては，避難所に入所した段階（応急的な対応の段階）までは，被災前の地縁型コミュニティ（自治会，行政区，部落など）を単位とした支え合い・共助の体制が保持されていた．しかし，仮設住宅に転居する段階で，その体制は，宮古市など一部の自治体や小規模集落を除いて，瓦解した場合が多かった．

　コミュニティの空間領域が認識しやすく，被災者のお互いの顔が見えやすい小規模な漁村集落においては，仮設住宅建設時から既存集落近辺への仮設住宅への入居を優先していた．これに対して，面的に被災した市街地においては，仮設住宅団地の入居を，旧町単位での入居を行うことや，同じ町丁の住民を同一ないしは近接した仮設住宅団地に住まわせるという工夫は行われなかった．

　今回の震災では，被災規模が大きく，また三陸地域では急峻な地形のため，用地確保が難しく，早期に必要な仮設住宅建設のめどを立てること（計画を立案すること）は困難であった．仮設住宅団地の供給は，確保できた用地から随時，設計・着工・建設する形で開始され，用地の確保や業者手配，建設を並行的に進めることになっていた．初期の仮設住宅団地が完成するタイミングで，被災住民に対して，いつまでにどこの仮設住宅団地に入居できるという説明を，行政が行うことは不可能であった．そのような状況下では，特定の町丁の居住者を優先するという対応をとることは，公平性の観点から困難であり，抽選により入居者の決定を行う場合が多かったのである．

　また，仮設住宅の供給当初は，量の供給のみに重点を置かざるを得なかった．このため住宅および住宅地としての質は貧しいものとなったといわざるを得ない．1つは，仮設団地の配置計画を南面平行配置を基本としたため，住民同士が立ち話を行う機会が少ない，したがってコミュニティ形成のしにくいものとなった．また，仮設住宅のみを建設し，仮設の商店／事務所などの建設との調整は多くの場合行われなかった．このため，既存市街地の内部や近傍に供給された場合には問題は少なかったが，既存市街地から隔絶された場所に供給された場合や，既存市街地，集落が津波により消失したに等しい自治体では，仮設

住宅において「生活」することが事実上難しい環境になっていた.

(2) 難しくなった被災「市街地」における地縁型コミュニティの再生

すでに説明したように，面的に大規模な被害を受けた「市街地」においては，そのほとんどの場合において仮設住宅への入居は，元の地縁型コミュニティ（自治会，行政区，部落など）に配慮せず，抽選入居とされた．このことは，その後の復興事業を進めるにあたりコミュニティベースの対応を行うことを極めて困難にした．

まず，住民が各仮設住宅に分散して居住しているため，多くの場合，仮設住宅に居住している住民は，自分の近隣がどこに居住しているのかも把握できなくなっていた．このため，自治会といった元の地縁型コミュニティ単位で集会をもつことは不可能に近かった．また，行政が呼びかけて実施することも，多くの被災者が震災で車両を失ったこともあり，移動の制約から極めて困難であった．

さらに，その後，復興事業においては，多くの場合，面的に被災した市街地は，その面積・規模の甚大さにも拘らず，また従前に自治会等のコミュニティ単位が多数含まれていた事実にも拘らず，単一の土地区画整理事業区域として指定された．土地区画整理事業を行う上では，換地設計の自由度が高まることから事業区域を大きくとりたいという事業担当者の狙いがあり，こうした区域決定とした場合が多いと考えられる．しかし，この区域設定の問題もあり，コミュニティ組織を単位とした，きめ細やかな合意形成のプロセスをもつことは稀であった[7]．

加えて，浸水区域の一部は災害危険区域に指定されたため居住が不可能となり，高台移転を余儀なくされている．このことも，被災前の地縁型コミュニティの再生を難しくしている．「市街地」からの高台移転は，従来の地縁コミュニティの一部を切り取って行われることが多く，また移転先の選択についても，その移転世帯数の多さから，また用地確保の難しさから，旧町会単位での移転といった計画的対応は困難との判断で，被災者（世帯）単位での判断に委ねる場合がほとんどである．

(3) 課題解決の担い手としての新たなコミュニティの形成

2011年9月時点での現況と課題認識　一方で，被災から半年経った2011年9月頃，新しいコミュニティ組織が誕生し活動を展開しはじめていた．まず，この頃の状況を振り返ってみよう[8]．

1) 被災地における仮設団地自治組織，仮設商店街，まちづくり会社，コミュニティ活動型NPOなど諸種のコミュニティ組織の誕生——この頃，被災地では徐々に，仮設団地に自治組織が立ち上がってきた．また遅れていた中小企業基盤整備機構の仮設店舗も建設が進みつつあった時期で，早期に建設が進んだ地区では，営業再開を被災後早々に決心した商業者たちによって，従来の単位とは異なる仮設の商店会（的なもの）が形成されつつあった．また，陸前高田や大槌などでは，コミュニティ再生を指向したNPO，民間既存企業をベースとしたまちづくり会社もしくはその萌芽的な組織が立ち上がりつつあった．

2) 県レベルにおけるNGO，NPOの連携体制の構築——今回の震災復興で最も特徴的なことは，NPOそしてNGOが復旧，復興においても大きな力を発揮しつつあるということであろう（被災地外の自治体による継続的支援もあるが）．

この役割と課題については慎重に論じる必要があるが，発災後間もなく，県レベルでは「連携復興センター」が立ち上がり，県内で活躍するNGO，NPOが連携し，被災自治体に共通した課題をとらえ必要な支援活動を展開しつつある．また，岩手県では，遠野のまごころネットなど震災を契機に設立されたNPOも物資の供給やボランティア派遣などの後方支援を早々に展開していたが，このころには，コミュニティ形成支援にその軸足を移しつつあった．

3) 2011年9月時点での課題認識——仮設住宅団地に住民による自治組織が立ち上がりつつあったものの，必ずしも運営が順調に進んでいたわけではない．被災者のニーズ・発意を明確にするためには，住民が話し合いを通じてお互いの関心や課題を共有する必要がある．しかし，集会室の運営管理が自治組織に委ねられていない場合も多く，また団地内では相互に知人が少ない状況もあり，そうしたことを行なう前提としての「場づくり」そのものを支援することが必要とされていた．

さらに，活動のために必要となる物資が被災のため欠如していることや，活

動拠点が得にくいこと，ノウハウやスタートアップ資金が不足しているといったことから，被災住民の発意が明確になったとしてもその発意を実現するためには，また仮設商店街やまちづくり会社が実施したい活動・事業・サービスを実現するためには，各種の支援が不可欠であった．

こうした，めまぐるしく変わる現場のニーズや状況に対応することは，県レベルの組織や後方支援組織だけでは難しいことが明らかになりつつある時期であった．

2014 年 11 月時点の現状と課題認識　さて，それから 3 年経った現時点（2014 年 11 月）における現状はどのようなものであるだろうか？[9]

1) 被災自治体に拠点をおく多様な活動団体の現状——仮設住宅団地の住民自治組織については，自主的な活動を発展させる組織，実質的に活動が停滞，場合によっては停止している組織といったように，団地ごとにその活動状況に差が生じつつある．そのような差が生じている理由としては，自治組織の体制や団地居住者の被災前の出身地（同一町会や集落が多いか，バラバラか），コミュニティ活動支援を行う団体の存在などが考えられる．また，仮設住宅団地での生活が長期化することが予想されるなかで，個別的な転出も進みつつあり，住民自治組織の維持や仮設住宅団地のマネジメントは新しい課題に直面しつつある．

一方で，被災地内に拠点をおくコミュニティ活動団体やまちづくり NPO については，震災等緊急雇用対応事業（厚生労働省）で各種事業の人件費をまかなってきていた．結果，被災地内の多くの若者がコミュニティ活動やまちづくり事業に積極的に取り組み一定の成果を得ている場合も多い．しかし，現時点でこの緊急雇用事業については，継続の見通しがたたないなか（事業の縮小），活動・事業のビジネスモデルを再構築することに迫られている現状がある．

また，外部から参入してきた支援団体については，被災後 3 年の時点で支援を終了する団体はわずかであり，多くの団体は現時点でも継続的な支援を行っている．しかし，2015 年度以降の支援の継続については，原資確保の問題等から不透明となっている団体もある．

2) 県や国による支援の充実——2012 年度からは，県によるコミュニティ活動助成も復興枠を加算するなどの形で拡充されてきた．また，復興庁による

支援（新しい東北先導モデル事業）も2013年から開始され，ハードだけではないソフト支援を国としても開始している．しかし，地域そして団体の実情に応じて，より細やかに組織運営や活動を支援する必要がある状況は続いている．

3） 自治体レベルでのコミュニティ活動支援体制の構築──一部の自治体においては，各種の活動を行うコミュニティ組織，活動団体への支援を行う「仕組み」の構築が進んでいる．例えば，陸前高田市では，一ノ関に拠点をおくNPO法人レスパイトハウス・ハンズが，陸前高田市内の仮設商店会（大隅つどいの丘商店街）の整備に関わり，そのまま商店街スペースの一部を利用して，陸前高田まちづくり協働センターを立ち上げた．協働センターは，まちづくりや活動に関する相談，助成金などに関する情報提供，各団体の情報の発信，コミュニティ団体に必要なスキルやナレッジを獲得するための講座の提供，会議室の貸し出しといった，いわゆるまちづくりセンターや協働活動支援センターが行う基本的な事業を実施している．さらに，2013年10月から2014年2月にかけて，陸前高田市新しいまちづくり市民会議を開催し（計6回），産業・観光，医療・福祉，地域コミュニティ・防災，教育子育て，の4つのテーマに関する提案報告書をまとめている．また，情報ポータルである「まちづくりプラットフォーム」を運営している．

また，大槌町では，復興支援に関する包括協定を東京大学と結んでいるが，その協定のもと，コミュニティ再生に関する各種事業の支援を，町の担当者と筆者等が協力する形で行ってきている．例えば，町が被災前から行っていた「ふるさとづくり協働推進事業補助金」を再開することや，復興協議会の再開と被災区域外での立ち上げ，さらには支援団体（NPO，NGO）と地縁型の住民組織との連携体制の構築（コミュニティ協議会の立ち上げ）などを行っている．

また，町内の複数のNPOが参加する会議体が設立され（大槌コミュニティ再生会議），先に述べた新しい東北推進モデル事業を活用したコミュニティ活動助成を，町役場の事業とは別に，しかし町役場と協力して実施している．これは，国の事業制度を自治体単位の中間支援組織（的なもの）が，被災地域の課題や団体の課題をより詳細に理解し，必要なリソースを配分する試みとして理解・評価することができる．

6　コミュニティ形成指向の復興まちづくりの試み
　——筆者の関わった事例より

(1)　コミュニティ・ケアを目指した仮設まちづくりの実践

　筆者を含む東京大学および岩手県立大学（狩野研究室）のグループでは，2011年の4月から5月にかけてコミュニティ・ケア型仮設住宅を，岩手県下の被災自治体および後方支援自治体（遠野市）に提案した．そして，遠野市では，我々の提案のコンセプトに基づいて仮設住宅の建設が行われた．また釜石市（平田公園地区）では，コミュニティ・ケア型仮設住宅をさらに進めてコミュニティ・ケアの「仮設のまちづくり」を行っている．

　先にも記述したが，仮設住宅の問題点をあらためて整理しておくと，住戸プランそのものの問題，団地内の住戸の配置，団地の立地や他施設・既成市街地との関係の問題，居住者選定・コミュニティの継続性の問題，となるだろうか．これに対して，コミュニティ・ケアの仮設まちづくりとは，①コミュニティ・ケアの観点にたった仮設の「まち」の「物的環境の充実」を図り，同時に②仮設の「まち」における「コミュニティ組織の形成・運営」を行う．それらを通じて，③コミュニティの成員が他の成員をケアする状況をつくり出す．そして，こうした動きが可能となるような，④コミュニティの発意や動向を尊重した各種支援環境や体制づくりを進めるといったもので，ハード・ソフトの両面から，コミュニティの形成と相互扶助を進めることに重点をおいたものである．

　図1は，平田総合公園での仮設のまちの配置図である．平田総合公園の仮設のまちは，既成市街地からも離れており，高所移転の実験的モデルとしての意味も持つ．

　空間計画的には，①コミュニティ形成の観点からは最も小さなコミュニティ単位としての近所付き合いを育むためのウッドデッキによる「路地」をつくり出していること，②これをデイサービスやクリニックのあるサポートセンターと商店街に接続することで高齢者や身障者が外出しやすくまた見守りも行いやすい環境としたこと，③住宅のみならず，福祉・医療拠点，商業店舗・事務所なども同じ団地内にある仮設のまちとしたこと，④こうした利点をいかして住民自治組織に加えて「まちづくり協議会」（図2）を設立し多様な主体が連携

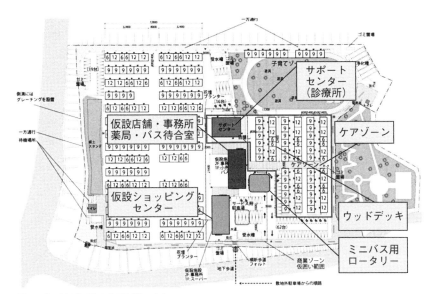

図1 釜石市平田総合公園仮設のまち
出所：東京大学高齢社会総合研究機構・工学系研究科建築学専攻建築計画研究室・工学系研究科都市工学専攻都市計画研究室．

する形でコミュニティ活動を創出しようとしていること，などにある．

①については，住民が椅子を持ちより座っての井戸端会議が各所に見られるようになった．②については，サポートセンターの事業者（ジャパン・ケア・サービス）中心にクリニックの医師，生活応援センターが連携し，単身高齢者の見守りを行っている．最後の④については，住民自治会が立ち上がったのが2011年11月，商店街が設置されたのが同年のクリスマス前とやや遅れた．その直後の2011年末に実施したサポートセンター事業者が主催した子ども向けの餅つき大会では，住民自治会，商店街も協力して行うなど，さっそく協議会としての本格的な活動を開始した．その後，継続的な活動を続けており，居住者の心理的状態などの把握・評価をつうじて，こうした協議会の活動については一定の成果があがっていることが確認されている．

この試みは，バラバラとなった居住者を包み込む住民組織（地縁型コミュニティ）を仮設団地において創成する試みという位置づけに加え，少子高齢化の進む，被災地，そしてこれから同様の状況に陥る可能性のある日本の各地にお

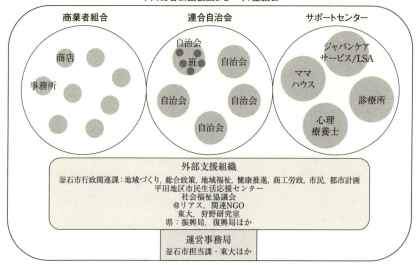

図2　釜石市平田総合公園の運営体制図

いて，「ケア」をコンセプトとした，あるべき次世代のコミュニティ・モデルをデザインする試み，ということもできるだろう．

(2)　大槌町町方地区における元コミュニティ単位での復興の試み

　既述したとおり，面的に被災した「市街地」の復興においては，地縁型組織の再生は困難となっている状況がある．大槌町の町方地区も，同様の状況であり，2013年3月時点では，コミュニティとしての議論や意思決定にもとづいて，復興事業やまちづくりを進める糸口がつかめていなかった．そこで，筆者らがアドバイザーとして関わるなかで，事業区域を細分化し，旧自治会を単位としたワークショップを開催することで，旧自治会や商店街などの住民組織の再生を進めている[10]．

　成功のポイントは，検討の単位を旧自治会とすることで，きめ細やかなアウトリーチを行い，被災者のワークショップへの参加を呼びかけたことにある．これには，それまで行政から地権者への事業の説明というコミュニケーションの構造を，住民相互の情報の確認・コミュニケーションへとコミュニケーショ

174——II　災害復興とコミュニティ

ンの構造を転換することに狙いがあった.

このため,ワークショップは,各被災者の再建意向を空間的に整理し,相互に共有することを意図してデザインされていた.

結果として,被災後顔をあわせることのなかった被災者同士が話し合う機会をつくりだすことができた.そして,参加者は,相互に各々の再建意向を理解で

写真1　仮設のまちにおける住環境点検活動を通じた住民意向の把握

き,そうした明らかになった「状況」をもとに,自らの今後の振る舞いを考え直し,また地域の再生のあり方を考えることができるようになった.すなわち,個別的な再建希望から,地域再生に関する集団的意思の形成プロセスとしての意味をもたせたのである.

しかし,こうしたきめ細やかな意思形成を進めることは,多くの専門的支援を必要とする.特に,集団移転を伴う災害危険区域を含む地域の再生については,集団移転先の調整を含めて,膨大な労力が必要とされるものである.こうした区域におけるコミュニティの再生や意向調整については,そうしたコミュニティ・デザインや住民参加のまちづくり分野の専門家を,いわゆる都市土木の技術者に加えて,十分に手当てすることが課題となっている.

(3)　陸前高田市まちのリビングプロジェクト「りくカフェ」

このプロジェクトは,地元住民のみなが気軽に立ち寄れる居場所＝まちのリビングをつくり,運営することを通して,復興に向けた仮設期のまちづくりの重要性を問うものである.津波により甚大な被害を受けた岩手県陸前高田市では,町場のほとんどが被災したため住民が気軽に集まり話をできる場所がない.

被災地では用地不足が問題となるなか,地元の開業医らが2011年4月,私有地にいち早く病院・薬局を開業し復興に向けて動き出していた.地域のコミュニティスペースをつくろうという彼らの発意に賛同する形で,まず大学の専

写真2　仮設カフェの内部の様子

門メンバーが支援の体制を形づくり[11]，企業に協力を呼びかけ2012年1月，仮設のカフェの建設・開業を実現した（写真2）．

1月のオープン以降，カフェを発意した地元の女性たちが運営を分担し，お茶やコーヒーを飲みながら会話を楽しむことはもちろん，病院，薬局，バスの待合所として，またイベントの貸しスペースとしても利用され，住民の憩いの場所となっている（写真3）．

このカフェがコミュニティ再生に果たしている役割としては，①元コミュニティの場：異なる仮設団地への入居や在宅避難などにより離散した元コミュニティの住民が集まる場所，②在宅避難者を含めたサークル活動や発表会の場：仮設住宅団地を超えて同じ趣味の仲間が集う場，③被災住民が気軽に立ち寄り情報交換する場，④高齢者にとってのよい居場所，といった意味が見いだされている．

また，このプロジェクトの特徴として本設を見越した仮設期まちづくり，という点を指摘できるかもしれない．建て替えのシミュレーションを模型を用いて住民とともに行い，本設への移行を前提とした空間配置となっている（図3）．この仮設のスペースを運用するなかで，コミュニティ再生の「場」として，担い手とともに成長し，本設における本格的な活動の展開につなげることを目指してきた．

そして，運営する住民と筆者を含む支援者が協働し，2014年10月には，本設カフェの建設にこぎつけている（写真4）．この際には，NGOによる助成の獲得，クラウドファンディングによる資金募集，そして多数の企業からの援助を得ている．

また，本設においては，カフェの敷地を提供している内科医，そして同じ敷地にある歯科医，調剤薬局と連携することで，高齢者の健康維持を目的とした

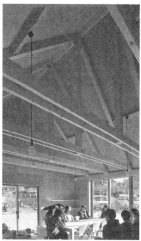

写真3　仮設カフェの外観・内観

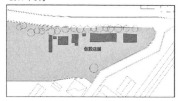

2011年5月

仮設の店舗で営業が再開されました。

2011年12月

病院や薬局が建設される中、敷地の端、最も目立つ場所に仮設カフェを建設します。

2012年12月（予定）

敷地の中心にまちのリビングが建ち、ランドマークとして、地域のみなさんの活動の場として、できるだけよい環境をご提供できないかと考えています。

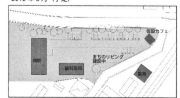

2012年8月（予定）

病院や薬局が竣工したら、仮設カフェでの活動を継続しつつ、本設の「まちのリビング」の工事が始まります。

図3　陸前高田「まちのリビング：りくカフェ」商店街の仮設・本設移行と居場所づくり

8章　復興とコミュニティ論再考

写真4　本設カフェの外観・内観

活動を展開することを始めている．2014年11月時点で，カロリーや塩分量を計算したランチの提供をすでに行っており，これに健康に関するミニレクチャーや体操などを加えた健康維持・予防事業を今年度中に実施し，次年度からは，市の地域支援事業として実施することを想定している．まさに「協働連携復興」の成功例となりつつある．

7　協働連携復興のコミュニティ・デザインにむけて

以上論じてきたことを受けて，今後の災害からの復旧・復興におけるコミュニティ・デザインのあり方を論じて本章を閉じたい．

(1)　コミュニティ形成の連続性の確保（避難期，仮設期，復興期，ポスト復興期）

多様なコミュニティの形成を指向したまちづくり，コミュニティ・デザインの1つのポイントは，避難期から復興後まで，連続性を確保することにある．特に，避難期→仮設期では，既存の地縁型コミュニティが，仮設期→復興期では，新たに形成された地縁型コミュニティや，テーマ型のコミュニティが，仮設住宅への移住や復興事業の実施にともない，継承されない場合がある．仮設期が，コミュニティ形成の連続性を確保する上で，もっとも重要な時期ということもできるだろう．

例えば，東日本大震災の被災地では，現在，ようやく各地でコミュニティの

再生や新生にむけた実践が広まりつつある．その実践をより意味あるものにするために，復興事業，復興期のまちづくりとの連接性や同時性を確保することが重要となってくる．仮設期に再生されたコミュニティが，復興事業を行うなかでまた破壊されてしまっては，各種の試みの意味は喪失されてしまう．例えば，復興公営住宅においてコミュニティの維持形成ができる空間的な装置を用意することや，それを維持するための社会的装置（マネジメント組織や事業体）を用意すること，仮設期に再生したコミュニティを生かす観点から小さなコミュニティ単位での募集を認めること，などが必要となってくる．

また，被災地では，仮設期のコミュニティ・デザインの試みを支援する制度・体制を構築する萌芽的試みが生まれつつあるが，これを復興事業が本格化する今後（復興期）においても継続・改良・発展させることで，復興後の「まち」ができた際にも各種コミュニティ組織がより活発に活動を展開できるために必要となる制度的な基盤が形成し得る．これには，もちろん，地域づくりセンターやまちづくり基金などの復興まちづくり支援のための仕組みづくりも含まれるが，コミュニティビジネスなど産業振興や医療福祉サービスを提供するための新しい連携的体制や拠点づくりなども含まれる．

このようなコミュニティの形成や再生を，連続させながら，発展させる，そのような思考が重要であろう．

(2)　多主体協働連携のコミュニティ・デザイン

そして，本章でみてきた，東日本大震災の被災地における復興にむけたコミュニティ・デザインの取組みは，「協働連携復興にむけたコミュニティ・デザイン」と表現することもできるだろう．

そこにおけるコミュニティとは，地縁型コミュニティ（の維持や再生）のみならず，テーマ型で活動するNPO，各種サービス事業を展開することを指向する事業者コミュニティ，支援に参加する外部のNGOや企業などを含む，多様なコミュニティの形成とそれらの連携・協働関係のデザインであった．ポイントは，被災者主体や被災地の組織に対するエンパワーメントの視点を重視しつつ，ポスト復興期にも役立つ，新しい，多様な主体の協働連携体制をつくりあげることにある．

少子高齢社会に関連した様々な課題に直面している日本の各都市地域においては，課題解決に向けた多様な主体の協働連携体制の構築が必要不可欠になっている．現在も進められている東日本大震災からの復興の取り組みも，そしてこれから起こるであろう大災害からの復興の取り組みにおいても，そうしたポスト復興期の課題解決に資する，多様な主体の協働連携体制の構築を指向したコミュニティ・デザインが必要である．

■──注
1) もちろん，日本と同様に近代化を急進させた他の途上国における災害からの再生にも「復興」に類似の概念はあるかもしれない．
2) 東京の市区改正は，石田（2004）によれば，街路・上水道整備のみならず，水道公園そして建築制限をともなうものであった．市区の全域を対象に，それまでの個別基盤整備事業を空間的に整合させることも目的としつつ，当時の先端的知識をもとに，総合的に構想された，長期にわたる「計画」といえるだろう．
3) なお，基盤整備を重視した近代復興概念（基盤整備型近代復興）の定着の主な理由を，戦後における内務省の解体と省庁ごとに分かれた対応にあると指摘することも不可能ではないが，しかし，内務省時代からも復興といえば，主に被災地において区画整理事業を中心として基盤整備を行うこととされてきたわけで，雇用確保などの民生安定や新たな生業の創出といった産業政策については，内務省の別の所管が担当しており，これらのほとんどは復興事業外とされてきた．このような，関東大震災以来の経緯，経験があり，それが内務省解体後，建設省の所管業務として固着したと見ることが適切な理解であろう．
4) 実際，こうした点は，社会学者などの批判の対象となっていた．例えば戦災復興区画整理事業の実施状況について，奥井復太郎（1959）は，都市計画と「町づくり」を対比させながら，都市計画はハードの建設のみに偏り，町づくりの視点が欠けていると批判している．
5) 中越地震からの復興における集団移転の課題については，安部美和（2013）や高玉潔・渥美公秀（2008）などを参照のこと．
6) 都市計画家協会 2012 年度総会における蓑原敬氏の指摘．
7) 2011 年 9 月時点において，筆者が岩手県南部の被災自治体担当者に行ったインタビューからは，「専門家を派遣して計画策定について丁寧な合意形成を行なう」というよりも，これまで経験したことのない事業発注業務を目前にして，その発注業務に数十人規模の人材が必要という話が多く聞かれた．一方で住民からは専門家を派遣してもらい，じっくり検討したい，今の行政のやり方では意思決定できないといった声が聞こえてきた．この時点では，このような行政の対応と被災者の希望に大きなギャップが存在していることが課題であった．
8) 小泉（2012a）での記述をもとに一部修正している．

9) 筆者が復興支援を行っている陸前高田市,釜石市,大槌町等での現状把握にもとづく.
10) 復興アドバイザーとしては他に中井祐東京大学教授,福島秀哉同助教が関わっている.
11) 筆者以外に,東京大学成瀬友梨助教,後藤智香子助教,後藤純講師,首都大学東京猪熊純助教らが支援を行っている.

■──参考文献

安部美和,2013,「2004年中越地震の集団移転とその課題」『都市計画報告集』No. 11,pp. 184-187.

石田頼房,2004,『日本近現代都市計画の展開』自治体研究社.

奥井復太郎,1959,「都市建設とヒューマニズム」『都市問題』No. 9.

高玉潔・渥美公秀,2008,「服喪から復興へ──新潟県中越地震におけるコミュニティ再生への道」『大阪大学大学院人間科学研究科紀要』34: 99-110.

小泉秀樹,2002,「都市計画の構造転換──地域社会からの発意と都市計画の公共性」『新都市』Vol. 56(1):10-19.

小泉秀樹,2011,「まちづくりと市民参加」大西隆編著『人口減少時代の都市計画──まちづくりの制度と戦略』学芸出版社,6章.

小泉秀樹,2012a,「被災地におけるコミュニティのリデザイン──地域社会を基点とした復興まちづくりに向けて(東日本大震災からの復興と計画行政の役割)」『計画行政』35(2):29-32.

小泉秀樹,2012b,「プランニングをデザインする──復興・事前対策から現代的なプランニングへの転換の方向をさぐる(特集 東日本大震災からの復興と今後の防災)」『都市計画=City planning review』61(5):37-41.

小泉秀樹,2013,「創造的・立体的復興にむけて──仮設まちづくりを通じた担い手ベースの復興の試み」大西隆ほか編著『東日本大震災復興まちづくり最前線』(東大まちづくり大学院シリーズ)学芸出版社,10章.

小泉秀樹・内山征,2012,「復興プランニングを問う!──基盤復興から創造的・立体的復興への構造転換」『planners』No. 70,日本都市計画家協会.

越澤明,2005,『復興計画──幕末・明治の大火から阪神・淡路大震災まで』中公新書.

高見沢実,2011,「緊急時の都市計画が日常的に必要になりつつある」学芸出版社編集部編『[東日本大震災・原発事故]復興まちづくりに向けて』学芸出版社,pp. 229-232.

南海トラフ巨大地震提言連携会議,2012,「南海トラフ巨大地震事前対策に係わる提言」(代表:大西隆東京大学教授・日本学術会議会長).

日本建築学会,2013,「特集『近代復興』再考──これからの復興のために」『建築雑誌』Vol. 128, No. 1642.

吉川仁,2013,「被災後対応の歴史に学ぶ」『建築雑誌』Vol. 128, No. 1642: 18-21.

9章 「仮設市街地」による協働復興
陸前高田市長洞集落の住民組織活動の考察

森反　章夫

1　仮設住宅と災害救助法

　阪神淡路大震災や東日本大震災のような大きな災害にかぎらず，生命が危険にさらされるような災害で，住居が焼失・倒壊し，あるいは流失し，住民が戻るべき住居を喪失する場合がある．住民は，まさに，とるものもとりあえず，「(一時的な) 避難所」である学校・公民館など，安全と判断される公的な施設に避難する．そのような場合に，災害救助法には，住民の「一時避難」後，国家は，住宅を失った「被災者」に，代替すべき「仮設住宅」を速やかに提供することが，「責務」として定められている．「国民の生命と財産を守る」近代国家のあまりに当然の任務である．

　しかし，その仮設住宅での生活は，「被災者」と不如意にも呼ばれることになった住民の器量・力量に委ねられている．そもそも，「生活の実際」は，実に多様な社会的相互連関として成立している．この「多様な社会的相互連関」は，日常的な生活活動の手順や，その活動の場，活動の仕方などを暗黙のうちに反復・確認しながら構成されている．時には，そうした日常的行為の定常的な反復に対して，敢えて差異化を図り，日常生活を積層化しながら展開されているものである．人びとは，この「日常の反復」の膨大な蓄積を通して，多様な他者との関係を築き挙げており，そこで蓄積された日常経験の「差異化と反復」の厚みこそが，それぞれの生活の実質を象っている．

　「被災する」とは，こうした定常時の「日常の反復」が遮断され，生活の実質を支える社会的相互連関とその物的基盤が崩壊することである．その崩壊は，

場所と日常的行為の対応の崩壊から始まり，仮設住宅の単純な供与だけでは解決されない被災に伴った別様の独自な問題群が，災害時には同時多発的に噴出するのである．

わかりやすい事例は，市街地を離れて建設された仮設住宅の場合である．そこでは，交通の不便さも加わって，買い物に出かけること，通院することすら困難な場合が発生する．仮設住宅には入居できたとしても，親しんだ隣人とわかれ，安心して「円滑な」日常生活を営むことが難しくなる．日常の反復，その定常状態が遮断されているからである．たしかに，このような仮設住宅地には，商機に目敏い者が，商売とはいえ，日常生活用品を売る移動販売車の試みに動き出す場合がある．そんな他愛ないことですら，一時的であれ，被災者にとっては，日常を回復しようとする大切な試みになるのである．学校が被災し授業実施が困難な場合，居住地の元学校教員が私塾を開くなど，さまざまな「従前生活の継続，あるいは，再現」のために，定常的な行為を再現しようと，ボランタリーな行為が自発し，積み重ねられる．こうして，被災時には，仮設住宅地では，日常生活の定常状態を「仮設的に」再現し，維持する試みが多発するのである．

こうした多様な「日常生活の復元力」が励起しはじめるにもかかわらず，その復元力に逆行する行政の判断がある．「仮設住宅の入居者選定問題」である．被災者が，従前居住地を離れて，他の地域に立地する仮設住宅に入らざるをえない場合がある．仮設住宅の入居者選定で，公平の原則に則して抽選制で入居者を決定するという方式に従う場合，「被災住民」は，従前居住地との関係などとは無関与に，「被災者」として抽象され，ランダムに，仮設住宅に入居させられる局面におかれる．このような場合，従前の居住地での「日常的な地域の繋がり」は，断ち切られ，場合によっては，消失・解体しかねない．仮設住宅の入居を機に，住む場所が従前居住地から変わり，さらに仮設住宅地では近隣のメンバーまでも変わってしまうことがある．そのため，従前の日常的な相互関係そのものが切断・分断される．この事態は，被災者にとって，津波にもまして大きな二次的な「被災」である．津波被災はまさに自然災害として一時の「不運」ではあるが，その結果，仮設住宅の入居にあたって，地域コミュニティでの慣れ親しんだ住民相互の関係から隔てられ，かつては相隣関係のなか

にあった被災住民が，相互に分離されかねない社会的な事態に，不如意にも，さらされるのである．

　こうした場合，被災者は，仮設住宅を中心にした日常的なルーティーンワークを新たに立て直して再現することが，困難になる．あるいは，この困難じたいを回避しようとする．その結果，仮設住宅という非日常な空間の生活において，その仮設生活の日常的な営みが，緩慢に崩壊しかねない．こうして，仮設住宅地では，隣人との交流などが断ち切られ，被災者はそれぞれに，被災によって，物質的な，かつ，精神的なダメージを抱え込んだまま，仮設住宅に「籠りきり」になる．これは，他者を求めようとする自己を事前に遮断する自己防衛的な所業ともいえる．こうした「他者の断念」が起こる．しかし，その結果，最悪の場合は，「孤独死」が発生する．仮設住宅の入居者が相互に不関与になるばかりか，斥けあう状態に陥り，孤絶が一層，深まるのである．

　無論，仮設住宅入居者のこうした「分断され，孤立化された」事態を改善するために，仮設住宅に入居する被災者が皆で集まれるように，「集会所」・「談話室」が，施設として要請され，着実に設置されるようにはなっている．また，東日本大震災では，施策として「生活支援員」という被災地特有の公的任務を創り出し，仮設入居者の苦情・要望などを「聴き取る」ことなどがおこなわれる．「生活支援が必要だ」と判断される「仮設生活の実態」なるものがあり，その認識が，行政にも共有されているからである．たしかに，こうした「善意」の支援策そのものが，仮設住宅地で進行する生活崩壊の事態を，あらためて認識させ，注意を喚起する．だが，他方では，生活支援員の調査そのものが，被災者のための「仕事」であり，被災者のための貴重な失業対策でもあることは，仮設住宅の住民には周知のことでもある．被災者はそれを承知の上で調査に応じている．そこには，「黙認の相身互いの関係」がある．

　このように，「仮設住宅地」では，平時の生活ぶりを再現して，被災者の被災感情を緩和しようとする様々な「支援策」が展開される．「仮設住宅における生活支援」というもっともなテーマが，仮設住宅の行政的な課題として浮上するのである．かくて，不如意にも「被災者」と呼ばれ，「仮設住宅」をめぐわれる被災者は，その仮設住宅地で，被災前とは異質な新たな対人関係の渦中に巻きこまれながら，「日常生活の恢復とその定常化」のノルム（範型）に

追い立てられるのである．だからこそ，生活支援の介入が必要な事態が，仮設住宅地では起こっている．それは，従前居住地から引き離され，場合によっては，入居の公平性を確保するという行政的な公平の原則のもとで，従前の相隣関係を遮断されているからである．

とはいえ，優れた実践的なボランティアたちの活動事例として，仙台市のあすと長町仮設住宅の事例がある．ここでのボランティア活動は特筆に値する．早期に建設され，抽選で入居した仮設住宅の被災者は，相互に孤立しがちであった．そこに，東北工業大学のスタッフと学生が，棚づくり，物置づくりなど生活空間の改善・改良に入ったのである．それを聞きつけた仮設入居者は，ハンガー掛けにはじまり，違い棚の設えなどを要望した．生活の物理的な改善を介して，相互に閉ざされがちであった被災者同士が，改善活動という共同の場を与えられ，それを互いに活かし合うように，生活作法をまさに，協働的なものに転換していったのである．この仮設住宅地では，工作学生を媒介にし，仮設改善の話題に盛り上がり，それまで見ず知らずであった被災者同士の交流が一挙におこなわれることになったのである．

2　仮設市街地の不可避性——退避と復興

仮設住宅段階での「日常生活の恢復とその定常化」のノルムを想定すると，「仮設住宅地」には，日常の消費財を販売する「店舗」や「理容室」なども，欠かせない施設ということになる．たしかに，物と貨幣の遣り取りの現場は，被災者相互間を結びつける，極めて重要なコミュニケーションの一形態である，と改めて確認させられる．日用品や総菜の購入といった「日常の平凡な些事」が滞りなく遂行できるように，移動販売車が仮設住宅地を巡回する．公的に供給される「仮設住宅」以外に，商店や飲食店，理髪店など，地域住民の円滑な日常的な生活の恢復を下支えする施設が，被災地の仮設住宅地には，本来は，欠かせないのである．かくて，多様な仮設建物が適切に配置されねばならない．こうして，生活関連の施設が，自然発生的に実現しはじめると，仮設住宅地の「仮設市街地」化の動向が顕在化する．このように，仮設住宅地の市街地化の動向によって，仮設住宅の入居者同士が，改めて出会い，話し合い，苦楽を，

喜怒哀楽を共にすることが可能になる．かくて，仮設住宅が立地する場所が，施設的に，日常生活を，なんとか支障なくおこなえる「仮設市街地」になる．

「仮設市街地」では，消費のシーンを介して，徐々にでも「面識共同体」が再び醸成されていくことが重要である．「仮設住宅地」という居住点をベースに，なにげない日常会話からはじまって，料理のお裾わけなどが交わされ，さりげなく，互いの安否を確認し合う．中越地震では，「仮設住宅地」に「理容室」が「仮設施設」として認可された．まさに，床屋談議に復興の是非を巡る多様な意見交換が展開されたといわれる．このように，「仮設住宅」だけが配置されるのではなく，集会所をはじめ，他の施設が供給され，併存して，はじめて，「仮設市街地」の萌芽形態ができあがるのである．

たしかに，「仮設住宅地」には，小規模であれ，他の「生活関連施設」が建設されて，被災者が，仮設住宅に閉じこもったままにならない状態が創られることが望ましいとされている．仮設住宅地の在り方は，単に，住宅を喪失した被災者の一時的な救助という側面のみで構想されてはならないのである．なによりも，仮設住宅地は，復興の在り方を巡る日常的な意見交換の場でもあり，地域復興のための本格的な復興協議が推し進められる場としても，展開されることになる．仮設住宅地は，「被災」からの一時的な退避であり，たしかに，災害救助法の範疇の事柄である．だが，同時に，仮設住宅地は，被災からの復興拠点でもあることが，災害救助法をこえて，認識されることが重要である．

東日本大震災では，地元の公民館の残存の有無にかかわらず，仮設住宅の建設にあたって，「集会所」施設が一様に併設されたことは重要である．集会所は，「仮設住宅地」の単位で，その地域の復興構想が検討されることを施設的に担保することになる．たしかに，集会所の併設は，東北地域の共同体的特質に発する被災自治体の判断であるともいえよう．仮設住宅地の集会所は，老人会・子供会・婦人会・自治会など，「地域の自治団体の活動の場」ともなる．それどころか，被災住民が「復興協議をおこなう場」でもあり，さらには，遠路を復興支援におとずれる者と夜を徹して復興討議をおこなう場，はたまた，修学旅行で被災地をたずねる小学生・中学生・高校生の震災と復興の学習教室にもなるのである．

翻って考えれば，1995年の阪神淡路大震災時では，都市計画事業（土地区画整理事業と都市再開発事業）による復興計画が，まさに千載一遇の機会といわんばかりに，都市計画決定された．ただ，神戸市には，まちづくり条例があり，それに基づく「まちづくり協議会方式」が確立されていたため，被災地区では，都市計画事業対応として，賛成であれ，反対であれ，「復興まちづくり協議会」が，被災地全域において，しかも住民主導で，早期に起ちあげられた．そうしたなかで，復興まちづくり協議会を運営するための「事務所」と住民協議の「会場」が最低限，用意されなければならなかった．多くの地区で，倒壊・焼失を免れた公的建物などが当初，「事務所」ならびに「会場」に転用され，対応したのであった．しかし，被災者は，言い換えれば，復興協議の当事者たる被災住民は，郊外の開発用地を活用した仮設住宅団地に「収容」されることになった．たしかに，一挙に仮設住宅を大量に供給しなければいけない切迫した被災状況と，既成市街地内では仮設用地の確保が困難であるとの行政判断もあった．まちづくり協議会のメンバーは郊外仮設住宅まで赴き，復興協議の概要・進展を，被災地元住民に説明していたのである．

他方，既成市街地の小公園には，高齢者を優先入居させる2階建ての「地域型仮設住宅」が建設された．その地域型仮設住宅の多くは既成市街地の縁辺部に開発された新興住宅地域の「小公園」に建設されていた．しかし，この仮設住宅は，立地する住宅地とは隔絶されたままであり，交流どころか，「迷惑施設」の扱いであった．

このような神戸市の復興過程をも参考にすれば，災害時には，「仮設住宅」（のための用地）のみならず，地域住民が復興協議をおこなうために「協議会運営ための集会所」，あるいは，自治会運営のための「公民館施設」が，生活復興のための最重要な「仮設施設」として供給されるべきであるともいえる．

たしかに，災害救助法に基づいて，災害時の救助措置である「仮設住宅」は粛々と建設される．だが，仮設住宅，それに付帯して，「集会所・談話室」が建設されれば，緊急対応期の仮設住宅建設の段階が完了するわけではないことは自明である．大きな災害でればあるほど，仮設住宅が建設されるだけではなく，住民の「集会所／談話室」などが標準的に併設される．さらに，被災しながらも生活を持続的に維持するためには，「スーパー」や「医院・病院・薬

局」・「理容室」などをはじめとして，多様な「生活関連諸施設」も，被災住民の適正な行動範囲のなかに，配備されることが重要である．災害という非日常の事態では，仮設住宅と「集会所」というミニマムの付帯施設ばかりではなく，こうした生活関連施設をも適正配置すべきではないかと判断される．このことを明確にする計画論的な概念こそ，「仮設市街地」の概念である．

　まさに，「仮設市街地」の概念は，被災した地域に居住していた住民が，その地域に建設される仮設住宅に入居し，時限的・仮設的・局所的ではあれ，震災以前の日常の生活様式を再現しながら，地域復興の行程を構想し，実施することを可能とする「連続的な地域復興の基盤」である．「仮設市街地」の概念は，被災住民が従前に居住していた地区にあって，地域独自の復興計画を，被災住民主導のもとに協議し，立案するためのベースにすることを担保するのである．そのためには，集会所が，まさに復興の住民協議，公民協議が可能となるように，設えられなければならない．

3　仮設市街地計画と復興・復旧の概念的な位置付けの関係

　一般的に言えば，発災後，住民・市民の避難先はその地区の小学校・中学校になる．そして，当該校区の住民は，その地域に建設される仮設住宅に入居するものとされている．しかし，東日本大震災では，当の避難先の学校が津波災害に巻き込まれ，避難所として機能しないケースが多発した．そのうえ，浸水地域には仮設住宅は建設できない．仮設住宅の建設は，建設可能と見込まれる場所——田畑・山林——を，地主から借り上げ，地盤を固め，整地し，生活関連の社会資本——電気・水道などを引き込みながら，その基盤整備のもとで建設された．

　応急仮設住宅の戦略的な供給計画とその帰結として形成される「仮設住宅地」は，被災地域における住宅や店舗等の個別の再建に伴って，徐々に解消される場合もあれば，公民協働による「地域復興」に向かう計画に組み込まれ，暫定的に利活用されることもある．

　「応急仮設住宅の提供と入居」は，発災直後の，「避難所」の解消をはかる機能をもつ．その意味で，学校・公民館などの既存の公共施設を利用して開設さ

れた「避難所の閉鎖問題」に相関する．例えば，学校施設の場合，発災後，「一時避難所」に指定され，体育館はもとより，教室も避難場所となる．行政主導で，学校での「避難者の受け入れ」がおこなわれる．そのため，行政的，全域的な公平・平等の原則が貫かれる．

　仮設住宅の建設の段階になると，「校庭」は，「公園」，「農地（休閑地）」などと同様，仮設住宅が建設できる希少な用地となる．この「仮設住宅用地の確保」は，災害対応上，重要な案件である．仮設住宅の建設計画では，仮設住宅の立地場所と必要な仮設住宅戸数の配分が優先される．平屋建ての仮設住宅が一般的に想定されるが，阪神淡路大震災時には，市街地内の小公園に2階建ての「地域型仮設住宅」が建設された．周辺は計画的な開発住宅地であることが多く，仮設入居者への特段の周辺住民による支援活動などはみられなかった．いわば，「負のアジール」として隔絶されていた．

　仮設市街地は，地域復興の協議を円滑におこなうために，当該地域の復興に関与する被災住民を優先させる．当該地域に配置される「応急仮設住宅」には，当該地域住民が優先入居されるべきであると考えられる．「仮設市街地」の概念は，その地区の被災者がまさにその地区の仮設住宅に一括入居し，その被災地にとどまり，その地区の復興に向けた協働・協議を行うことを指示している．

　1995年の阪神淡路大震災では，「避難所─応急仮設─復興公営」の救助系ルートを辿るしかなかった社会階層を，復興計画にどう組み込み，対応するかが問われた．仮設市街地は，地域復興の物的な基盤である．だから，当該地域に建設された仮設住宅には，その地域での被災者が優先入居されるべきであるという局所的な判断もありうる．しかし，これでは，応急仮設住宅の入居機会の全域的な「公平性」がたもたれないともいえる．しかも，借家人をはじめ，自力再建不可能な持家階層，「社会的弱者」などを地区の仮設住宅に優先入居させることが，復興にとって，どのように寄与／貢献をするのか，が問われたのである．

　たしかに，阪神淡路大震災復興では「仮設市街地」の概念はまだ確立されていない．しかし，「復興区画整理事業区域」に指定された地区では，「事業用仮設住宅」の建設を要請し，郊外の仮設住宅にくらす地域住民を呼び戻すことを

試みた事例がある．さらに，地区のまちづくり協議会が行政と戦略的に交渉し続け，地区内に「復興公営住宅」を建設し，地区内の従前借家人を地元に戻した事例もある．

　結果として，都市計画事業区域では，その区域決定が，「仮設市街地」の成立の制度的な要件となったのである．一方で，「湊川地区ミニ区画整理事業」のように，「避難所」をベースにした復興協議のもとで，「都市計画事業がかけられていない」白地地区から「都市計画事業がかけられている」黒地地区に転換した事例もある．こうした転換は，住民主導で，住宅再建の方法を模索する過程で成立している．住民主導の協議活動がなければ，多くの地区がそうであるように，袋地など接道条件を満たさないまま，住宅再建が困難になった地区である．まさに，このような地区こそ，被災後の避難所活動からの「仮設市街地」の形成の社会的な有効性の試金石である．被災度とその規模に応じた行政のハード系の復興事業の配分こそが，一次的には，仮設市街地の成立の制度的な要件となるのである．

4　「仮設市街地」による協働復興の住民組織活動について
――岩手県陸前高田市長洞集落を事例として

　長洞(ながほら)集落の「勁さ」をどう考えるか．はたして，「コミュニティ」の概念は説明するか．むしろ，「コミュニティ」の社会学的空虚さを示すことになる．

(1)　「結」という互酬性の原理

　「被災して，なにもかも流失したが，そこに集落，地域があった」と地域のリーダーは語る．この言葉を聴いたとき，私は異様な身震いを覚えたのである．被災時には，「集落の人の，ひとりひとりの『顔』が浮んだ」ともいう．「被災者」という制度的な抽象化のはるか手前で，集落の個々の住民への具体的な気遣いが起こる．安否を確認すべき集落のひとりひとりの顔が具体的に想起されている．こうした「他者への配慮」の具体的な志向性が先行する．しかも，この他者への配慮に淵源する駆動力が相互に交わされ，家屋の被災を免れた住民は，部落長の果断な指揮に呼応して，家屋が流失した家族を，それぞれの「しかるべき家」が受け入れることを「自明な責務」としている．この自明性には，

家同士の縁（えにし）とそれに基づく配慮がある．これこそが，被災によって家屋を喪失した被災家族への共同体的な対応の骨格である．こうして，被災を免れた「家」が，粛々と，家屋を失った者を引き取り，受け入れる．あまりにも簡明な判断に誰もが納得している．この共同体的判断が，集落の住民に「自明の事態」として共有されていることこそ，東日本大震災の被災沿岸部の住民の底力ではないか．

　このような対応には，実は，集落を構成し，維持させる日常的な原理が作動しているのである．そのひとつが，「結（ゆい）」の原理である．他者への配慮が作動し，「扶けの手を差し出し―受け止める」という「結」の連結の相互扶助行為が，被災生活のいたる場面でおこなわれ，被災者を含む集落住民全体の横断的なネットワークが構築される．こうして，互酬性の輪が発災への対応として構築され，被災集落の一体性が鮮明になる．

　いま1つの原理がある．「舫い（催い）（もやい）」という配分の組織原理である．物資などを集落で調達し配分するにあたっては，個々の被災家族の個別の事情に留意しながら，同時に集落全体の持続可能性を主軸にした「調整」が不可避になる．このとき，全体を統制するエコノミーが動き出す．漁場の存続のためにはルールが不可避であることと同様に，緊急時の物資は「共用財」となり，その配分の統制ルールが指示される．かくて，物資の配分の統制ルールのもとで，他者への配慮が秩序化される．そのとき，結の私人間の互酬的な個別関係は，舫いの全体的な統制ルールに組み込まれることによって，危機に対応する自生的な社会秩序が出現し，贈与される者は，返礼の義務が解除される．返すことができないとしても，その負荷は，災害対策本部が引き取ることになる．

(2) 対行政との関係の諸問題

　長洞集落は，住民協議のまとまりのなかから行政への「要望」・「要求」・「折衝」を積極的に行ってきた．その最大の課題は，集落内に仮設住宅を建設してほしいというものである．しかも，実際に家屋が流失した被災者としてではなく，長洞集落の総意として，「部落会」として仮設住宅を「長洞地区」内に建設してほしいという要望を独自に提出している．しかも，その仮設住宅には，

長洞の被災者を優先的に一括入居させてほしいということまで，要請し続けた．行政にしかできないことは，行政に要求するしかない．他方，住民にできることは，住民が独自に対処する．明解に公私の仕事を分担しようとする．こうした考えを実践する．例えば，仮設住宅の環境改善などは，行政の許可をあおぐまでもなく，集落の気仙大工がたちどころにおこなってしまう．

　防災集団移転事業が導入されるということになれば，支援にあたっていた「仮設市街地研究会」（東京のNPO専門家集団）の専門家の知見を借りながら，集落独自の移転計画案をつくりあげ，その計画案を認めてほしいという要望を独自におこなう．こうした住民独自の復興計画案が，行政側の「地域復興計画」の曖昧な行政案の提示の仕方に対峙してしまうことになる．まして，「強権的」とも，「行政的専断」とも呼びうる道路・公園・防潮堤など社会資本整備計画にいたっては，公民協働の計画事案であるべきだと考えるが，行政計画の専横が際立ってくることになる．災害危険区域指定域での土地の買い上げ価格問題など，多くの課題が控えておりながら，公民協議が尽くされていない．この行政の専横は一向に改善しない．

　無論，行政側の地区別復興計画の意向が明確にならないと，復興計画に参与する住民の判断も形成されない．にもかかわらず，復興にむけて先行する住民組織は，行政提案以前に復興協議を自発的に行わざるを得ず，先行する地区復興として，奇妙な孤立感と自立力が試される．結果として，その住民意向に沿って支援に入った「仮設市街地研究会」は，行政の地区復興計画の工程表とは別に，長洞集落復興計画を進行させていくことになる．ここには，「最終的な決定は，長洞復興協議会がおこなう」という地元の住民組織の判断が介在する．

　住民協議の地区復興計画と行政立案の地区復興計画のデュアルプラン状況が結果として生じる．地区内に仮設住宅を建設した行政，そして，結果として地区被災住民を優先入居させた行政は，さらにまた，住民側から，最終的な地区復興計画を提示されている．その復興計画では，「コミュニティの保全」を巡って，大きな争点が顕在化する．最大の争点は，災害公営住宅を地区内のどこに何戸建設するか，である．陸前高田市の意向は　災害公営住宅入居希望世帯は，地区外に建設される集合住宅に一括入居とするというものである．その結果，長洞地区では，公営住宅希望者は長洞を離れなければならなくなる．いわ

ば,「コミュニティ」が切り崩される. 正念場である. 住民協議でここまで復興計画を詰めてきた. しかし,最終段階で,切り崩される. 復興協議会は,災害公営を長洞地区に建設して頂きたいという「お願い状」を会長名で出す. 長く待たされる.

　災害公営住宅問題は,集落一体の原則を貫徹するか,所得階層別の分離を容認するか,という重大な岐路をなす. 災害公営入居希望の老人は,「長洞を離れるくらいなら,掘立小屋を建てて長洞に住む」,こう,いったという. 7月1日,長洞に「災害公営住宅」を建設する回答(2012年6月29日付)を得た. だが,これが,あらたな行政との戦闘のはじまりであるとは誰も予想していなかった.「公民協働」の理念などかけらもない事態の始まりである. 7月段階で,被災28戸の住宅再建意向は,修復5世帯・単独再建7世帯・高台移転9世帯(内訳敷地100坪2世帯,200坪4世帯,300坪3世帯),災害公営希望が4世帯5戸,転出が2世帯であった. また,この時点で,高台移転用地の地権者から用地提供の同意を復興協議会は得ている.

　2012年10月3日,長洞集落をふくめ広田半島全域をカバーしている広田地区コミュニティ復興協議会は,集落ごとの用地確保の見とおしがついたので「(木造)戸建て公営住宅を39戸,高台移転事業として建設してほしい」という要望書を提出する. これに対しては,市側は,「広田地区に集合住宅で60戸(3カ所)建設する方針であり,戸建公営住宅の建設の件は住民との協議事項ではない」と断じた. 市長は「戸建の災害公営住宅建設の要望は広田地区だけである. また,今,家を建てられない住民が5年後に1000万円で住宅の払い下げを受けられるとは思えない」とも付言した. 復興協議会は,要望書への正式文書回答を待つ.

　2013年4月26日,長洞には災害公営住宅を建設しないという「通告」がくる. 要望書を提出して半年間待って,この「通告」の回答である. そこには,いかなる意味でも復興における公民協働の契機は存在しない. 他方,このような長洞集落への「通告」は,長洞では大きなダメージにはならない. というのも,長期にわたる交渉過程で,村内での公営住宅希望者が1戸のみとなってい

た．この最後の公営住宅希望世帯については，高台移転用地に敷地を用意し，例えば，住田町の木造災害公営住宅を移築するなどの方策を「長洞復興協議会」で実施することなどが検討されている．いわば，「集落協同住宅」というべき構想を，すでに練っている．

ここで大きな問題が現れる．被災者中心に展開してきた仮設住宅を中心とする復興協議の体制の限界が現れる．いまや，問題の次元が，長洞集落全体の問題に転化したのではないか．集落がその土地取得と費用負担の問題を担わなければならないのではないか．集落の「自存」の試練の場である．そのためには，集落全体としての「コミュニティビジネス」に接続し直さなければならないのではないか．その結果，被災しなかった集落民を含めて，集落全体で，コミュニティビジネスを構想し直さなければならない．こうして，ピンチを，新生長洞集落への好機とする方向が模索される．

(3) 新生長洞集落復興構想問題

さらに長洞集落にとって大きな問題がある．防災集団移転などで住宅復興が本格化する．その結果，50戸たらずの新しい長洞集落が成立する．この新集落全体の復興後の運営をどのように構想するか，という問題である．

最大の問題は，行政が買い上げた浸水地域の利活用の将来的な構想という問題がある．この問題は，公有地となったゾーンを集落がどのような制度的な仕組みによって利活用できるのか，するのか，という問題である．この問題を巡って，復興まちづくり研究所が「長洞集落復興マスタープラン」を策定し，陸前高田市に提案した．ところが，行政からは，「このような提案はどこからも出されていない」と一蹴された．

しかし，長洞集落は，「居住ゾーン」と海岸線との間に，広い公有地のゾーンを抱える．そこは，津波被災の現場であり，被災世帯の従前居住地区である．移転事業費で，行政が買い取り，新しく公有地となったのである．この公有地ゾーンは，しかし，集落と海とを結ぶ重要なゾーンでもある．単に，浸水域であるがゆえに居住禁止地域とされ，公有地化されたにすぎない

一般的にいって，公有地化されたゾーンの利活用は，集落の復興の可否を決するほどの，極めて重要な課題であることの認識が重要である．その利活用の

モデルは,「集会所の地域管理の仕組み」がベースとなるであろう.それゆえ,新しい集落の将来構想を練ろうとする場合,利活用すべき貴重な資源である「新しい公有地」の管理・運営問題は,まことの復興にむけた重要な課題である.この課題に解を与えるには集落の自治会組織と行政とが協働し,「新しい公有地の利活用の構想」を策定することである.

その構想に基づいて,集落組織が管理運営を受託し,集落が新しく利活用構想を計画し,実施していくスキームが重要になる.そのためには,行政サイドに集落住民による公有地利用・管理・運営制度が用意されなければならない.むろん,住民・集落サイドは,場合によっては公有地管理のために,NPO法人の認証を獲得しなければならないかもしれない.

長洞集落の場合,「NPO長洞集落」による公有地ゾーンの利活用は,公有地ゾーンが,3.11津波が長洞集落に残した大きな爪痕としてではなく,集落の再出発の記念碑的なゾーンとして,再生することになる.L1レベルの防潮提と公的資金で買い上げられた浸水地域が,集落と海を隔てたままになるのか.それとも,新たな集落構想によって,集落と海の復興後の新しい関わりの様態を築きあげることができるのか.その可否が問題として浮上してくるのである.この問題は,ひとり長洞集落の問題にとどまらず,被災した小さな沿岸漁村集落の復興の問題でもあることは言うまでもない.

6月8日には,浸水地域の一角に,「なでしこ会」のために,「なでしこ工房」の建設が開始された.女性会員12名で,年間契約の海産物などの季刊販売のネットワークを形成し,今春から,本格稼働をはじめた.同時に,その傍で,番屋建設も進められている.仮設建築にしては,頑丈な基礎工事が実施されている.こうした工事は,長洞未来会議で決定されている.

高台移転用地造成工事決定(2013年7月12日)

長洞地区住宅団地の造成の入札がおこなわれ,事業者が決定する.長谷川建設,平野組,工期303日,事業費2億5500万円.これを受けて,第8回長洞集落復興協議会が開催される.これからは,被災者と被災を免れた者とがまさに,協同して,長洞集落の再生にむけて,あたらしい協同のかたちを模索しなければならない.

5　小　括

　本稿は，阪神・淡路大震災時では，復興戦略として提起されるに留まった「仮設市街地」論が，東日本大震災の復旧・復興過程の様々な試みの中から，幾分なりともその制度的有効性の道筋を垣間見るに到った．その制度的要件は以下のようである．

　被災後の避難所活動の連続線上に，住民主導の協議によって仮設住宅の建設を，まさに「仮設市街地」形成の過程とするように構想することがまず重要である．この仮設住宅供給段階の構想が，既に，住民主導の地域復興協議であり，当該被災地の被災状況程度に対応する．それは同時に，当該地域に対する行政の復興都市計画事業の適切な配分という2つの要件が重なって初めて，制度としてより有効になる．

　社会学の「コミュニティ」概念が，復旧・復興過程における重要な役割を果たすとすれば，単なる期待概念から実践概念へと転成していかねばならない．この転成には，避難所段階での組織的な運営のただなかで，地域住民の「協働」の体制をつくりあげることが重要である．長洞集落の復興過程で確認されるように，復旧・復興過程におけるあらゆる問題状況を乗り越えていく源は，集落の日常生活の些事のなかで，「結」と「舫い」によって培われてきた集合的な記憶の効果たる，地域の結束力である．確かに，問題状況は至る所にある．それを乗り越えていく源は，地域の結束力である．その結束力は，集落の日常生活の些事のなかで，「結」と「舫い」によって培われてきた集合的な記憶の効果である．そこにこそ，社会学者たちの期待概念にすぎない「コミュニティ」が，まさに現前し，存在概念として作動している．

■──参考文献

仮設市街地研究会，2008，『提言！ 仮設市街地──大地震に備えて』学芸出版社．
森反章夫，2011，「修辞としてのコミュニティは，なにを見落とすか」『UEDレポート』2011夏号，日本開発構想研究所：9-14．
森反章夫，2012，「長洞集落は甦るか──復興まちづくりの現在」『地方自治職員研修』645号，2012年12月：22-25．

コラム３ ──── **東日本大震災における〈贈与のパラドックス〉の諸相**

仁平　典宏

1────贈与交換と溜め

　岩手県陸前高田市で最大の仮設住宅となったオートキャンプ場モビリアは，発災直後から避難所として重要な役割を果たしていた．そのリーダーによると，しばらく「ボランティア」による支援は──医師と自衛隊を除き──全て断っていたという．「ただで何かしてくれる」ということが，逆に警戒感を生み出したためであった．

　無理もないだろう．三陸の半島部などでは，「NPO」はもちろん「ボランティア」という言葉すら初めて聞いたという人もいた．外部の人間が「無償の贈与」を行うことは，そこで生きられる通常の社会秩序とは，あまりにもかけ離れた出来事であった．

　ここでいう通常の社会秩序とは，商品の交換からなる市場経済だけではない．この地域には，顔の見える関係性に基づき，海産物や農産物などを物々交換する仕組みが根付いている．交換と贈与の間にある贈与交換──東日本大震災が開示したことの１つは，この種の「もうひとつの経済」が，過疎化したと形容される地域の中に埋め込まれ，それがリスクを吸収する豊かな資源になっていたということであった．

　例えば陸前高田市の広田半島は，津波によって一時，陸の孤島となった．だが，ある家族はその間，逆に太ったと笑っていた．前述の贈与交換の結果，多くの家では「おすそ分け」された海産物が，量が多いために敷地内の倉庫に冷凍して貯蔵されているが，避難生活中は，これを解凍して食べていたためである．水は山から無償の地下水が簡易水道を通して得られる．陸前高田市は全国の市の中で平均所得が低い地域であるが，広田半島の家庭の夕食を調査したある研究者は年収2000万円ないと食べられないメニューだと驚いていた．おすそ分けされたウニやアワビなどの食材が食卓にのぼっていたからだ．GDPに換算されないこのような豊かさもある．

　国家経済の観点から小規模な第１次産業や小集落は無駄であり，消滅したほ

うが合理的とするという議論もあるが，自然からの純粋贈与とそれを分け合う贈与交換は，社会に溜めや襞を生む．それは社会をしなやかに強くする冗長性でもある．

2 贈与交換を補完する外部支援

東日本大震災の被害は多様であるが，その1つはこの種の自然からの贈与と贈与交換からなるサブシステンスのシステムを損壊したことである．それが被災者の経済的な困難を深めている．

2013年8月に筆者が参加する調査グループ（陸前高田地域再生支援研究プロジェクト）は，陸前高田市の仮設住宅の入居者に質問紙調査を行った（有効回答数899）．その中で震災後の収入の減少について尋ねたが，職業ごとに見たとき，「かなり減った」と回答した割合が最も大きかったのが漁業従事者（62.5％）で，「少し減った」と合わせて85.4％の人が収入減少を訴えていた．農林業従事者も「かなり＋少し減った」人は81％であり，自営業者も8割近くにのぼっている．これに対し被用者は6割以下であり，自然からの生産に携わる領域が特に厳しい被害を受けていることが分かる．

これは贈与交換のシステムの損壊も意味した．実は年金で生活している人の26.6％も収入が「かなり減った」と述べている．震災によって年金収入は減らないはずだが，聞き取りによると，仮設住宅生活ではかつてのような物々交換ができなくなり，貨幣経済に依存せざるを得なくなった部分が大きくなったという．これが年金の実質的な「目減り」につながっている．これは単に物的財だけではなく，贈与交換の基盤をなしていた地域の関係性が被災や仮設住宅入居の中で失われたことも，個々人の「溜め」を奪うことになった．

この地域には異質だったボランティアなどの「無償の贈与」が意味を持つのは，この文脈においてである．筆者は上記のグループで，2011年から毎年夏に陸前高田市の全ての仮設住宅団地の自治会長に対する聞き取り調査を行ってきた．2012年からは，仮設住宅で行われている主な支援活動の種類のほか，そのメリットとデメリットについても尋ねている．

ここでは発災後1年経った2012年夏のデータに基づいて検討していきたい．主なものだけでも，物資提供（24件），足湯・マッサージ（20件），交流会や各種イベントの実施（16件），炊き出し（15件），居住環境の整備（13件），お茶会・カフェの実施（12件），各種教室の実施（7件），子ども支援（6件），畑作り（6件），制作・販売（5件），健康診断・健康作り支援（5件）など，多岐

な活動が自治会長によって挙げられた．

　このうち最も多い物資提供や炊き出しについては，素直に助かっているという声が多かった．これは，上記のように貨幣経済への依存に伴う生活の困窮を緩和するものだったからである．また，足湯や交流会，お茶会などについても，これまでの関係性から切り離されて，新たに仮設住宅で関係性を構築する上で一定の役割を果たしていると評価した自治会長が多かった．つまり外部の支援活動も，損壊した地域の贈与交換を適切に補完するとき，意味があると認識されていた．

3───地域の「自立」と〈贈与のパラドックス〉

　とはいえ外部の支援活動は，地域のシステムとの間に絶えず緊張関係を孕んでいる．例えば，2012年夏に，ある団体がお盆用のお花を各世帯に配布したことがあった．被災者には喜ばれたこの活動は，しかし市内の花屋にとっては大きな打撃となった．無償の贈与には，復旧しつつある地域経済の芽を摘むというリスクがある．その理由からある自治会長は，理容師のボランティア活動を断っていると述べていた．避難所などでは大変有益だった無償の理容活動だったが，いつまでも継続すると地元の理髪店の復旧の支障になる．外部からの支援はいずれなくなるが，その結果，地元に理髪店がなくなったら困るのは自分たちだと考えての判断だった．自営業は地元の経済システムの要だが，上述のように，特に震災による経済的打撃が大きかった領域でもある．その復旧の文脈で，無償の贈与は相手にマイナスを与える〈贈与のパラドックス〉（仁平, 2011）を生み出しかねない．

　このほか，外部からの物資提供や炊き出しを断る理由として，被災者自身の自立心が失われるためという理由をあげた自治会長も多かった．これは一見，強い個人を求める自立イデオロギーのようでもある．だがそこには，地域の復旧や復興が自分たち自身ではなく，東京などから来た他者のペースで進められることに対する苛立ちも含まれている．

　この問題を回避するため，東日本大震災では，被災者自身が復旧・復興活動を進めるキャッシュ・フォー・ワークという考え方が注目された（永松, 2011）．これは，被災者自身が支援・復旧活動に従事し，ある程度の金銭的報酬を受け取るというものである．無償の贈与とも物々交換ともまた異なる1つの「経済」の形でもあり注目に値する．国も被災者自身ががれき撤去などを行う活動に報酬を出すスキームを提供した．

だがこれも，地域経済のバランスを脅かすリスクが見られた．例えばこれらの活動では，瓦礫の撤去や仕分けなどに1日1万円以上の報酬が出されることもあったが，これは現地の賃金体系からすると破格とも言ってよい値段であり現地の労働市場を歪めることにもなった．また三陸の沿岸部では，2012年のはじめから少しずつ漁業が再開していた．この小規模漁業では，わかめの収穫などの時期に，臨時で手伝ってくれる人を雇うことが一般的である．その労働力は，水産加工業の工場で働く非正規労働者や漁業者の親戚などから構成される．だがキャッシュ・フォー・ワークのスキームに労働力が流れ，せっかく漁業が復旧の歩みを始めても十分に収穫できないということが生じた．

同様に緊急雇用のスキームを通じて，支援や復興の活動に被災者がスタッフとして雇われるということも見られた．その給与は現地の水準としては高く一定の魅力を持ってはいたが，事業の終了と共に雇用は失われた．支援や復興のために奔走したにもかかわらず大量解雇されるということの当事者の挫折や失望は深く，当事者内部や支援者との関係性に傷を残すことにもなった．

支援活動が多くの場合重要な役割を果たした一方で，地域の自生的なシステムに負の影響を与えた側面についても，今後検証が必要である．

4──贈与経済の二重構造

他方，市場に代替されない活動は，現地のシステムと緊張を生むことは相対的に少ない．例えば，自治会長の聞き取りからも，傾聴やサロン活動への協力などに対しては肯定的な評価が多かった．これは物資の提供であっても同様である．当事者のニーズはありながら，市場によっては提供されず，行政からの供給も不十分な場合，その贈与は非常に重要になる．

その興味深い例の1つとして，国際NGOのセーブ・ザ・チルドレン・ジャパン（公益社団法人）が行った集会所の設置がある．仮設住宅団地の集会所は，住民自治のための話し合いや様々な活動のために重要であるが，災害救助法によると，約50戸以上の仮設住宅がある団地にしか設置されない．これに対しセーブ・ザ・チルドレン・ジャパンは，子どもが10人以上いる仮設住宅団地という独自基準で，次々と集会所を設置していた．

行政にも市場にも還元されない領域は市民セクターが息づく場所だが，そのアクターが行政機能を代替するような大規模な活動を実現したことも，今回の東日本大震災の特徴の1つである．例えば，国際NGOの難民を助ける会（認定NPO法人）は，福島県の全ての仮設住宅に生活必需品を配布した他，福祉

施設に人工呼吸器や発電機を提供したり，1カ所あたり数百万規模の福祉施設の修繕を次々と行っていった．

このような大規模な活動を可能にした背景の1つには，阪神淡路大震災以降にNPO法など市民セクターのための制度的・組織的基盤が構築されたということがある．だがそれだけでは説明できない．もう1つ重要なポイントとして，上記の例にもあるように大規模な活動の担い手には国際NGOが多かったことが挙げられる．実際に，寄付総額の大きいNPOの上位は，ほとんどが国際NGOが占めている（日本ファンドレイジング協会編，2012：42）．上述の「難民を助ける会」の2011年度の収入は，臨時の東日本大震災関連収入だけで約22億円にのぼっており，これは小規模な被災自治体の予算（例えば，岩手県野田村の2009年度歳入は32億円）と比べられるほどの規模である．

一部の国際NGOにおいて，このような活動が可能になった背景には次の2つがある．

第1に，独自の官民連携のスキームが存在することである．2000年にジャパン・プラットフォーム（JPF）が設立されるが，これは外務省，経済界（経団連1％クラブ）が資金を出し，加盟するNGOが，海外での災害発生時に迅速な緊急援助活動を可能にするシステムである．2011年度時点で33の団体が加盟していたが，東日本大震災時にはこの加盟団体だけで約60億円を使用することができた．

このほか，外務省は，2002年から「日本NGO連携無償資金協力」を，2003年からは「NGO事業補助金」を開始し，それらの額は増加していく．この国際NGOへの資金流入は，ODAが1997年をピーク（約1.2兆円）に，その後のネオリベラリズムの中で半減し，その分が「効果的」な支援のために民間団体の活用が求められるようになったこととも関連している．NGOに流れたのはODAの減額分に比べるとわずかではあるが，市民セクターにとっては巨額なものであり，国内団体との間で格差を作り出していった．この意味でNGOへの政府資金の流入は，グローバルレベルの再分配の放棄と表裏であるとも言える（仁平，2012a；2012b）．

第2に，グローバルな贈与経済へのアクセス可能性である．東日本大震災では，海外の政府や団体からの寄付や資金スキームが提供されており，それは初年度で175億円以上にのぼった（日本ファンドレイジング協会編，2012：31）．その多くは政府や日本赤十字社に送られたが，国際NGOは直接それらにアクセスすることができた．グローバルな助成金は競争的資金としての性格を持ち，

申請から資金獲得に至るまでには高い英語力や厳格な評価に耐えうる高い事業遂行能力が求められるが，そのスキルを持つものは，国際 NGO に多かったためである．

以上の結果，国内の NPO と国際 NGO との間に「贈与経済の二重構造」とも呼ぶべき状況が生まれた．大規模な NGO の登場は日本の市民セクターの成長の証でもあると同時に，新たな〈贈与のパラドックス〉を生み出す背景にもなっている．例えば，県や自治体レベルにおける支援や復興に関する会議に，大規模な国際 NGO が市民セクターの代表として参加するケースがしばしば見られ，逆に地域に根ざし当事者に近い小規模な団体の声が過小にしか媒介されないというケースが見られた（仁平，2012a；2012b）．これは当事者主権という点では問題があるだろう．

また，助成元の海外の政府や団体が，時に寄付者としての意向を強く押し出すケースも見られた．例えば建築物に自分たちの名を入れることや，当事者のニーズより自分たちの社会・文化の基準で事業の遂行を強要するケースも少数とはいえ存在した．このような問題を克服し，グローバルな資源をローカルな関係性のもとに適切な形で埋め直すことが，NGO などの媒介者には求められる．

以上は，今回の東日本大震災で見られた支援のごく一部の形に過ぎないが，それだけでも様々なリージョンレベルにおける多様な〈贈与／交換〉が行われ，様々な質のパラドックスが生じていた．それらを一括して評価することはできないものの，これまで蓄積されてきた支援・ケアに関する臨床の実践知（似田貝編，2008）の観点から，改めて問い直し精査していくこと——これこそが，東日本大震災から4年が経つと同時に，次なる〈災害〉に向かう時間軸の中で必要なことと思われる．

■──参考文献

永松信吾，2011，『キャッシュ・フォー・ワーク——震災復興の新しいしくみ』岩波書店．

似田貝香門編，2008，『自立支援の実践知——阪神・淡路大震災と共同・市民社会』東信堂．

仁平典宏，2011，『「ボランティア」の誕生と終焉——〈贈与のパラドックス〉の知識社会学』名古屋大学出版会．

仁平典宏，2012a，「〈災間〉の思考——繰り返す3・11の日付のために」赤坂憲雄・小熊英二編『「辺境」からはじまる——東京／東北論』明石書店，pp. 122-158．

仁平典宏，2012b，「3・11 ボランティアの『停滞』問題を再考する——1995 年のパラダイムを超えて」長谷部俊治・舩橋晴俊編『持続可能性の危機——地震・津波・原発事故災害に向き合って』御茶の水書房，pp. 159-188.
日本ファンドレイジング協会編，2012，『寄付白書 2011』日本経団連出版.

10章
帰属としてのコミュニティ
原発被災コミュニティのひとつのかたち

吉原　直樹

1　はじめに

　ある法律学者が2011年6月24日に公布・施行された東日本大震災復興基本法の「提言」に関して，そのキーワードをなしている「つなぐ」ということについて，次のように述べている（飯島，2011, 12ページ）．

> 東日本大震災は，確かに「つなぐ」ことの重要性を切実に訴えかけ，またイエ社会的な絆の見直しを迫る契機となった．しかし提言の政治学的，社会学的ないし文学的な言明は，ある種の危うさをもはらんでいる．それは「つなぐ」という思想が，一つの押しつけ社会像として浮遊しているように見えるからである．

　考えてみれば，東日本大震災直後から，絆とかつながりなどといった言葉があちこちで交わされ，そのことが1つの社会現象といえるほどになっている[1]．他方，被災者の生活再建の要として期待されているコミュニティに目を移すと，「元あるコミュニティの維持」や「従前のコミュニティの確保」が声高に叫ばれ，社会のさまざまなところから沸き起っている絆やつながりを唱和する声と見事に響き合っている．こうした事態は，3.11以前において，グローバル化の進展とともに人びとの間に漠然と広がっていた「個別具体的なもの」，「触知可能なもの」をさぐる動き，そしてそれが転じてあらわれているローカルなものやヴァナキュラー（土着的）なものへの願望を水脈としているように見える．

いま私たちのまわりで沸き起こっているコミュニティ論議の1つの特徴は，コミュニティが強固な一体感とともに，一種の「癒し」的効果をもつものとして論じられていることである．それとともに実体的な概念というよりは，むしろ規範的な響きをもつ概念として展開される傾向にあることが指摘される．ここでは，これらの点を確認したうえで，震災復興に関連して交わされているコミュニティ言説と現にコミュニティを構成している要件あるいは基盤との間に齟齬／乖離が生じていることを指摘したい．なぜなら，このことを見据えないで，コミュニティへの期待を膨らませるならば，先にとりあげた「『つなぐ』という思想が一つの押しつけ社会像として浮遊」するだけでなく，具体的な制度設計のための基盤構築にとって重大な妨げになってしまう惧れがあるからである．

　もっともこのことを言うなら，そもそも「つなぐ」ことが「人と人をつなぐ」ことであると認めたうえで（飯島，2011，15ページ），それを具体的にどのようなものとしてとらえるかが問われなければならない．この点について，冒頭でとりあげた法律学者は，「人と人をつなぐ」ものとして「土地から切り離された」ボランティアをあげている．そして東北の現実は「集落・コミュニティを結ぶ強い絆に阻まれ，［そうした］ボランティアは低調である」としたうえで，一方で「人と人をつなぐ」ボランティアを（非現実的なものと）貶価しながら，他方で「土地につながれた共同体」を「期待しうるものであり，期待すべきものである」としている．つまり，コミュニティが「共同体と共同財産からなる地域」をベースにしてとらえられている（飯島，2011，15ページ）．

　これに対して，筆者は東北の現実を踏まえて，むしろ「土地から切り離された」ボランティアを「人と人をつなぐ」コミュニティの基軸に据えるべきだと考えている．ちなみに，佐々木伯朗は，そうした筆者の立場を次のように論じている（佐々木，2014，308ページ）．

　　今回の震災時，とりわけ発災直後において地域コミュニティがほとんど機能しなかったことをあげて，その再生のためには住民とボランティア等の外部の主体との「出会い」が必要であるとして，むしろコミュニティ再生のためにこそボランティアが今後必要になっているという見方をしている．

以下，本章では，先の法律学者のようなとらえかたがなお根強くみられることを認めたうえで，原発被災地域では，もとあった地域への回帰がまったく望めない自治体[2]が多くみられるなかで，どちらかというと「領域」＝「土地」を越えて分散した住民にたいする横断的な公共サービスがもとめられ，それとともに従来型のコミュニティに回収されない人と人のむすびつきがリアリティをもつようになっているという立場にたち，議論を進めることにする．

2　「あるけど，なかった」コミュニティと「国策自治会」

　周知のように，福島第一原発の水素爆発によって相双地区の住民のほとんどは避難を余儀なくされた．かれら／かの女らの多くは，避難所等を経て仮設住宅に入居した．ところでここでみる大熊町の場合，仮設住宅ごとに入居行政区が振り分けられた（表1参照）．そして各仮設住宅には，例外なく「上から」の働きかけによって自治会が組織された（少なくとも，筆者がみてきた大熊町の仮設住宅ではそうだった）．それはもともと国から町へと降りてきた，「元あるコミュニティの維持」というトップダウンの指示に従う形で行政主導で結成されたものである．文字通り「国策自治会」としてあったのである．しかし考えてみれば，「元あるコミュニティの維持」ということ自体，原発被災地域ではほぼ虚構（フィクション）に近いものであった．

　ちなみに，原発爆発前後の被災者の避難行動をみると，多くの人びとは行政区および班があったにもかかわらず，そしてそうしたものの動員に基づいて過去20回にわたって原子力防災訓練がおこなわれてきたにもかかわらず，爆発の前後，行政区，班の指示に何らしたがうことなく（というよりは，まったく見向きもせずに），家族や親類と連れ立っていち早く自家用車で避難している．つまり「土地」とむすびついたコミュニティがあったにもかかわらず，そうしたものを見ないで避難しているのである（吉原，2013a；2013b）．この「あるけど，なかった[3]」コミュニティ状況については，爆発という「想定外のできごと」のせいにしたり，パニックという心的状態から説明したりすることは一応可能である．しかし，筆者らの別の調査結果を援用すると，むしろ原発立地時

表1 仮設住宅と入居行政区 (大熊町会津若松地区)

仮設住宅	入居行政区
松長近隣公園	熊一区, 熊二区, 野上一区, 下野上一区, 大野二区, 小入野区
河東学園	下野上一区, 町区
扇町1号公園	大川原二区, 夫沢一区, 町区
亀公園	野馬形区
松長5号公園	大川原一区
みどり公園	大河原一区
扇町5号公園	野馬形区, 小入野区
第2中学校西	野馬形区
東部公園	下野上一区, 大野一区
城北小学校北	中屋敷区, 下野上二区, 大川原一区
河東町金道地区	下野上三区
一箕町長原地区	夫沢三区, 熊三区, 大和久区, 熊川区

出所：吉原（2013a, 104-105ページ）より作成.

点からはじまった町全体をおおう受益体制とそれに馴致した諸個人レベルの個人主義的消費生活様式の進展が爆発直後のきわめて私事化した避難行動に象徴的にあらわれたといえる（吉原，2013a；2013b）．いずれにせよ，「元あるコミュニティ」は，すでに3.11以前に集落意識の衰微とともにほぼ瓦解していたこと，そしてそれとともに「あったけど，なかった」コミュニティ状況がかなり進んでいたことが考えられる．なお，先に言及した動員型の原子力防災訓練はこれに拍車をかけることになったと思われる．少なくとも，原子力防災訓練によって，「元あるコミュニティ」が本来有していたはずの自立性の基盤が大きく損なわれることになった点は否定できない（詳細は吉原（2013a；2014a）を参照のこと）．

にもかかわらず，仮設住宅において一律に横並びで組織された「国策自治会」は，「元あるコミュニティの維持」という虚構の上に打ちたてられた．すなわち，ここでは実態から乖離した，多分に規範的な響きをもったコミュニティが，「元あるコミュニティの維持」というシナリオの下に「国策自治会」として結成されたと考えられる．同時に，それは当初から国，県，そして町が避難民と直接接触する場面で，復興施策を上から下へと一方向的に降ろしていく役割を担わされることになった（いわゆる行政的起用）．つまりガバメントの底辺にしっかりと位置づけられたのである．

とはいえ,「元あるコミュニティの維持」というシナリオは,実態としてのコミュニティとはまぎれもなく落差があるとしても,これまでコミュニティ論議の中心をなしてきた,いわゆる集団現象としてのコミュニティという考え方を基本的に継承していることはたしかである.問題は,そうした考え方が原発被災地域の現実に照らし合わせて,もはやリアリティをもちえないことである.しかしその点は後述するとして,さしあたり,これまで集団現象としてのコミュニティとしてとらえられてきたものがどのようなものであるのかについて簡単に触れておこう.

3 集団としてのコミュニティから帰属としてのコミュニティへ

社会学の分野に限定しても,これまで途方もない数のコミュニティ論が立ちあらわれては消えた.極論すれば,コミュニティという概念はコミュニティを論じる者の数だけある.だからこそ,空しいことだとは思いながらも,過去に何度もコミュニティ論の系譜について整理しようとする試みが立ちあらわれ,コミュニティについての公準を設定しようとする論者が次から次へと出現したのである.結局,百家争鳴のなかで,数々の論者が何とか折り合いをつけ,合意に達することができたのは,コミュニティを集団現象としてとらえるということであった.こうしたとらえ方は,社会学を超えて広くゆきわたっているように見える.

集団としてのコミュニティという考え方は,ひとことで言うと,コミュニティは地理的境界をもつ一定の場所を前提として,それへの帰属によって生じる結合関係によって成り立つととらえるものである.つまり「地域性」と「連帯性」／「共同性」を二本柱とするコミュニティ概念がこの考え方の基本をなしている.ちなみに,アメリカ文化史学者である能登路雅子は,従来のコミュニティは「地域性」と「連帯性」を二大要件とし,「特定の地域で利益や価値観を共有する人間の集まり」としてとらえられてきた,と指摘している(能登路,1993,178ページ).能登路のいう「連帯性」は筆者の考える「共同性」に相当するものであるが,コミュニティを「地域性」と「連帯性」／「共同性」の2つの系でとらえる見方[4]はかなり浸透しており,たとえば,コミュニティの定

義としてよく引例されるC.ベルとH.ニュービーの以下のようなとらえ方は，上述の見方にたいして素材提供の役割を果たしているといえる．

　それでは，ベルとニュービーのいうコミュニティとはどのようなものであろうか．それは3つの文脈でとらえることができる．第1は「地誌学的／地政学的な意味でのコミュニティ」である．これは「近接し，共在する地理的空間」である．第2は，「局所的で相対的に境界づけられたシステミックな相互関係」を特徴とする「ローカルな社会システムとしてのコミュニティ」である．第3は，「人格に基づく強い紐帯，帰属意識，温かさを特徴とする人間同士のむすびつき」をキーノートとする「感情の交わりとしてのコミュニティ」である（Bell and Newby, 1976）．詳述はさておき，こうしたとらえ方から，先に言及した「地域性」と「連帯性」／「共同性」という2つの要件がきわめてわかりやすい形で浮かび上がってくる（同時に，そこには定住主義のぬきがたい痕跡を観てとることができるが，この点は後述する）．

　ところで，集団現象としてのコミュニティは，グローバル化の進展とともに，このところ大きく変容しているように見える．近年の議論で特に強まっているのは，地理的境界とコミュニティ意識の境界が一致しなくなる事態に着目しながら，一方で「地域性」を後ろに追いやり，他方で「連帯性」／「共同性」を前に据えるコミュニティ論である．平たくいうと，明確な境界線によって囲い込まれた「地域性」を外して，もっぱら「土地から切り離された」，「連帯性」／「共同性」を強調するコミュニティ論の台頭である．ことに原発被災地域では，こうしたコミュニティ論が力を得ているように見える．さて，このようなコミュニティ論において鍵となるのは，場所への帰属をどうとらえるかという点である．この場合，あらためて問題となるのは，場所との関係である．いうまでもなく，コミュニティが一定の繋留点と範域をもつ場所とまったく無関係に存在するということはあり得ない．むしろここで問われるのは，場所のありようである．詳述はさておき，原発被災地域では場所のありようが根底から変わってしまっている．

4　場所の変容と帰属の複層化

　考えてみれば，社会科学で場所を論じるということは，久しい間なかった．むしろ文学とか哲学などで議論が先行した．社会学において場所論が一種のブーム性を帯びて立ちあらわれるようになったのはごく近年のことであり，いわゆる「空間論的転回」（spatial turn）が人文科学および社会科学の諸領域を席捲するようになってからである．したがって系譜らしきものはできていないが，場所論議としてはこれまでのところ大きく2つに分かれている．1つは，ハイデガーの影響下にあるとらえ方で，特定の地域に「根づくこと」，「住むこと」という感覚によって支配された，くつろぎ安らげる小世界／親密な空間であるとするものである．コミュニタリアン的な色調の強いものである．そしていま1つは，（場所を）特定の地域をこえて外に拡がる関係が埋め込まれた場であるとするとらえ方，換言するなら関係性の拡がりとしてみる立場である．前者は，本章の「はじめに」のところで言及した「土地につながれた共同体」を彷彿させるものであるが，ここでは後者により注目する．なぜなら，その方が「土地から切り離された」，「連帯性」／「共同性」の要をなす帰属の内容がより大きく浮かび上がってくると考えられるからである．

　こんにち，「『移動を余儀なくされた』住民」（真渕，2014，26ページ）である避難民の生活は，被災前にある程度維持していた，一定の領域内で完結するというものではなくなっている．たしかに「被災の共有」（shared disaster）という点で共通の地平に立っているといえるが，帰還と移住，そして滞留が複雑に交錯するなかで，容易に共通利益が見出し得ない，あるいはそういったものが消滅している居住空間のなかに置かれている[5]．そして，避難民はこれまでコミュニティの基本要件をなしてきた，前掲の能登路がいう「特定の地域で利益や価値観を共有する人間の集まり」に必ずしも依拠しなくなっているし，そうしたものにアイデンティティも感じなくなっている．むしろ避難民の間で補償とか除染，あるいは帰還などをめぐって分断が生じ，それが大きくなるなかで，避難民はより大きな空間や多種多様な利害が渦巻く諸集団につながっていると感じるようになり，またアイデンティティも拡散するようになっている．

まさに帰属の複層化が進んでいるといえるが，それは単に帰属対象の拡がりを示しているというよりは，むしろ常に揺れ動いている選択的な帰属の増大を示しているのである．

このことは，集団としてのコミュニティが，いまなお非選択縁のような関係によって貫かれた一定の地域で完結する集団，たとえば町内会や自治会に足を下しながら，境界線をもった範囲を超えて拡がっているアソシエーショナルな集団，たとえばNPOやボランタリー・アソシエーションにも基盤を置いていることからも理解することができる．またそうした点でいうと，今日関連する領域で拡がっている，コミュニティを地域コミュニティとテーマ（もしくはネット）コミュニティに区分する二分法的発想、あるいはその亜流としてある「地域コミュニティからテーマコミュニティへ」というとらえ方は適切ではない．

ここでは，大熊町の仮設住宅のO自治会から立ちあらわれているFサロンを事例にして，指摘されるような帰属の複層化がどのような形で進んでいるのか，そしてそこにどのようなコミュニティ・イッシューがひそんでいるのかを検討することにしたい．

5 さまざまな「異種の存在」との出会い
―― Fサロンを通して見えてくるもの

O自治会は，会津若松市に立地する12の大熊町仮設住宅の1つであるO仮設住宅において結成された自治会である．O自治会は，避難民の仮設住宅への入居がはじまった2カ月後の2011年8月に立ち上がった．聞き取りによると，「役場からのはたらきかけ」によって結成され，自治会長には役場が推薦した区長が就いた．典型的な「国策自治会」である．またそうした点では，他の仮設住宅で前後して立ち上がった自治会と「横並び」のものとしてある．しかしO自治会が立地する仮設住宅は，他の仮設住宅と組織構成上大きく異なる点がある．そこは名目上行政区が割り当てられているものの，実質的に行政区に関係なく高齢者や身体の不自由な人びとが寄り集まっている．この場合，この仮設住宅の「異他的」な構成については，歩いて行ける範囲内に，総合病院，大型スーパー，郵便局などが立地していることが大きく作用している．こ

の仮設住宅のO自治会に，2011年8月中旬，Fサロンが結成された．それは町包括支援センター主催の「いきいき教室」に参加した人たちが中心になって，1週間に1回「集まろう」ということになって始まったものである．そして一見何の変哲もない「おしゃべりの場」として，仮設集会所を拠点にして現在まで切れ目なく続いている．

　興味深いのは，避難民がこのFサロンを通して，「元あるコミュニティ」では望めないような「異なる他者」——自分たち以上に「弱い他者」としてパッケージされ，周縁に置かれ続けてきた人びと——と交わり，関心が外に向かうようになったことである．しかし「異なる他者」との出会いということでいうと，サロンの活動を通して全国各地からのボランティアとの交流を深めてきたことも無視できない．このことによって，内に閉じられ，求心的になりがちなサロンに「よその人の目」が息づくとともに，自分たちの思いが「よその人」に伝わることになったのである．つまり「サロンを通して日常的に自分たちとは違う『異なる他者』および『よその人』と交わることになった．そしてサロン自体，『気楽におしゃべりする』ことを基調としながらも，それにとどまらない活動を展開するようになった．何よりも，生活再建に欠かせない……イッシューに向き合うことを通して，自分たちの置かれている位置を確認するようになった」（吉原，2014a, 40ページ）．

　サロンはまた，「国策自治会」が「上から」の対応に追われ，自治会ベースでは対応できない地元社会との交流を積極的に推し進めている．これまでメディア等で地元社会と仮設住宅との間に「妬みと軋轢」が生じ，このことが避難民の孤立化を招いていると報じられてきたが，活動を通してサロンと地元町内会の交流が深まり，そのことによって上記の状況が改善されるようになっているのはたしかである．基本的には，こうした交流も「よその人」，「異なる他者」との出会いとしてあるといえよう．

　こうしてみると，避難民は自治会のメンバーとしてはいまだ「国策自治会」の機制のなかにあるものの，サロンを介してさまざまな「異種の存在」に出会い，そのことを通して避難民自らが生活課題に気づき，それらに向き合う状況が生じていることがわかる．ここには，外に開かれたサロンという場／様式を通して，避難民自らの意図的な営みを抱合するようなもうひとつのコミュニテ

表2 サロンの展開

地　区	サ　ロ　ン　名
会津地区 （大熊町社会福祉協議会）	「なごみ」in 門田，「げんき」in 日新，「ひまわり」in 一箕，喜多方サロン cf. 会津地区つながっぺ！おおくま日帰り交流会
いわき地区 （大熊町社会福祉協議会いわき連絡所）	いわき四倉アロン，サポートセンターサロン，いわき植田サロン，「ひなたぼっこ」（平），大熊町交流カフェ，いわき鹿島サロン，いわき泉サロン，いわき草野サロン，いわき内郷サロン，いわき磐崎サロン cf. いわき地区つながっぺ！おおくま日帰り交流会
中通り地区 （大熊町社会福祉協議会中通り連絡所）	サロンつながっぺおおくま in こおりやま（郡山市），茶話カフェ Rococo～ろここ～（郡山市），ホットサロン「てって」（福島市），気軽に集まっぺ「もみの木」（白河市ほか県南地域），「こらんしょ大熊」（福島市ほか県北地域），大玉村社協サロン cf. 中通り地区つながっぺ！おおくま日帰り交流会
相馬地区	借り上げ住宅サロン（相馬市），かしまに集まっ会（南相馬市），「げんきが～い」（伊達市）

注：表中，（　）内は連絡事務所をあらわす．
出所：吉原（2014a, 41 ページ）より引用．

ィが立ちあらわれている．あらためて注目されるのは，表2にみられるように，サロンが広域にまたがる「みなし仮設」といわれている借り上げ住宅に移り住んでいる避難民の間で急速に拡がっていることである[6]．もともと「みなし仮設」の避難民の間から立ちあらわれている自治会は，「国策自治会」とは違って任意加入を原則としている．また「国策自治会」にみられがちなトップヘヴィの運営状況は見られず，そこで展開されているサロンの活動もフットワークが軽く，「異種の存在」に自由にアクセスできるようになっている．ここでいう「もうひとつのコミュニティ」の内実をより豊かにはらんでいるものであるといえよう．

それでは，そうした「もうひとつのコミュニティ」を先にみた帰属としてのコミュニティ（あるいはその変容）に重ね合わせると，どのようなことが言えるのであろうか．以下，簡潔に述べることにする．

6 場所から過程へ,「固定的なもの」から「流動的なもの」へ

　コミュニティを帰属に照準して議論を展開していく場合に, G.デランティの主張が1つの導きの糸となる. すでに述べてきたところから明らかなように, コミュニティを物理的近接に基づく帰属からなるものとするとらえ方は, もはや絶対的なものではない. 絶望と不安定性が入り混じる避難民の世界で,「土地につながれた共同体」への帰属がもたらす心地よさへの願望が一定程度存在することは否定できないが(それはメディアが愛郷心という形で喚起しているものと無関係ではない), 避難者の流浪する生活とともにあるコミュニティはそうした願望を抱えきれなくなっている. 避難民の多様化するニーズと複雑に絡まり合いながら立ちあらわれている帰属としてのコミュニティは, 一定の土地を前提としない, つまり「固定的なもの」をベースとしないという点に最大の特徴がある. ここでは, デランティの主張に耳を傾けることで, こうした帰属としてのコミュニティが含意するものに近づいてみよう.
　デランティがいうには, コミュニティは帰属と密接に関連しているが, それは制度的なもの, 空間的に固定されたものにではなく,「帰属のあり方について語り合う能力」にかかっており,「対話的なプロセスの中で構築されるものである」(デランティ, 2006, 261ページ). このようにして, 帰属の軸線が境界線をもつ場所から過程へ,「固定的なもの」から「流動的なもの」へと動く(シフト)ことが言明され, コミュニカティヴ(対話的)なコミュニティが提唱される. ここでは明らかに, コミュニティがこれまでのようなコミューン(共同体)の位相で「一体的なもの」として語られるのではなく, むしろコミューンの対極にあるとされてきた個人主義と響き合う形で論じられている. またその要をなす帰属そのものが「複数的なもの」として想到されている. デランティは, 帰属について「何よりもまずコミュニケーションの参加である」(デランティ, 2006, 261ページ)と述べている. そこで観取される場所には,「囲われたもの」,「永続的なもの」という含意はない. あるのは, たえず揺れ動き, 外に拡がる関係性とともにある場所である. こうした場所, そしてそこに見え隠れする帰属としてのコミュニティを先にみたFサロンにおいて原的に見出すこと

ができるというのが，ここでの主張である．

　なお，繰り返しになるが，帰属としてのコミュニティが個人主義と響き合っているのは一見矛盾するようにみえるが，既述した「あるけど，なかった」コミュニティ状況が，原発立地時点からはじまった原発に依存する受益体制（→「原発さまの町7）」)，さらにそれが地域全域を覆うなかで徐々に進展することになった人びとの個人主義的消費生活様式と無関係でないこと，むしろそうしたものをひきずっていたことを想起するなら，そしてそうした「あるけど，なかった」コミュニティ状況が何らかの形でその後のコミュニティ状況に影響を及ぼすことになっていると考えるなら，むしろ当然の成り行きであるといえるかもしれない．またそうした点で，「3.11以前」と「3.11以降」はとけがたくむすびついている．しかしデランティの主張に立ち返っていうなら，個人主義の延長上にあるコミュニティが注目されるのは，その文脈ではない．それが「開放性」に基づく帰属を基調としていることこそが重要なのである．そこにひそむ「自分に閉じこもることなく，しかし，また全体に融合することもない」（土屋，1996, 55ページ）共同性＝関係性のなかみを深くさぐってみる必要がある．

7　コミュニティにおけるジレンマ

　避難民を取り巻く環境はいっそう厳しくなっている．何よりも，賠償，除染，帰還をめぐって，そして大熊町に限定するなら，さらに中間貯蔵施設をめぐって，分断がより深刻なものになり，多次元におよんでいる．そうしたなかで，「生活の共同」にかかわる避難民の行為をみると，イッシューによって導かれたアドホックな協働（コラボレーション），そしてそれゆえに立ちあらわれては消えていく協働に回収されていくものが多くなっている．こうなると，避難民はかつての共同体が担保していた共通の利害とメンバーシップを支える人的結合に依拠することは困難になる．生活再建に向けて他者とつながることがあるとすれば，基本的にはステークホルダー（利害関係者）としてである．自治体，NPO，ボランティアなどの多様なステークホルダー間のネットワークがいのちのつながりを保障する関係性を構築することになるのである．だからこそ，デランティのい

うコミュニカティヴなコミュニティ，すなわち流動的で多様なコミュニティが原発被災地域により適合することになる．そこでは，利害の調整のため，コミュニカティヴなコミュニティを打ちたて，小さな共同体に自閉しないルールを確立することが求められる．

　とはいえ，このことはけっしてたやすいことではない．原理的に考えると，避難民の生活再建にかかわる公共的な意思決定は，まぎれもなく行政区画という領域を基礎にして行われる．それは決定の正当性（レジティマシー）を保持するために欠かせない．だが，原発被災地域では，法制度上「想定外」の事態である「空間を越えた地方自治体」（真渕，2014, 27ページ)[8]が常態化しており，上記の正当性が揺らいでいる．だからこそ，当該自治体はこの正当性を再獲得しようとして，帰還政策に走る．他方，避難民は上記の「空間を越えた地方自治体」の下でまとまって共同生活を営んでいるわけではない．「移動し分散する避難民」にとって，かつての行政区域内はもとより，行政区域を越えたところでも，利益の共通性がのぞめなくなっている．それとともに（利益の共通性を前提とする）帰属対象は，先に述べたようにひたすら広域化し複層化している．そこに，一方で行政区域という領域性を保持しようとするガバメントの意思が強く作用し，他方で領域を越えた関係性がどんどん拡がるといったジレンマが生じ，それがコミュニティに深い影を落とすことになる．考えてみれば，先にみたFサロンは，そうしたジレンマの上にあるともいえる．

　ちなみに，本章の第2節でみたような「上から」の「元あるコミュニティの維持」の追求は，領域的で持続的なコミュニティへの熱い思いが芽を吹いたものといえないわけではないが，それだけ公共的意思決定の担い手が上述のジレンマに苦悩していると読み取ることができよう．とはいえ，上記の領域的で持続的なコミュニティへの熱い思いが大きな社会の仕組みや制度から回避して，小さなコミュニティへ逃げ込む状況（それはR.セネットが『公共性の喪失』において危惧した状況であるが）を示しているとするなら，それは先に述べた小さな共同体に自閉しないルールの確立に向かっているとは決していえないであろう．いずれにせよ，Fサロンにおいて微かではあるにせよ見出すことができる「内在に還ることなく，『外』に向かって開かれている」（ブランショ，1984, 185ページ）関係の構造がきわめて不安定なものであることを忘れてはならない．

8　むすびにかえて

　本章では，1つの事例に即して，筆者が主張する帰属するコミュニティのある「かたち」をみた．それは帰属するコミュニティを説明するには，あまりにも傍証不足かもしれない．また事例としてとりあげたFサロンの全体像があまりにも不明瞭であるかもしれない．最後に，そうした限界を認識したうえで，表題にかかわる論点および課題について少しばかり述べておこう．

　最初に問われるのは，コミュニティが場所もしくは土地との関連においてどのような位置を占めているかという点である．原発被災地域の現状を踏まえながら，さしあたり期待とか願望などから切り離して，コミュニティの実態を浮き彫りにしようとすれば，まず（コミュニティが）一定の場所を前提とする「地域性」の要件を欠くようになっていることを確認する必要がある．もっとも，こういうと，コミュニティは場所と全く関係がないと解されるかもしれないが，そうではない．コミュニティは場所を抜きにしては語れない．ここで重要なのは，場所が「領域的なもの」から「関係的なもの」へと移行しているということである．こうした認識のうえに，帰属意識空間の拡がりがコミュニティにとって絶対的な要件となりつつあることが明らかにされるのである．そしてコミュニティが流動的で複層的なものとしてあるということも，ここから導き出される．繰り返すまでもないが，コミュニティを「永続的なもの」，「固定的なもの」とする見方は，「空間を越えた地方自治体」と「移動し分散する避難民」がはげしくせめぎ合う現実を前にしてリアリティを持ち得ないであろう．

　さてここで視線をずらして，別の問いかけをしてみよう．Fサロンは，まぎれもなく「国策自治会」から出自している．そうした点で，「上から」の統治であるガバメントの機制にすっかり取り込まれている．しかし，その活動の拡がりにおいて，さらにさまざまな「異種の存在」との出会いにおいて，ガバメントの機制からはみでている．つまり，「土地につながれた共同体」と親和性を有する「領域的自治」（飯島淳子）から解き放たれている．この「はみでている」，そして「解き放たれている」先にあるのが，R.オルデンバーグのいう「サードプレイス」のようなものかもしれない．そこでは「誰でもが好きな時

に来て」「関係のない人どうしが関わりあう」．しかもその場合，「誰かの考えに『無理やりつきあわされる』ことはない」「自分と反りが合わない人びとと折り合いがつけられる」．そしてそうして「集まった人びとのなかから……別のかたちのつきあいが始まる」（オルデンバーグ，2013）．見知らぬ者どうしが「話し合う」ことからはじまるこうしたサードプレイスは，国家や行政にたいして「『対峙』しつつ『対話』する」（田中，2014，161ページ）という「協同的な社会関係」——より広くいきわたっている概念を用いると，ガバナンス（協治／共治）の論理——とともに創発（emergence）の機制[9]もはぐくみつつあるように見える．

　以上のことと関連してもう1つ問いたいのは，従来のコミュニティ論に色濃く漂っている定住主義をどう見るかという点である．この点は，前掲のベルとニュービーが指摘していることでもあるが（Bell and Newby, 1976），原発被災地域を見ていると，強いられたものであるとはいえ，避難民の移動性向が非常に強く見られ，定住をアプリオリに措定するコミュニティ論のリアリティが問われる．アーリのいう「オン・ザ・ムーブ」（アーリ，2015）の概念，そしてアーリがヒュームなどから援用した「アイデンティティが場所に根ざすよりも，動きながら形成され維持される諸関係を通して生み出される」とする言説（アーリ，2015，177ページ）を通して，コミュニティ論に見られる定住主義の抜きがたい痕跡をまずは相対化してみる必要があろう．

　さて以上言及した課題と連動してあらためて指摘しなければならないのは，みてきたような帰属としてのコミュニティが避難民の間に広くいきわたっている個人主義と敵対するどころか，むしろその延長線上に位置づくという点である．そしてそのことを認識するなら，コミュニティが多様で個別的な「かたち」をとることを柔軟におさえるとともに，コミュニティ施策のありようを根底から問い直す必要があろう．そのためには，旧来のように画一的な地域社会観や規範の下に，その基本的な方向をメンバー間に存在する共通性に求めるのではなく，住民を個別的な存在としてとらえたうえで，そうした住民に個別的に対応する施策の基本を確立すべきであろう．

　ともあれ，原発被災地域では，いま，避難民の間で幅広く見られる，強制された脱領域的な生活の拡がりとメディアなどによる愛郷心の鼓吹とともに一部

避難民の間で生じている小さな共同体への渇望との狭間にあって，コミュニティおよびコミュニティ施策が大きく揺らいでいる．ここでは移住派と帰還派がはげしくせめぎ合い，「土地との関係性の切れたネットワークだけが存在する『町』」（内山，2011，75ページ）の「不安定性」／行き先不明状況がますます目立つようになっている．

■──注
1) 阪神淡路大震災では考えられなかったことである．問題は，絆やつながりが叫ばれれば叫ばれるほど，被災者の生活再建上の格差や見通し上の格差が見えなくなる惧れが生じることである．同時に，こうした格差の不可視化は，被災者1人ひとりの生活再建を社会の後景におしやるだけでなく，現に被災地域の内外でみられる分断をいっそう複雑なものにしているという点で，被災地域を磁場として新たな成長戦略を打ち立てる経済的復興策（いわばナオミ・クラインのいうショック・ドクトリン）と同じ地平にあるといえる．したがって社会現象であると言ったが，それはすぐれて被災（本章の文脈でいうと原発被災）をめぐる「構造的問題」としてある．
2) 特に福島第一原発が立地している大熊町，双葉町がそうである．にもかかわらず，これらの自治体では，国，県と一体となって「帰還幻想」（山本，2014，176ページ）をふりまきながら，「帰還政策」を強力におしすすめようとしている．これをメディアが愛郷心を喚起する（とりわけ高齢者にたいして）ことによって支えている．だが住民意向調査結果に明白にあらわれているように，避難民のうちで帰還派といわれる部分は少数派である．そして，現状では，帰還をすすめればすすめるほど，国，県，町にたいする不信が高まる傾向にある．
3) 「あるけど，なかった」という筆者の主張には，すでに多くの批判が寄せられている．たとえば，齋藤純一は，上記の主張にたいして，「『あったけど，使われずにきた』，地域の潜在力が汲み尽くされずに放置されてきた」のではないかと反論している（齋藤，2013，176ページ）．また細谷昂は，2013年7月の東北都市学会大会のシンポジウムで行った筆者の同様の趣旨からなる報告にたいして，「あるけど，なかった」のは，「なかったが，ある」と同義ではないか，とコメントしている．いずれも，構造面に引き寄せていうと，正鵠を射た反論であり，コメントであると考えられる．しかし筆者の主張は，どちらかというと機能面での変容に着目したものである．
4) ただし，能登路の場合は，こうした見方は，「『地域共同体から意識の共同体へ』の移行がアメリカのコミュニティの歴史的変遷を示す指標をなし，そこからまたあのA．トクヴィルが瞠目した，『地域性』から切り離された市民と国家の間の中間的組織としての自発的結社（ボランタリー・アソシエーション）の伝統が浮き彫りにされる」（吉原，2013b，107-108ページ）ことを明らかにするために

打ち出されている.ちなみに,R.パットナムは『孤独なボウリング』において,トクヴィル同様,自発的結社の伝統を見据えながらも,その衰退を強調するあまり,道徳や価値について熱っぽく語るコミュニタリアンの議論に与してしまっているように見える(パットナム,2006).

5) こうした居住空間は,かつて人間生態学が主張したような「自然地域」(natural area)としてあるのではない.そこには権力的作用が深くおよんでおり,「上から」もしくは「外から」つくりだされた分断や格差が空間に鋭い亀裂を走らせている.そこはまた,「復興」が「生活の再建」に容易につながらない,いうなれば避難民の棄民化だけがやけに目立つ空間としてもある.だからこそ,こうした空間を向こうにおいてFサロンのような「もうひとつのコミュニティ」が立ちあらわれているのであるが,それは空間の意味を変えるまでには至っていない.

6) 筆者が会津若松市に拠点を置く,「みなし仮設」住民からなる「おおくま町会津会」のメンバーにたいしておこなったアンケート調査およびヒアリングで得られた知見によると,「みなし仮設」に身を寄せる避難民は,たしかに仮設住宅の入居者よりは情報過疎の状態に置かれているし,行政サービスへのアクセスという点でもやや不利な立場にある(だからこそ,「みなし仮設」の入居者と仮設住宅の入居者の間に齟齬が生じている).しかしその反面,「仮設住宅への入居の場合は明らかに強いられた側面が強い」のにたいして,「みなし仮設住宅への入居の場合,個人の選択が強く作用している」(吉原,2014b,384ページ).この「選び取っている」という側面は,自治会およびサロンのありようと密接に関連しており,みてきたような帰属するコミュニティの内質の形成にも大きな影を落としている.

7) 「原発さまの町」は屈曲している.この呼び名は,もともと避難民から出たものであるが,そこには避難者の自嘲と都会人にたいする反感がないまぜの状態で折り込まれている.筆者はそれを拙著(『「原発さまの町」からの脱却』)において全面的に展開したが,ここでは山本俊明が拙著から読み解いたものを援用しておこう.山本の解釈によると,「原発さまの町」とは「犠牲にされる者が犠牲にする者と同質化した,原子力ムラを地域側から支えるような体制ができ上がっ」た町のことである(山本,2014,181ページ).

　ちなみに,原子力ムラを通底する「犠牲の構造」については,高橋哲哉が詳しく述べているが(高橋,2012),「犠牲にされる者」と「犠牲にする者」が共振している事態についてはより緻密な分析がもとめられよう.

8) 2011年8月に制定された原発避難者特例法によって,避難民は避難先で適切な行政サービスの提供が受けられるようになった.しかし,法制度上,先例のないこうした「空間を越えた地方自治体」は,「県内に避難している『住民』には……実態を感じることができるが,県外に避難している住民にとってはそれすらもない.完全にバーチャルな存在となっ」ている(貞渕,2014,28ページ).したがって,こうした「バーチャルな存在」にたいして避難民がどうアクセスし対応するかをめぐって,あらためて本章でとりあげたサロンの役割が注目されるし,

今井照のいう「二重の住民票」が意味を持ってくると思われる（今井，2014）．とはいえ，「空間を越えた地方自治体」は，いまのところ「元に戻る」ことしか考えておらず，広域化し流動化する避難民の居住空間をコントロールし調整する有効な策を編み出し得ていないように見える．

9) ここでいう創発のポイントは，交互に並び合い，交わり合い，結び合う多種多様なつながりがどこからともなく，脈絡のないところからあらわれ，そうしたものがリゾーム状に拡がっていく，そしてときとして「開離」していくところにあるが，こうした立論は，J. アーリや河野哲也の主張に準拠している（アーリ，2014；河野，2008）．だが創発がここで注目されるのは，それがオルデンバーグのいう「サードプレイス」，あるいは筆者のいう「コミュニティ・オン・ザ・ムーブ」の内質を担保していると考えられるからである．詳述はさておき，筆者はサロンにおける創発の文脈を，「避難民が『ふれあい』，『語り合い』，『聞き合う』ことを通して『相互に関係をもつ』こと，そしてそのことによって隣接／近隣を再発見し解釈し直すとともに，自分一人ではない自分，つまり複数の自分に気づくようになっている」（吉原，2014a, 44 ページ）点に見出している．

■——参考文献

アーリ，J., 2014, 『グローバルな複雑性』（吉原直樹監訳）法政大学出版局（J. Urry, 2003, *Global Complexity*, Polity）．

アーリ，J., 2015, 『モビリティーズ——「移動の社会学」』（吉原直樹・伊藤嘉高訳）作品社（J. Urry, 2007, *Mobilities*, Polity）．

飯島淳子，2011,「東日本大震災復興基本法」『法学セミナー』683: 10-15.

今井照，2014,『自治体再建——原発避難と「移動する村」』ちくま新書．

伊豫谷登士翁・齋藤純一・吉原直樹，2013,『コミュニティを再考する』平凡社新書．

内山節，2011,『文明の災禍』新潮新書．

河野哲也，2008,「アフォーダンス・創発性・下方因果」河野哲也・染谷昌義・齋藤暢人編『環境のオントロジー』春秋社，pp. 239-266.

オルデンバーグ，R., 2013,『サードプレイス』（忠平美幸訳）みすず書房（R. Oldenburg, 1989, *The Great Good Place: Cafés, coffee shops, bookstores, bars, hair-salons and other hangouts at the heart of a community*, Da capo Press）．

齋藤純一，2013,「コミュニティ再生の両義性」伊豫谷登士翁・齋藤純一・吉原直樹『コミュニティを再考する』平凡社新書．

佐々木伯朗，2014,「震災復興と地方自治」小西砂千夫編『日本財政の現代史 III 構造改革とその行き詰まり 2001 年〜』有斐閣，pp. 287-311.

高橋哲哉，2012,『犠牲のシステム——福島・沖縄』集英社新書．

田中夏子，2014,「書評 伊豫谷登士翁・齋藤純一・吉原直樹『コミュニティを再考する』」『にじ』645, JR 総研：160-165.

土屋恵一郎，1996,『正義論／自由論』岩波書店．

デランティ, G., 2006, 『コミュニティ』(山之内靖・伊藤茂訳) NTT 出版 (G. Delanty, 2003, *Community*, Routledge).

ブランショ, M., 1984, 『明かし得ぬ共同体』(西谷修訳) 朝日出版社 (M. Blanchot, 1983, *La communicanté inavouable*, Éditions de Minuit).

能登路雅子, 1993, 「地域共同体から意識の共同体へ」本間長世編『アメリカ社会とコミュニティ』日本国際問題研究所.

パットナム, R. D., 2006, 『孤独なボウリング――米国コミュニティの崩壊と再生』(柴内康文訳) 柏書房 (R. D. Putnam, 2000, *Bowling Alone: The collapse and revival of American community*, Simon Schuster).

真渕勝, 2014, 「空間を越えた地方自治体」『書斎の窓』635: 24-28.

山本俊明, 2014, 「中間貯蔵施設と"帰還幻想"」『世界』861：174-185.

吉原直樹, 2013a, 『「原発さまの町」からの脱却――大熊町から考えるコミュニティの未来』岩波書店.

吉原直樹, 2013b, 「ポスト 3・11 の地層から」伊豫谷登士翁・齋藤純一・吉原直樹『コミュニティを再考する』平凡社新書, pp. 89-124.

吉原直樹, 2014a, 「自治会・サロン・コミュニティ――『新しい近隣』の発見」東北社会学会『社会学年報』43：35-47.

吉原直樹, 2014b, 「もうひとつの避難者たち――おおくま町会津会の人びと」『専修人文論集』95：373-392.

Bell, C. and H. Newby, 1976, "Communion, communalism, and class and community action: the sources of new urban politics," D. Herbert and R. Johnson, eds., *Social Areas in Cities*, Wiley.

11章
コミュニティの問題にとりくみだした建築界

五十嵐 太郎

1　建築家にとっての東日本大震災

　東日本大震災は，過去に類例がないほど，多くの建築家が総動員されることになった日本の災害である．阪神淡路大震災のとき，地元の安藤忠雄のほか，坂茂らがプロジェクトを立ち上げたが，関東の建築家の動きは鈍かった．ほかにも関西や四国の建築家が被災地で活動しており，彼らの経験は東日本大震災における初動に役立っている．むろん，局所的だった阪神淡路大震災に対し，東日本大震災の方が圧倒的に広域の厄災となった．地震が誘発した津波は，沿岸部で500km以上にわたって被害をもたらしている．地盤の液状化は千葉県でも起こり，関東にとっても人ごとではなかった．そして何より福島の原発事故は，世界史的な事件であり，東京も震撼させた．実際，直後の節電では，被災地の仙台や盛岡よりも，東京の方が過敏に対応し，街が暗くなっていたのをよく覚えている．つまり，東京の建築家たちも当事者の意識をもったのだ．

　もっとも，原発事故に対して，建築家が直接に貢献できることは少ない．放射線の影響が強いために，現地に入ることができなければ，リサーチが不可能だ．そうなると，対応を考えたり，計画をつくれない．また富岡町などの20km圏内の立ち入り禁止が解除されたエリアでも，実質的には人が戻らず，コミュニティの再建を考えることが，いまだ難しい段階である．少なくとも津波や地震に襲われた場所は，被災の直後から復興に向けて歩みだせるが，原発の被害を受けたエリアは，あの日から時間が止まったかのようだ．それゆえ，建築家による多くの支援活動があるにもかかわらず，原発に関するものはほとん

写真1　2010年末に入居が始まった復興ニュータウン，北川永昌（中国・四川省）

写真2　破壊された街ごと，震災遺構になった北川（中国・四川省）

写真3　3.11直後の北上川運河交流館

どない．3.11以降のアート系の活動や作品が，津波よりも原発を主題としたものが多いのとは対照的である．こうした違いは，社会的に役立つものが求められる建築に対して，ゲリラ的に介入したり，問題提起型が好まれるアートというジャンルの差に起因するだろう．

　2008年に発生した中国の四川大地震では，政府の主導により，各省が被災地のエリアごとにサポートし，大学や設計院など，建築関係の組織もそのように対応している．集団移転，復興ニュータウン，震災遺構などの決定も迅速だが，日本はトップダウンの命令系統がなく，「総動員」といっても自主的に走りまわった．いや，正確にいうならば，震災の後，建築家が行政から頼られていないことが判明したというべきか．実際，組織力からいえば，十数人程度のスタッフでまわしている建築事務所に対して，ゼネコンやコンサルティングの会社は，多くの人員を被災地に派遣し，復興の事業に大きく食い込んだ．一方で，伊東豊雄や隈研吾など，世界的に活躍する建築家には声がかからない．せんだいメディアテークや北上川運河交流館など，彼らが設計した建築の無事や被災状況を確認するぐらいである．したがって，彼らは2011年5月に帰心の会を結成し，自主的にできることを検討しはじめた．また30代〜40代の建築家たちは，被災地支援のネットワークを構築すべく，2011年4月

にアーキエイドを結成した．とくに彼らが注目したのが，コミュニティの問題である．

2　みんなの家とアーキエイド

伊東豊雄は，台中国立歌劇院などの巨大な施設を海外で手がけているが，東北の被災地では，みんなの家という小さな集会場をつくるプロジェクトに着手した．避難所や仮設住宅の劣悪な環境を目の当たりにして，建築の原点に戻り，「人々が集まり，語り合い，そこから何かが発信され，創造されていくようなコミュニティのための建築」が必要だと考えたのである（伊東建築塾のホームページより）．2011年10月，仙台の公園にある仮設住宅地の第1弾を皮切りに，釜石，陸前高田，東松島などの各地で，さまざまな建築家によるみ

写真4　仮設住宅地になった仙台の公園につくられた伊東豊雄によるみんなの家

写真5　ヴェネツィアビエンナーレ国際建築展2012において金獅子賞となった陸前高田のみんなの家

んなの家が登場した．とくに最初のみんなの家は，ダイナミックな構造技術を活用した，アヴァンギャルドなデザインで知られる伊東が，素朴な小屋のような切妻屋根の建築を設計したことでも，建築界に驚きを与えている．新奇な造形を競うのではない．これは伊東が仮設住宅に暮らす高齢の被災者と語り，こうした場が必要だと考えた結果である．

アーキエイドも，メディアの報道が集中し，大きな資本が投下される都市部の被災地に比べて，見落とされがちな牡鹿半島や雄勝などの沿岸部に点在する小さな漁村集落で活動を行う．その際，建築事務所という単位ではなく，教鞭をとっている大学の研究室の枠組を使い，多くの学生が参加しながら，ていね

写真6　アーキエイドによる牡鹿半島のコアハウス・プロジェクト

写真7　通路に屋根とデッキを導入した岩手県・平田公園の実験的な仮設住宅

いに住民の意見を聞きとり，ワークショップを通じて，それぞれの場所にあった復興の姿を提案している．集落も地形も，それぞれに異なるのだから，画一的な復興プランを自動的にあてはめても，不具合が生じるだろう．実際，集落はせいぜい数十世帯なので，顔が見える範囲で考えることが可能なスケール感である．おそらく，若いときにこうした経験を積んだ学生は，将来，コミュニティのあり方をより強く意識しながら建築の仕事を行うはずだ．地方に潤沢な予算がついたハコモノに，シンボリックなかたちを与えるこれまでの建築の仕事とは違う．

　建築という職能は，物事をリサーチして様々なことを統合するスキル，空間を読み込むリテラシー，コミュニケーション力などを前提としているが，東日本大震災の後，これらがとくにコミュニティの問題と向きあうようになった．やはり，その前提には，阪神淡路大震災の仮設住宅において，もとのコミュニティが破壊され，高齢者の孤独死が多かったことへの問題意識がある．ゆえに，山本理顕は，2011年3月から，こう唱えていた．仮設住宅を配置する際，すべての列が玄関を同じ向きにするのではなく，向き合う形式をとって，コミュニティを育む空間のあり方を採用すべきだ，と．

　仮設住宅そのものは災害の前に，メーカーの工場の生産ラインで設計されて

おり，災害が起きてから，急いで仕様を変えても実用化するのには間に合わない．が，既存のユニットの配置のパターンなら，検討が可能である．ただし，今回の震災では，5万戸以上の仮設住宅が必要になったことから，プレハブでは足りず，地場産の木材を使い，建築家が設計することができた注目すべき事例も登場

写真8　南相馬における対面するログハウスの仮設住宅とクラインガルテン

した．やはり，単に木造であるだけではなく，前述した対面式の配置のほか，屋根付きのアーケード的な居場所，クラインガルテン（市民農園）を設けるなど，コミュニティをつくる空間的な工夫が採用されている．

3　3つの展覧会を通じて，場所，コミュニティを考える

　震災後，筆者の職場である東北大学の人間環境棟が大破し，しばらく仮設校舎を使い，2014年10月，ようやく再建した新棟に戻ったが，この期間，3つの展覧会の企画に関わった．筆者が監修した国際交流基金の「3.11——東日本大震災の直後，建築家はどう対応したか」展は，2012年の3月から世界各地を巡回し，2015年初頭まで続いた．この企画では災害の直後から膨大な数のプロジェクトが動きだしたことを紹介すべく，日本建築家協会（JIA）の東北支部から学生個人まで，さまざまな主体による51の事例を紹介した．2011年9月までに企画をかためる必要があり，展覧会では，それまでに行われた活動や提案を含んでいる[1]．したがって，仮設住宅の重要な事例はおおむねそろっているが，実現性が高い復興計画はない．開催後，パリ，ソウル，ケルン，ローマ，香港など，何カ所かの巡回先において講演を行う機会があり，海外からの反応を知ることができた．

　言うまでもなく，地震と津波は日本に多いが，どこでも起きるものではない．フランスもドイツも地震や津波はない．とはいえ，それぞれの国にはとりまく環境に応じて，固有の自然災害はあるし，洪水やハリケーンのような水害は，

写真9　パリの日本文化会館での3.11展．リアス式海岸の地形を紹介する模型

写真10　3.11展の香港会場．避難所でプライバシーを確保するのに活用されたダンボールの棚や簡易シェルター

川や海が近い世界の各都市にとって，もっとも共有しうる案件だ．またソウルの都市防災は，やはり有事の戦争を強く意識しているという．ちなみに，原発事故に対する世界の関心は高い．実際，建築では解決しにくい課題だが，いずれの会場でも，質問はここに集中していた．現代文明が依存しているエネルギーだからだろう．ともあれ，災害によって家を失えば，避難所が必要になり，長期化すれば，仮設住宅が求められる．したがって，原因が津波であろうとなかろうと，この展覧会は，各国でそれぞれの災害が起きた後，建築家がどのように対処するか，あるいは半年間で何が可能で，何かできなかったのかを考えるのに役立つはずだ．

ちなみに，海外における日本の震災対応は，国際展で注目されている．国別のパヴィリオンが並ぶ，建築界のオリンピックというべき，ヴェネツィアビエンナーレ国際建築展の日本館は，過去に二度，最高の金獅子賞を獲得したが，いずれも震災絡みの内容だった．1996年，磯崎新がコミッショナーとなり，日本館に阪神淡路大震災の瓦礫を持ち込み，廃墟を展示したときと，2012年，伊東が陸前高田のみんなの家を紹介したときである．ヴェネツィアビエンナーレの美術展では，過去半世紀にわたって，日本館が一度も金獅子賞をとっていないことを考えると，建築展が20年で二度の受賞は偉業だろう．ともあれ，磯崎が建築展においてアイロニカルに廃墟を提示したのに対し，伊東は他者との共同設計を通じて，前向きにコミュニティの問題を射程に入れている．

筆者が芸術監督をつとめたあいちトリエンナーレ2013のテーマ「揺れる大

地──われわれはどこに立っている
のか：場所，記憶，そして復活」も，
東日本大震災を前提にしたものだっ
た（五十嵐，2013）．もっとも，こ
れはアートをメインにした国際展で
あり，いわゆる仮設住宅や復興計画
の直接的な紹介はしていない．むし
ろ，3.11 の課題をもっと抽象化さ
せて，場所や記憶というキーワード
を抽出した．被災地を歩きながら強
く感じたのが，地震に比べて，津波
は地形的な条件の細かい差異が決定
的な違いをもたらすことだった．

写真 11　建屋に覆いを架けて，神社に見立てる宮本佳明の原発神社プロジェクト

水は場所の記憶をもつかのように
ふるまい，かつて海だった場所は津
波被害を受けたり，深刻な液状化が
起きる．また地面と建物の関係を工

写真 12　被災した気仙沼のリアスアーク美術館の常設展の内容を一部，再現した

学的に解けば，耐震構造を計算できるのに対し，津波は場所や周辺環境のファ
クターも入って，あまりにも諸条件が複雑過ぎるし，破壊力も圧倒的だ．さら
に地震の後は現地再建するが，津波の場合，高台移転などで場所そのものが奪
われる．原発の事故も，もとの場所を使えなくしてしまう．記憶については，
地震や津波が同じ場所において反復して起きる自然災害ゆえに，重要なトピッ
クである．災害の直後は忘れないと強く思っても，数世代経てば，いずれ忘却
してしまう．人はそれを繰り返してきた．4 年ごとに開催されるオリンピック
や川が毎年氾濫するなら，人は忘れないが，人間の生物学的な寿命に比べて，
地震・津波が発生する間隔が長いからだ．また放射線の影響は，もっと長く残
るだろう．ちなみに，記憶とは，ラスコーやアルタミラの洞窟絵画が残ってい
るように，そもそも有史以前から芸術の存在理由に関わるものだ．したがって，
筆者はこれをあいちトリエンナーレ 2013 のテーマに選んだ．

2014 年から 15 年にかけて，金沢 21 世紀美術館で開催した「3.11 以後の建

写真13 アーキエイドのプロジェクトが点在することを紹介する模型．奥は避難所で設置された坂茂による簡易間仕切り

写真14 3.11後に始まったトラフ＋石巻工房の共同プロジェクト

築」展では，コミュニティデザイナーとして活躍する山崎亮とともに，筆者はゲストキュレーターを担当した．この展覧会では，山崎が参加したように，地域のコミュニティ・デザインやワークショップが大きな主題になっている（五十嵐，2015）．すなわち，建築家がハードをつくる仕事だとすれば，山崎はなぜつくるのか，そもそもつくる必要があるのか，またはすでにあるものをどう使うのかを，みんなで考えよう，といったソフトからのアプローチを行う．ちなみに，震災後，山形の東北芸術工科大学では，山崎を迎えて，新しくコミュニティ・デザイン学科を設立した．キャッチフレーズは，「地域の課題を，地域の人と共に解決に導く」である．なるほど，戦後日本を牽引してきたスクラップアンドビルドやハコモノの時代が通用しなくなった現在，日本各地でまちづくりが注目されるようになった．ただし，コミュニティ・デザインの興隆については批判もあり，今後，こうした新しいとりくみをどのように位置づけ，評価していくのかが課題になるだろう．

　誤解を招かないように付言すれば，この展覧会は，2011年ですべての価値観がひっくり返ったという断絶として歴史をとらえているわけではない．阪神淡路大震災やバブル崩壊後の1990年代後半からすでに進行していた状況が，3.11で決定的に可視化されたとみなし，2011年以前のプロジェクトも入っている（五十嵐・山崎編，2014）．とくに関西を拠点とする山崎にとっては，1995年の阪神淡路大震災の方が重要であり，これを契機にコミュニティ・デザイン的な活動の萌芽があらわれたという．実際，すでに日本の地方では，成熟した

社会における少子高齢化が進行し，商店街や産業も衰退している．例えば，女川町は20世紀半ばをピークに，人口が10年ごとに約1000人ずつ減っているが，津波でほぼ同数の死者・行方不明者となった．したがって，3.11後の状況は，原発事故が起きた福島をのぞくと，日本中の地方都市が抱えている問題を前倒しで，一気に引き寄せたものであり，特殊例というよりは共有可能な事態である．

4　『建築雑誌』における災害記事の変遷

　今回の災害後，建築界がとりわけコミュニティに注目するようになったことは，過去の状況と比較しないとわかりにくいだろう．そこで明治期の1887年以来，120年以上刊行されてきた，日本建築学会の『建築雑誌』における災害の記事を通じて，どのようにとりあげられてきたかを概観したい．むろん，時代によって雑誌の性格や編集の体制が変化したり，総ページ数も一定ではないが，それでもこれは統一した指標として参考になりうるだろう．なぜなら，これはいわゆる作品紹介の雑誌ではなく，歴史意匠から計画や構造なども含む，総合的な建築メディアであり，もっとも長く続いている国内の建築雑誌だからである．以下のデータとその考察は，筆者の研究室において指導した菊池総太朗の論文を用いている[2]．

　まず単純な記事数から見ると，1891年の濃尾地震9本，1923年の関東大震災39本，阪神淡路大震災122本，東日本大震災324本（2014年11月現在の数であり，現在も増えている）であり，3.11が群を抜いて多いことがうかがえる．これは近年のものほど多めになるかというと，必ずしもそうではなく，2004年，2007年の新潟県中越地震はともに0本，2007年の能登半島地震1本，2003年の十勝沖地震は0本だ．ちなみに，建築基準法の改正につながった1978年の宮城県沖地震は10本，団地が傾く液状化現象が注目された1964年の新潟地震9本である．一方，地震でなくとも，1961年の室戸台風27本，1959年の伊勢湾台風31本などの被災の規模が大きいものは，やはり記事の数が多い．

　しかし，いずれも大津波が伴った，1896年の明治三陸地震が1本，1933年

表1 震災記事数と掲載期間

地震	発生	1	2	3	4	5	6	7	8	9	10	11	1年	1	2	3	4	5	6	7	8	9	10	11	2年	1	2	3
濃尾地震			1	1	1	2	2	2																				
庄内地震						1		2						1	1													
明治三陸地震						1																						
陸羽地震				1		1																						
関東大震災				6	7	12			3	1		1				3				1								
北但馬地震				1		2																						
北丹後地震	1		3																									
北伊豆地震				4	1																							
昭和三陸地震				3																								
鳥取地震						1																						
福井地震					1																							
十勝沖地震				2																								
チリ地震						12																						
新潟地震				8								1																
宮城県沖地震								10																				
日本海中部地震				1																								
長野県西部地震					1																							
阪神淡路大震災		5	3	18	2	3	3	19			1	18				1	1	1	2		1			1	3			1
能登半島地震				1																								
東日本大震災		4	3	5	4	13	21	20	15	23	10	17		22	18	14	10	1	18	24	3	16	19	15	22	2	3	3

注：作成・菊池総太朗．

の昭和三陸地震が3本しかないことには驚かされる．関東大震災では，3年以上にわたって記事が続き，臨時増刊号まで発行されたことを考えると，あまりに無関心だ．首都圏を襲った災害に比べて，情報の伝達も遅く，インパクトが少ないとはいえ，明治の津波は2万人以上の死者・行方不明者を出している．なるほど，東北大学を含めて，当時は東北地方に建築の学校もなかった．推測するに，津波による街の破壊は，建築の問題として捉えられていなかったのではないか．濃尾地震では，西洋から輸入した煉瓦造がダメだとわかり，耐震の研究への道を開き，関東大震災後も不燃の耐震構造が推奨されることになったが，津波の水力に抵抗できる建築を具体的に提唱したものはいない．昭和三陸地震の後，漁村の集団移転の記事がひとつだけある．津波は，土木で対処すべき問題と考えられたのだろうか．なお，関東大震災の後，今和次郎らによるバラック装飾社の活動が登場したが，当時，これは建築ではないといった議論が起きている．今から振り返ると，被災者に対するアート的な介入であり，現在の『建築雑誌』なら，ちゃんと紹介されてもおかしくないだろう．

では，どうして津波が大きな被害をもたらした東日本大震災では，かくも多くの記事が掲載されたのか．それは建築界の関心，すなわち記事の内容が変化したからだろう．今度は災害記事の内容を分類していくと，いずれも「被害」

4	5	6	7	8	9	10	11	3年	1	2	3	4	5	6	7	8	9	10	11	4年	計
																					9
																					5
																					1
																					3
		2											2								39
																					3
																					4
																					5
																					3
																					1
																					1
																					2
																					12
																					9
																					10
																					1
																					1
	1	1		1		1			6		1		7					1	1	11	122
																					1
		3																			324

状況の報告は基本だが，1980年代までは「構造」の記事が多い．だが，阪神淡路大震災で初めて「仮設住宅」や「コミュニティ」の記事，また被災者の現状に関する継続的な報告も登場するようになった．東日本大震災は，地震そのものの被害はむしろ軽微であり，津波による破壊が圧倒的だったが，にもかかわらず，毎月のように記事が掲載されているのは，計画，歴史，文化，まちづくりなど，ソフト面に関する内容が多岐にわたるからである．阪神淡路大震災と東日本大震災では，半数以上が被災後の復興の状況を報告しており，地震や津波に対する工学的な研究よりも，現場の問題を強く意識している．かつての震災とは異なる関心が登場したのだ．

　大雑把に言うと，モダニズムでは，いかに建設するか，いかに標準モデルを大量に供給するかをテーマとしていたのに対し，20世紀後半からはそれがどのように受容され，使われているかに関心がシフトした．大きなパラダイムの変化は，低温火傷のようにじわじわと進行していたが，震災によって一気に顕在化したのである．そして学会誌をのぞき穴としながら調査しても，建築界がコミュニティの問題を重視していることが裏付けられる．

■──注
1) 同展で紹介したプロジェクトは,『3.11/after 記憶と再生へのプロセス』(五十嵐監修,2012)に収録された.
2) 菊池(2014).なお,この論文では,近代以降の検討すべき災害としては,『日本歴史災害事典』(吉川弘文館,2012年)に掲載された110件を選んでいる.

■──参考文献
五十嵐太郎,2013,「大地が揺れるとき」『あいちトリエンナーレ2013』カタログ.
五十嵐太郎,2015,「リレーショナル・アーキテクチャー」『美術手帖』2015年1月号.
五十嵐太郎監修,2012,『3.11/after 記憶と再生へのプロセス』LIXIL出版.
五十嵐太郎・山崎亮編,2014,『3.11以後の建築』学芸出版社.
菊池総太朗,2014,「『建築雑誌』にみる日本建築学会の震災に対する認識に関する研究」東北大学卒業論文.

あとがき

似田貝 香門

　この20年ほどの日本社会は，阪神・淡路大震災（1995年），中越地震（2004年），そして東日本大震災（2011年）と多くの災害を受けてきた．東京電力福島第一原子力発電所事故を含むこれらの災害は，現代日本の経済的・政治的・社会的・科学技術的制度や枠組みに対して，根底からの問い直しを迫った．にもかかわらず，4年経過した時点で，ほとんど変わっていない．いやむしろ状況は悪化している．本巻の執筆者の1人である日本近代史の鈴木淳氏がある研究会で，関東大震災後，帝都復興はあったが，日本政治経済のレジュームはほとんど変わらなかった，と報告していたことを思いだした．
　私たちは，阪神・淡路大震災の調査で，多くの支援者から，支援の〈実践知〉を学んだ．多くの苦しみのただなかにある人びとの自立・再生というテーマを，単に調査・研究し記録することだけでよいのか，という点で内心忸怩たる思いをもち，東日本大震災直後，大学で「被災地支援ネットワーク」を組織化した．しかし以下のように，多くの課題や壁にぶつかった．
　支援組織のネットワークは，被災地支援のテーマのたびに，ネットの参加グループの組み合わせを変えていく，という柔軟性を持ち合わせなければならない．このことは阪神・淡路大震災の支援者たちから学んでいた．しかし，テーマの変化は理解できても，そのたびに諸組織を結びつけ，ネット化することの難しさを感じた．ネットワークという活動組織体では，それを中心的に担うコーディネーター，ファシリテーターにとって，情報が常に豊富に確保される努力が最も必要であることを痛感した．いわば，ネットワーク活動の可視化の難しさである．もうひとつ，ネットワークを，テーマの生起の〈そのつど〉，「われわれ」という〈主体としての複数性〉を実現していく活動体とすれば，この主体はいわば，テーマごとに，けっして閉じられていない主体として転成していかねばならないことである．思えば，私たちは主体とは，いささか自己に閉

じられた像として，いつの間にか自明視していたように思う．このような閉じられていない主体を考えたことがない．外に「開かれた主体」の実践の難しさを感じざるを得なかった．それは，「連帯」という言葉の実践の困難と同じである．

　支援者はこのような時，支援の使命（mission）に「こだわって」，あるいは「原点」にたちもどって「覚悟」し，可能性が拓けるまで待ち，「耐える」という行為を選び取っていた．矢継ぎ早に立ち上がる支援のテーマは，支援者を〈受動的主体〉という立ち位置に追い込んでいく．しかし，このような主体として耐えるという行為も，支援者に不可避なものであると思い返した．できるだけ多くの人と，やり続けるしかない．

　このように考えていたとき，2014年正月早々に，本書のもうひとりの編者，吉原直樹さんから「震災に関する学問的な書を出そう」というお誘いがあった．吉原さんは，長らく都市社会研究調査の仲間でもあり，また阪神・淡路大震災の調査にも加わってくれていた．東日本大震災では福島での被曝地の被災者の調査を手がけ，既存の社会学災害調査の研究態度や方法に物足りなさを常に感じていた方であった．

　彼の考え方に，共感することは多くあった．しかし，すでに多くの震災のルポルタージュや報告書が出版されているので，いささか無理なのでは，とも思った．しかし彼の熱意にほだされ，その年の2月から5月にかけて，それぞれが構成案を持ち寄り，かなり長く討議した．その結果，以下のような考え方を共通の土台とすることにした．

　今世紀になり世界や日本社会は，巨きくいえば人類史に関わる深い危機の様相を露わにしつつある．9.11以後の国際政治は，近代が自明なものとしてきた戦争とテロとの境界線や国民と難民との区別を曖昧にした．100年に一度の金融危機（経済危機）の世界連鎖や，1000年に一度の大震災と深刻化してしまった原発事故の複合は，現実世界の困難ばかりでなく，次世代へ残すべき社会のあり方，住まい方の捉え方を大きく揺るがしつつある．改めて私たちが生きる世界の作り直し，再デザインが緊要なテーマとなってきた．

　それは同時に，持続されるべき〈人と社会のありよう〉とは何かについて，

もういちど反省的に振り返るため，人文知・社会科学知の基盤が改めて求められていることでもある．

そして「復興」とは，災害による被災，破壊，解体，という受難化＝受動化された人間や社会の〈可傷性〉から，人々がその出来事に〈耐える〉とともに，何よりも感応力や活動力を回復していくことである．それによって，人としての〈生〉の実存，自存力（conatus）の維持と生活を再生しようする努力，またこうした人々の社会関係の再形成によって，新しい社会の構築を可能とする一連の行為群が，「復興」過程であると考えたい．

より具体的には，阪神・淡路大震災～東日本大震災の被災のなかで，否応なく立ちあらわれた上記のテーマについて，マクロには近代～戦後国土空間の開発のあり方や，戦後の日本のあり方を全面的に総点検せざるをえない．また，ミクロな位相としては，関係性の脆弱したコミュニティを構成する１人１人の〈生の固有性〉への配慮のもとで，再テーマ化しなければならない．

阪神・淡路大震災後のまちづくり運動，コミュニティづくりの理論的—実践的成果の１つは，居住は生存権の基礎である，ということを強く認識したことにある．生存権としての居住の権利にねざした強力な住居思想，そして，福島での出来事を想起すれば，同じようにコミュニティという生活圏もまた，生存権，生活権の要である．これらの個人としての，地域生活者としての生存思想は，市民社会の最も基本的な思想として確認される必要があろう．

本書の大きな軸は「市民社会」である．私たちが，阪神・淡路大震災から学んだことは，「自立とは支えあい」「生きることとはわかち合うこと」（草地賢一）という考え方である．それを根底で支える支援の原理は，「その人のために」「ただひとりのために」「ひとりの人として救う」「たったひとりを大切に」「最後のひとりまで」であった．支援活動から強力に伝わってくるのは，個々の被災者の１回きりの命への支援，あるいは個々のひとの歩んできた生の支援へのこだわりである．このようなこだわりを，私たちは，阪神・淡路大震災の被災者への自立支援の視点として〈生の固有性〉，と呼んだ．新しい支援活動の基本思想である．

そしてこの基本思想が見いだした，社会へつなげる実践論理こそ，「市民社会」であった．被災から10年後の神戸で，復興の検証活動が国や県で行われ

たが，それに対し，支援活動した諸団体が，市民検証委員会を組織し，「市民検証に基づくアクションプランが被災地のみならず，日本各地に普遍性を持つ」という確信から，震災復興市民検証研究会『市民社会をつくる　震後KOBE発アクションプラン──市民活動群像と行動計画』（市民社会推進機構，2001年）を刊行した．研究者の手ではなく，支援実践者が「市民社会をつくる」という．「市民社会」という概念は，市民による実践概念へと生まれ変わった．そして，それを支える仕組み，考え方は，支援の〈実践知〉として積み重ねられる．本書の〈災害時経済〉時に現れる，現代版市民コモンズとしての〈市民的共通財〉というアイデアは，同書の市民基金の基本思想から生まれたものである．

　被災者と支援者との距離を可能な限り縮めることができるならば，私たちは，この被災という受難の，苦しみの出来事を媒体にして，被災者の自立や復興への想い，希望の心情と共に，可能な限り，被災地の復興と被災者自立の道筋の未来を，共有したい．この想いを介して，本書を，いま私たちの生きているこの現在が，過去とどのようにつながり，それが未来にどのようにつながるのか，を見通す縁としたいと思う．

　阪神・淡路大震災後20年周年の前半期に，是非出版したい，という編者のかなり強引なお願いを受けとめ，2014年の秋から年末にかけて，脱稿していただいた執筆者の皆さんに改めて感謝したい．
　先にも触れたように，すでに多くの震災関連の書籍が出版されているにもかかわらず，また堅い書籍の販売が困難という時代に，出版の機会を与えていただいた東京大学出版会に感謝したい．またこの企画を出版会内で推進し，執筆者との連携に努力していただいた，宗司光治さんにお礼を言いたい．

編者紹介

似田貝 香門（にたがい かもん）
東京大学名誉教授［社会学］
［主要著作］
『社会と疎外』（世界書院，1984 年）
『第三世代の大学』（編，東京大学出版会，2002 年）
『自立支援の実践知』（編，東信堂，2008 年）
『まちづくりの百科事典』（共編，丸善，2008 年）

吉原　直樹（よしはら なおき）
大妻女子大学社会情報学部教授・東北大学名誉教授［社会学］
［主要著作］
『都市とモダニティの理論』（東京大学出版会，2002 年）
『モビリティと場所』（東京大学出版会，2008 年）
『コミュニティ・スタディーズ』（作品社，2011 年）
『「原発さまの町」からの脱却』（岩波書店，2013 年）

震災と市民 1
連帯経済とコミュニティ再生

2015 年 8 月 11 日　初　版

［検印廃止］

編　者　似田貝香門・吉原直樹

発行所　一般財団法人　東京大学出版会
　　　　代表者　古田元夫
　　　　153-0041 東京都目黒区駒場 4-5-29
　　　　http://www.utp.or.jp/
　　　　電話 03-6407-1069　Fax 03-6407-1991
　　　　振替 00160-6-59964

印刷所　株式会社理想社
製本所　牧製本印刷株式会社

© 2015 Kamon Nitagai and Naoki Yoshihara *et al.*
ISBN 978-4-13-053022-4　Printed in Japan

JCOPY 〈(社)出版者著作権管理機構　委託出版物〉
本書の無断複写は著作権法上での例外を除き禁じられています．複写される場合は，そのつど事前に，(社)出版者著作権管理機構（電話 03-3513-6969，FAX 03-3513-6979, e-mail: info@jcopy.or.jp）の許諾を得てください．

震災と市民（全2巻）　似田貝香門・吉原直樹（編）　　　A5 各2600 円
[1]　連帯経済とコミュニティ再生
[2]　支援とケア

東日本大震災　復興への提言　　　　　　　　　　　　　46・1800 円
伊藤滋・奥野正寛・大西隆・花崎正晴（編）

〈持ち場〉の希望学　東大社研／中村尚史・玄田有史（編）　46・2800 円

防災人間科学　矢守克也　　　　　　　　　　　　　　　A5・3800 円

東日本大震災の科学　佐竹健治・堀宗朗（編）　　　　　46・2400 円

原発事故環境汚染　中島映至・大原利眞・植松光夫・恩田裕一（編）　A5・3800 円

科学・技術と社会倫理　山脇直司（編）　　　　　　　　46・2900 円

日本の地震予知研究130年史　泊次郎　　　　　　　　　A5・7600 円

歴史文化を大災害から守る　奥村弘（編）　　　　　　　A5・5800 円

モビリティと場所　吉原直樹　　　　　　　　　　　　　A5・5400 円

公共社会学（全2巻）　盛山和夫・上野千鶴子・武川正吾（編）　A5 各3400 円
[1]　リスク・市民社会・公共性
[2]　少子高齢社会の公共性

ここに表示された価格は本体価格です．ご購入の
際には消費税が加算されますのでご了承ください．